2019
中国农业农村发展报告

中央农村工作领导小组办公室
中华人民共和国农业农村部

中国农业出版社
北　京

前 言

　　2018年是全面贯彻党的十九大精神、实施乡村振兴战略的开局之年，面对错综复杂的国内外形势和艰巨繁重的任务，各地区、各部门坚持以习近平新时代中国特色社会主义思想为指导，坚决贯彻落实党中央、国务院决策部署，统筹实施乡村振兴战略，履职尽责，担当作为，扎实做好农业农村各项工作，农业农村发展稳中有进，乡村振兴开局良好，为经济社会发展大局提供了有力支撑，为应对风险挑战增添了底气，起到了"压舱石"的作用。全年粮食生产保持稳定，总产量达到65 789万吨，又是一个丰收年。农民收入持续较快增长，农村居民人均可支配收入达到14 617元，实际增长6.6%，增速继续保持"两个高于"。农业现代化建设迈出新步伐，农业科技进步贡献率达到58.3%，主要农作物耕种收综合机械化率超过69%。农村"双创"蓬勃发展，返乡下乡创新创业人员超过780万人，休闲农业和乡村旅游接待游客超过30亿人次。农业农村绿色发展有新突破，主要农产品质量安全监测合格率保持在97%以上，化肥、农药使用量双双实现负增长，畜禽粪污综合利用率达到70%。农村发展呈现新气象，党中央、国务院印发乡村振兴战略规划，农村人居环境整治启动实施，美丽乡村建设深入推进，首届"中国农民丰收节"成功举办。

　　2019年是新中国成立70周年，是全面建成小康社会关键之年，巩固发展农业农村好形势具有特殊重要性。适应新形势新任务新要求，各地区、各部门要坚持以习近平新时代中国特色社会主义思想为指导，全面贯彻党的十九大和十九届二中、三中全会及中央经济工作会议、中央农村工作会议精神，坚持稳中求进工作总基调，坚持农业农村优先发展总方针，以实现农业农村现代化为总目标，以实施乡村振兴战略为总抓手，以农业供给侧结构性改革为主线，对标全面建成小康社会"三农"工作必须完成的硬任务，加大脱贫攻坚力度，提升农业发展质量，稳定粮食生产，保障重要农产品供给，推动农民持续增收，抓好农村人居环境整治，全面深化农村改革，加强乡风文明建设，健全乡村治理体系，确保乡村振兴取得新进展，确保顺利完成到2020年承诺的农村改革发展目标任务，以优异成绩庆祝新中国成立70周年。

2019年10月

2018年农业农村发展情况

2018年，各地区、各部门以习近平新时代中国特色社会主义思想为指导，深入贯彻落实党的十九大和十九届二中、三中全会精神，扎实推进《中共中央 国务院关于实施乡村振兴战略的意见》（以下简称"中央1号文件"）确定的各项工作任务落实，实施乡村振兴战略取得良好开局，农业农村发展继续保持良好势头。

一、切实加强党对"三农"工作的全面领导，系统谋划部署乡村振兴

一年来，各地区、各部门把贯彻落实党中央关于实施乡村振兴战略的决策部署摆上重要位置，坚决扛起推动乡村振兴的政治责任，认真谋划部署乡村振兴工作，以强有力的组织领导和扎实有效的政策举措，保障乡村振兴各项工作顺利推进。

学习贯彻习近平总书记关于"三农"工作重要论述活动深入开展。 各地区、各部门深入学习贯彻习近平总书记关于"三农"工作重要论述，准确把握实施乡村振兴战略的总要求、总目标、总方针、制度保障和优先任务，切实将总书记的重要论述作为新时代做好"三农"工作的思想武器和根本遵循。各地区、各部门通过举办专题会议、中心组学习、专题研讨、组织轮训等方式抓好总书记关于"三农"工作重要论述的学习培训。通过新闻发布会、开办报纸专栏、基层宣讲、新媒体推送等形式，全方位、多角度、深层次地向农村干部群众进行理论宣传和政策解读，让乡村振兴深入人心。

乡村振兴规划与政策体系全面构建。 党中央、国务院制定印发《乡村振兴战略规划（2018—2022年）》，进一步明确今后5年实施乡村振兴战略的目标任务和政策框架。各部门围绕乡村振兴出台一系列工作规划和政策措施，各地区对标对表中央1号文件和《乡村振兴战略规划（2018—2022年）》，均已研究制定实施乡村振兴战略的政策意见，编制出台实施乡村振兴战略地方规划。各地区还针对重点领域和关键环节，出台一批专项规划、行动计划、实施方案，部署一批重大工程、重大项目、重大行动，基本搭建起实施乡村振兴战略的"四梁八柱"，明确了推进乡村振兴的时间表、路线图和任务书。

乡村振兴推进机制加快健全。 中央农村工作领导小组进一步明确了中央农办和各成员单位的

职责，组织研究和推动落实乡村振兴的重大政策建议、重大规划和重大事项。各地区落实"五级书记抓乡村振兴"要求，普遍建立起强有力的领导体制，25个省份和新疆生产建设兵团成立了实施乡村振兴战略领导小组，其中13个省份和新疆生产建设兵团实行党政一把手双组长，8个省份由党委书记任组长。各级党委政府坚持完善党委统一领导、政府负责、党委农村工作部门统筹协调的农村工作领导体制，将推进实施乡村振兴战略摆上重要位置、纳入重要日程，普遍建立报告制度、台账制度、督查制度、实绩考核制度等，层层传导压力、层层落实责任。

乡村振兴重点任务扎实推进。各地区、各部门迅速将中央政策精神转化为具体行动，聚焦战略目标、聚焦关键领域、聚焦突出问题、聚焦农民期盼，加快贯彻落实中央1号文件部署要求和重点任务。打赢脱贫攻坚战三年行动、农村人居环境整治、扫黑除恶专项斗争等一批重大行动全面实施，非洲猪瘟防控、"大棚房"问题清理整治等一批重点任务扎实推进，跨省域补充耕地国家统筹、保持土地承包关系稳定并长久不变、促进小农户和现代农业发展有机衔接等一批重大改革方案陆续出台。

二、统筹推进各项重点工作，乡村振兴实现良好开局

一年来，各地区、各部门深入贯彻落实党中央决策部署，以实施乡村振兴战略为总抓手，按照产业兴旺、生态宜居、乡风文明、治理有效、生活富裕的总要求，全面推进农村经济建设、政治建设、文化建设、社会建设、生态文明建设和党的建设，乡村振兴战略有力有序推进实施，实现良好开局，"三农"持续向好形势进一步巩固。

提升农业发展质量，培育乡村发展新动能。粮食再获好收成，总产达到65 789万吨，连续七年稳定在60 000万吨以上。各地区扎实推进"两区"划定和高标准农田建设，研发推广新技术、新品种、新机具。推进农业供给侧结构性改革取得新进展，调减非优势区水稻800多万亩[①]、玉米400多万亩，粮改饲面积达到1 430万亩，稻渔综合种养面积超过3 000万亩，畜禽规模养殖比重比上年提高近3个百分点，奶业振兴扎实推进。出台关于加快推进农业机械化和农机装备产业转型升级的指导意见，新创建152个主要农作物生产全程机械化示范县，农机深松深翻整地超过1.5亿亩。重点打造20个国家农业科技创新联盟，启动马铃薯等11种特色作物联合攻关，全面实施主要畜种遗传改良计划。编制实施国家质量兴农战略规划，深入开展"农业质量年"八大行动，主要农产品例行监测合格率达到97.5%。迅速果断处置非洲猪瘟疫情。积极发展农产品精深加工，大力实施农村一二三产业融合发展推进行动，新产业新业态蓬勃发展。规模以上农产品加工业主营业务收入14.9万亿元，休闲农业和乡村旅游营业收入超过8 000亿元。积极推进农业"走出去"，构建农业对外开放新格局。

推进乡村绿色发展，打造人与自然和谐共生发展新格局。中央财政下达转移支付资金加大对重点生态功能区支持力度。推进东北黑土地保护试点和耕地土壤污染管控与修复，耕地轮作休耕试点面积扩大到3 000万亩。乡村绿化扎实开展，河长制、湖长制全面建立。农业水价综合改革加快推进。大规模国土绿化、京津风沙源治理、石漠化综合治理、退化湿地修复、退耕还林还草、

---

① 15亩＝1公顷。

退牧还草等任务全面完成。实施农业绿色发展"五大行动"，化肥、农药使用量实现负增长，畜禽粪污综合利用率提高到70%，近5 500万亩地膜覆盖作物纳入回收行动。支持4省开展华北地下水超采区综合治理项目建设。启动农业农村污染治理攻坚战行动，开展全国土壤污染状况详查。开展全国集中式饮用水水源地环境保护专项行动。建立长江流域重点水域禁捕补偿制度，实施黄河禁渔期制度、幼鱼保护制度，进一步优化完善海洋伏季休渔制度。

繁荣兴盛农村文化，焕发乡风文明新气象。加大农村思想政治工作创新力度，推动文明村镇创建工作持续开展。在12个试点省（直辖市）、50个试点县（市、区）推进建设新时代文明实践中心试点工作。党中央、国务院决定设立中国农民丰收节，习近平总书记向亿万农民致以节日祝贺，各地共举办5 000多场庆祝活动。全面加强传统村落、民族特色村镇、重要农业文化遗产、民间文化遗产等保护工作。

加强农村基层基础工作，构建乡村治理新体系。派强用好第一书记，推动村党组织书记和村委会主任"一肩挑"，落实"两委"换届县级联审机制，推动村党组织带头人队伍整体优化提升。整合优化农村公共服务和行政审批职责，健全乡村便民服务体系。推进县乡村三级综治中心规范化建设。深入开展扫黑除恶专项斗争，坚决打掉农村地区涉黑组织、涉恶犯罪团伙。依法治理各类宗教违规违法活动。对整治群众身边腐败问题进行重点部署，推动全面从严治党向基层延伸。

提高农村民生保障水平，塑造美丽乡村新风貌。多渠道推进农民持续增收，2018年农民人均可支配收入达到14 617元，实际增长6.6%，增速快于城镇居民。全面加强乡村小规模学校和乡镇寄宿制学校建设。实施新生代农民工职业技能提升计划，开展乡村就业创业促进行动，加快建设国家农村创业创新园区，返乡下乡创业创新人员累计达780万人。积极推进户籍制度改革，指导各地进一步调整户口迁移政策，放宽放开落户限制，2018年实现农业转移人口进城落户1 390万人。加快实施农村饮水安全巩固提升工程，安排新一轮农网改造升级工程，新建改建农村公路30多万公里，推动农村基础设施提档升级。推进城乡居民医保制度整合，建立城乡居民基本养老保险待遇确定和基础养老金正常调整机制。完成农村危房改造190万户。建立健全农村留守老年人、留守儿童关爱保护制度。全面开展地方病、血吸虫病、包虫病、重大传染病的防控工作。大力推广浙江"千万工程"经验，全面启动农村人居环境整治三年行动，开展农村人居环境整治专项督查，生活垃圾、污水治理、"厕所革命"和提升村容村貌等重点任务扎实推进，村庄清洁行动全面展开。有序推进农村"煤改电""煤改气"工程。

打好精准脱贫攻坚战，增强贫困群众获得感。全面落实精准帮扶举措，脱贫攻坚扎实推进，2018年减少农村贫困人口1 386万人，完成280万人易地扶贫搬迁建设任务，283个贫困县摘帽退出。实施产业扶贫三年攻坚行动，启动全国贫困地区农产品产销对接行动。解决436万建档立卡贫困人口饮水安全问题。推进建档立卡贫困人口慢性病家庭医生签约服务。将1 812万建档立卡贫困人口纳入农村低保或特困人员救助供养范围。深入实施深度贫困地区特色农业扶贫行动、旅游基础设施、农网改造升级行动计划。东西部扶贫协作、定点扶贫、"万企帮万村"精准扶贫等工作强力推进。完善脱贫攻坚成效考核评估办法。扶贫领域腐败和作风问题专项治理扎实开展。

推进体制机制创新，强化乡村振兴制度性供给。出台保持土地承包关系稳定并长久不变、促进小农户和现代农业发展有机衔接的意见等政策文件，基本完成承包地确权登记颁证，推动修订土地承包法。全国家庭承包耕地流转面积5.12亿亩，占家庭承包经营耕地面积的37%；支持引导农民合作社和家庭农场发展，各类新型经营主体超过300万家。农村土地征收、集体经营性建设用地入市、宅基地制度改革试点取得积极成效。农村集体产权制度改革试点已覆盖全国1 000多个县市区，清产核资工作已经全面展开，已有超过15万个村完成集体经营性资产股份合作制改革。进一步改革完善农业支持保护政策，稳定小麦水稻最低收购价政策。粮食去库存总体平稳有序，进展好于预期。

汇聚全社会力量，强化乡村振兴人才支撑。加大农村职业教育和技能培训投入力度，加快培育高素质农民队伍。启动"一村一名大学生计划"。选派招募2.8万名高校毕业生到基层从事"三支一扶"。开展农村实用人才带头人和大学生"村官"示范培训。

开拓投融资渠道，强化乡村振兴投入保障。一般公共预算农林水支出20 786亿元，增长9.9%。研究建立了新增耕地指标和城乡建设用地增减挂钩节余指标跨省调剂机制。2018年末，涉农贷款余额为32.68万亿元，同比增长5.58%；普惠型涉农贷款余额为5.63万亿元，比年初增长10.52%。

坚持和完善党对"三农"工作的领导。各地正在建立市县党政领导班子和领导干部推进乡村振兴战略实绩考核制度。建立县以下机关公务员职务与职级并行制度，研究制定鼓励引导人才向艰苦地区和基层一线流动的意见。乡村振兴促进法、粮食安全保障法、农村集体经济组织立法列入了十三届全国人大常委会立法规划。

三、对标全面建成小康社会硬任务，扎实推进乡村全面振兴

2019年是新中国成立70周年，是全面建成小康社会关键之年，扎实推进实施乡村振兴战略至关重要。2019年要以习近平新时代中国特色社会主义思想为指导，认真学习贯彻习近平总书记重要指示精神和党中央决策部署，深入贯彻落实中央经济工作会议、中央农村工作会议和2019年中央1号文件精神，紧紧围绕统筹推进"五位一体"总体布局和协调推进"四个全面"战略布局，牢牢把握稳中求进工作总基调，贯彻新发展理念，落实高质量发展要求，坚持农业农村优先发展总方针，以实施乡村振兴战略为总抓手，对标全面建成小康社会"三农"工作必须完成的硬任务，适应国内外复杂形势变化对农村改革发展提出的新要求，抓重点、补短板、强基础，围绕"巩固、增强、提升、畅通"深化农业供给侧结构性改革，坚决打赢脱贫攻坚战，充分发挥农村基层党组织战斗堡垒作用，全面推进乡村振兴，确保顺利完成到2020年承诺的农村改革发展目标任务。

深入学习宣传贯彻习近平总书记关于"三农"工作的重要论述。要把学习贯彻习近平总书记关于"三农"工作的重要论述，融入到实施乡村振兴战略的各项工作，贯穿于2019年中央1号文件的贯彻落实全过程。通过新闻宣传、宣讲培训、政策督导等形式，深刻领会习近平总书记重要论述的丰富内涵和精神实质，努力学懂弄通做实，自觉用习近平总书记的重要论述统一思想行动、明确工作方向、凝聚共识力量，以强烈的政治责任感和使命担当扎实推进乡村振兴。

强化五级书记抓乡村振兴的制度保障。乡村振兴是"一把手工程"，五级书记抓乡村振兴是党中央的明确要求。要加快制定落实五级书记抓乡村振兴责任的实施细则，省级突出抓好重点任务分工、重大项目实施、重要资源配置等工作，市县做好上下衔接、域内协调、督促检查等工作，

发挥好以市带县、放权强县、带动乡村的作用。县委书记是乡村振兴"一线总指挥",必须把主要精力和工作重心放在"三农"工作上,全面抓好项目安排、部门分工、资金使用、监督管理等各项工作。督促指导各地区出台市县党政领导班子和领导干部推进乡村振兴战略的实绩考核意见,将乡村振兴实绩考核结果作为选拔任用领导干部的重要依据,发挥指挥棒和风向标作用。

切实把农业农村优先发展要求落到实处。完善落实农业农村优先发展的顶层设计,牢固树立农业农村优先发展政策导向,切实做到干部配备优先考虑、要素配置优先满足、资金投入优先保障、公共服务优先安排,重点解决"人、地、钱"资源要素制约问题,加快补齐农村发展短板,不断提升农民的幸福感、获得感和安全感。

不折不扣完成好"三农"领域硬任务。要对标全面建成小康社会要求以及实施乡村振兴战略到2020年必须完成的硬任务,进一步增强责任感紧迫感,加强统筹协调,细化工作举措,强化重点保障,确保脱贫攻坚、保障国家粮食安全、人居环境整治、农民增收、农村改革、社会建设、生态文明建设等硬任务按时交账。

C O N T E N T S

目 录

美丽宜居乡村建设

乡风文明建设

乡村治理

农村收入与生活状况

"三农"政策执行情况

农业农村发展展望

2018年农业农村大事记

正文附图

正文专栏

附 表

乡村产业发展

2019 中国农业农村发展报告

乡村产业发展

总体状况

2018年，党中央、国务院坚持农业农村优先发展总方针，以实施乡村振兴战略为总抓手，以推进农业供给侧结构性改革为主线，深化农村改革，积极推动农业农村产业高质量发展、加快培育农业农村发展新动能。各级农业农村部门认真落实中央决策部署，按照产业兴旺的要求，以质量兴农、绿色兴农和效益兴农为导向，积极推进现代农业和农村产业发展，农业农村经济实现了稳中有进，为经济社会发展大局提供了有力支撑。

（一）农业的基础性地位突出 2018年，国内生产总值900 309亿元，比上年增长6.6%。其中，第一产业增加值64 734亿元，占国内生产总值的比重为7.2%，比上年下降0.4个百分点，对国民经济增长的贡献率为3.3%，比上年上升了0.9个百分点。农产品供给总体充足，市场运行继续保持了总体平稳的态势，为经济持续健康发展和社会大局稳定提供了有力支撑。2018年，全国工业增加值和农业增加值分别比上年增长6.1%、3.6%，增速分别比上年下降

0.2、0.5个百分点，工农业发展速度的比值为1.69，比上年扩大0.16。经济增速下行压力较大，对工农业之间的良性互动和协调发展有一定影响，但也凸显了农业在国民经济中的基础性地位和作用。2018年，城镇居民人均可支配收入是农村居民人均可支配收入的2.7倍，收入增速方面，农村居民仍稍快于城镇居民。

（二）粮食生产实现"十五连丰" 2018年，全国粮食产量65 789万吨，比上年减少372万吨，连续7年产量超过6亿吨，自2004年以来连续15年获得丰收。全年粮食播种面积117 038千公顷，比上年减少0.81%；粮食平均单产每公顷5 621.17千克，比上年提高0.25%，再创历史新高（图1）。

（三）主要农产品稳定发展 2018年，经济作物大多增产。全年棉花产量610.28万吨，比上年增加44.98万吨；油料产量3 433.39万吨，减产41.85万吨；糖料产量11 937.41万吨，增加558.57万吨。蔬菜产量70 346.72万吨，增加1 154.04万吨；水果产量25 688.35万吨，增加446.45万吨；茶叶产量261.04万吨，增加15万吨。全年肉类总产量8 624.63万吨，比上年下降0.3%。其中，猪肉5 403.74万吨，下降

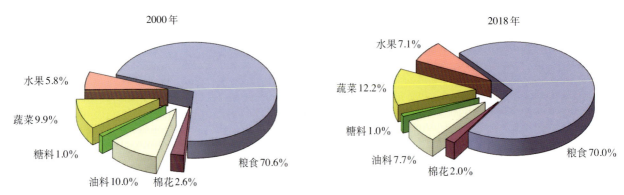

图1　2000、2018年农作物播种面积结构变动情况

0.9％；牛肉644.06万吨，增长1.5％；羊肉475.07万吨，增长0.9％；禽肉1 993.66万吨，增长0.6％；禽蛋3 128.28万吨，增长1％；奶类3 176.79万吨，增长0.9％。水产品产量6 457.66万吨，增长0.2％。

（四）生产结构持续调优　2018年，籽粒玉米面积比上年减少27万公顷，水稻面积调减56万公顷。市场紧缺的大豆面积增加15.5万公顷。优质稻谷、强筋弱筋小麦、优质食用大豆、高品质棉花、高产高糖甘蔗继续发展。粮改饲面积928.67千公顷。养殖业规模化程度继续提高。全国畜禽养殖规模化率60.5％，同比上升2个百分点。全国稻渔综合种养总面积达2 133.33千公顷，比上年增加266.67千公顷。

（五）农业生产条件继续改善　农业投资继续保持较快增速。2018年，全社会第一产业固定资产投资（不含农户）22 413亿元，比上年增长12.9％，比全社会固定资产投资增速快7个百分点。高标准农田建设稳步推进，全年全国共投入建设资金约1 300亿元，新增高标准农田5 466.67千公顷。继续加强耕地质量保护，开展耕地质量保护提升技术示范333.33千公顷，开展黑土地保护重点县整建制试点，全国试点面积扩大到586.67千公顷。农业科技支撑能力持续提升。2018年，农业科技进步贡献率达到58.3％，比上年提高0.8个百分点，全

年培育高素质职业农民100余万人。农机装备能力继续提升。2018年，全国农机总动力达到10亿千瓦，较上年同口径增幅超过3％，大中型拖拉机、联合收获机保有量增幅超过4％，插秧机、谷物烘干机保有量增长都在9％左右。农业生产全程全面机械化快速推进，全国主要农作物耕种收综合机械化率达到69.1％，比上年提高1个百分点。全国农机作业服务组织达到18.7万个，全年"三夏""三秋"等重要农时农机服务面积累计超过4亿公顷次。

（六）质量兴农取得初步成效　农产品质量安全水平持续向好。2018年，全国主要农产品监测总体合格率为97.5％（按2017年同口径统计，抽检总体合格率为98.2％，同比上升0.3个百分点）。畜产品"瘦肉精"抽检合格率为99.7％，生鲜乳抽检合格率99.9％，生鲜乳中三聚氰胺等违禁添加物抽检合格率连续10年保持100％。生鲜乳中乳蛋白含量平均值3.25％，脂肪含量平均值3.84％，均达到奶业发达国家水平。全年未发生重大农产品质量安全事件。农业标准化继续加强。2018年，国家新制定农兽药残留限量标准1 200项及农业国家、行业标准214项，新批准发布281个农产品地理标志登记保护产品。截至2018年底，全国"三品一标"获证单位总数为58 422家，产品总数121 743个。其中，绿色食品、有机农产品和农产品地理标志总数37 778个，比上年

底增长18.1%，2018年向社会提供绿色优质农产品总量超过3亿吨。农业品牌化发展趋势明显。2018年，农业农村部实施农业品牌提升行动，各地创新品牌营销方式，加强农业品牌宣传推介，加强市场潜力大、具有出口竞争优势的农业品牌建设，打造国际知名农业品牌，一大批名特优农产品品牌正在不断涌现。

（七）农产品市场保持繁荣稳定　2018年，我国农产品进出口贸易总额2 177.1亿美元，比上年增长8.1%。其中，出口额804.5亿美元，增长6.5%；进口额1 372.6亿美元，增长9.1%。农产品贸易逆差568.1亿美元，比上年增加12.9%。农产品价格总体稳定。2018年，全国农产品生产者价格总水平同比略降0.9%。农村居民消费价格比上年上涨2.1%，涨幅与城市持平。农村商品零售价格比上年上涨2.1%，涨幅高于上年0.8个百分点。实现乡村社会消费品零售额55 350亿元，比上年增长10.1%，高于城镇增速1.3个百分点。

（八）农村一二三产业融合发展水平进一步提升　2018年，全国规模以上农产品加工业实现主营业务收入149 188亿元，同比增长4.0%；实现利润总额10 090亿元，增长5.3%；每百元主营业务收入中的成本为80.5元，同比下降0.7元。精深加工快速发展，智能化改造步伐加快，全产业链发展趋势明显。2018年，农产品加工行业国家智能制造试点示范项目数量已达21个。约60%的农产品加工企业通过自建原料基地方式进入种植业或养殖业，近40%的企业开展了电子商务等新型流通业务，85%以上的肉类加工上市企业进行了全产业链布局。农业产业化经营保持较快发展。截至2018年底，经县级以上农业产业化主管部门认定的龙头企业达到8.97万家，其中省级以上龙头企业近1.8万家。省级以上龙头企业固定资产总额同比增加5.67%。全国10个省份认

定省级农业产业化示范联合体近1 000个。年销售收入过100亿元的达到72家。龙头企业科技投入大幅增加，利益联结机制进一步完善，带动农户的能力进一步提高，已有1亿农户与农业产业化龙头企业签订订单，签约农户经营收入超过未签约农户50%以上。乡村产业形态不断丰富。2018年，全国休闲农业和乡村旅游接待游客30亿人次、营业收入超过8 000亿元。乡村服务业创新发展，2018年农村生产性服务业营业收入超过2 000亿元。农村网络销售额突破1.3万亿元，其中农产品网络销售额达3 000亿元。农村创业创新日趋活跃。截至2018年，各类返乡入乡创新创业人员累计达780万人，"田秀才""土专家""乡创客"等本乡创新创业人员达3 100多万人。

种 植 业

2018年，种植业以实施乡村振兴战略为总抓手，以推进农业供给侧结构性改革为主线，坚持质量兴农、绿色兴农、效益优先，稳定优化粮食生产，持续推进结构调整，大力推进绿色发展，加快促进种植业高质量发展，取得显著成效。

（一）种植业发展稳中向好　2018年，粮食产量65 789万吨，比2017年减少372万吨，连续7年产量超过6亿吨（图2）。全国粮食平均单产每公顷5 621千克，比2017年增加14千克，再创历史新高。全年谷物产量61 004万吨，比2017年减少517万吨。其中，稻谷产量21 213万吨，减少55万吨；小麦产量13 144万吨，减少289万吨；玉米产量25 717万吨，减少190万吨。全年豆类产量1 920万吨，比2017年增加79万吨。全年薯类产量2 865万吨，比2017年增加67万吨。经济作物继续保持稳定发展态势。全年棉花产量610万吨，比

2017年增加45万吨（图3）。油料产量3 433万吨，减产42万吨（图4）。糖料产量11 937万吨，增加559万吨（图5）。水果产量25 688万吨，增加447万吨（图6）。茶叶产量261万吨，增加15万吨。果菜茶产品结构不断优化，质量效益显著提升。

（二）种植结构持续调优　2018年，种植业以"减水稻、控玉米、扩大豆"为重点，持续推进种植结构调整。一是供给不断优化。继续巩固"镰刀弯"等非优势区玉米调减成果，适当调减南方低质低效双季稻和东北寒地井灌稻面积。全年玉米面积比2017年减少269千公顷，水稻面积调减558千公顷。市场紧缺的花生面积增加12千公顷。二是特色产业调强。积极发展优质稻谷、强筋弱筋小麦、优质食用大豆、高品质棉花、高产高糖甘蔗等。因地制宜

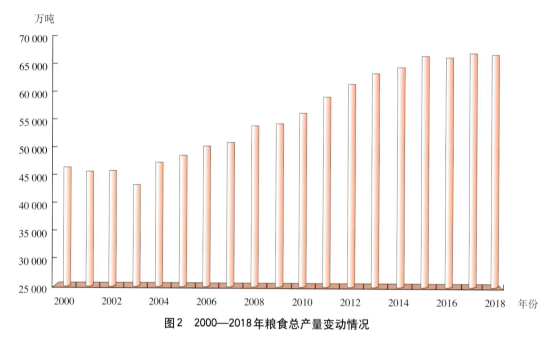

图2　2000—2018年粮食总产量变动情况

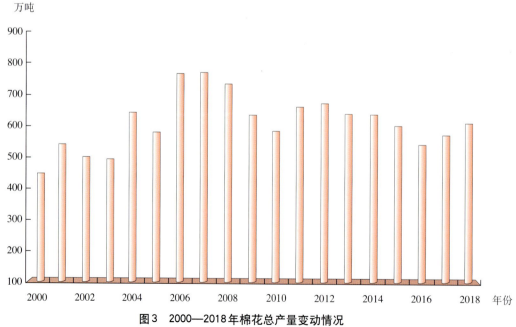

图3　2000—2018年棉花总产量变动情况

发展青贮玉米等优质饲草，促进农牧结合。加快发展道地中药材、食用菌、茶叶、水果、杂粮杂豆等特色作物。三是生态种植加快。轮作休耕制度试点规模超过2 000千公顷，比2017年增加1 200千公顷。华北和新疆塔里木河地下水超采区调减小麦面积134千公顷。西南西北调减条锈病菌源区小麦47千公顷。

（三）绿色发展成效显现 2018年，种植业围绕"打好污染防治攻坚战"，深入实施"到2020年化肥使用量零增长行动"和"到2020年农药使用量零增长行动"，贯彻落实《农药管理条例》，加强化肥、农药等市场监管，投入品结构持续调整，化肥、农药使用量继续保持负增长，一批节水、节肥、节药等绿

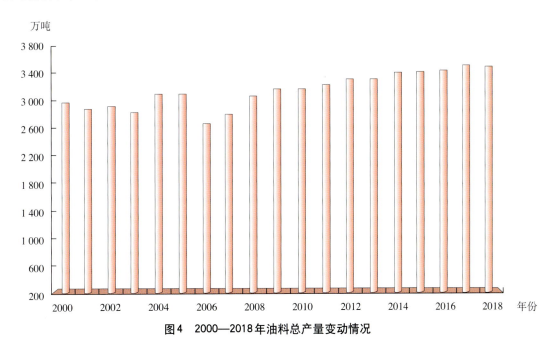

图4 2000—2018年油料总产量变动情况

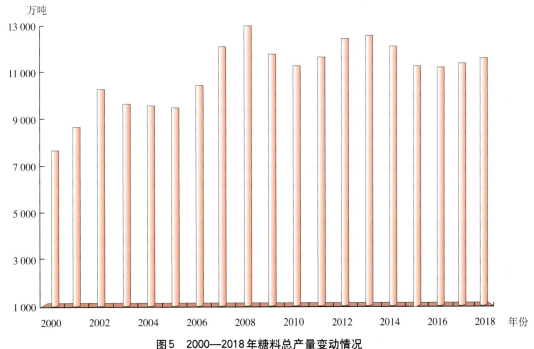

图5 2000—2018年糖料总产量变动情况

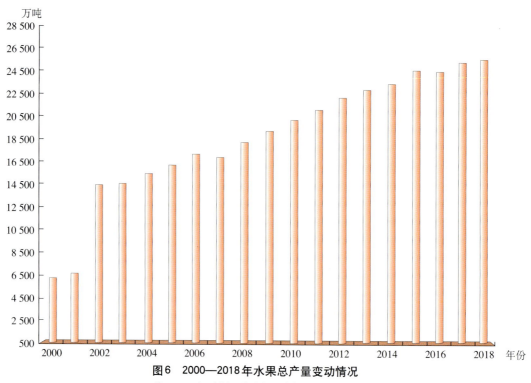

图6 2000—2018年水果总产量变动情况

注：2002年（含）以后水果总产量含果用瓜。

色技术模式大面积推广，初步探索建立了一套绿色种植模式和种植制度。一是持续推进化肥减量增效。继续选择300个县开展化肥减量增效示范，在150个县扎实推进果菜茶有机肥替代化肥试点，加快推广新型高效肥料、施肥技术，提高施肥效率，促进减量增效。2018年，全国农用化肥施用量5 653.4万吨（折纯），比2017年减少206万吨，连续三年实现化肥减量。二是持续推进农药减量增效。在果菜茶优势产区选择150个县（市）开展全程绿色防控试点，在600个县开展统防统治和绿色防控融合示范，提高防治效果，实现农药减量增效。2018年全国主要农作物病虫害绿色防控覆盖率和主要粮食作物专业化统防统治率比2017年分别提高2.2个和1.4个百分点。2018年农药使用量比2017年下降1.2%。三是加快发展节水农业。在华北、西北和西南地区开展水肥一体化试验示范，集中示范展示膜下滴灌、集雨补灌和喷滴灌，组织开展新技术、新产品、新模式应用试验。四

是开展地膜减量增效试点。在内蒙古、甘肃、新疆等省区的100个县开展废旧地膜全回收整建制示范和地膜"零残留"试点试验，配套推广地膜减量增效技术和绿色生产模式。

（四）质量发展有新提升 2018年，种植业标准化生产不断推进，绿色优质农产品供给增加，出现一批有区域特色、有市场需求的粮棉油糖果菜茶等优质产品，促进了质量的提升和效益的增加。一是提升粮食生产质量。选择200多个县开展粮食绿色高质高效整建制创建，集成组装一批以农业机械为载体的绿色生态环保、资源高效利用、生产效能提升的绿色高质高效标准化技术模式，促进粮食生产不断优化。二是推进棉糖提质增效。选择14个重点县开展整建制绿色高质高效创建，示范推广绿色高质高效技术模式，带动大面积增产增效。三是推进园艺作物提质增效。选择49个县开展园艺作物绿色高质高效整建制创建，结合果菜茶有机肥替代化肥示范，建设100个果菜茶全程绿色

标准化生产示范基地，推进果菜茶全程绿色标准化生产。开展老果茶园改造，推进品种改良、品质改进和品牌创建。四是强化质量安全监管。继续在果菜茶优势产区开展低毒生物农药试点，加快小宗作物用药登记和农药残留标准制定，推进农药管理信息化，保障鲜活农产品质量安全。全年新制修订农药残留限量标准1000项。

畜 牧 业

2018年，畜牧业紧扣高质量发展主题，继续深化畜牧业供给侧结构性改革，推进增产增收和提质提效。畜牧业综合生产能力总体稳固，畜禽养殖效益总体好于常年；产业转型升级持续推进，畜禽养殖规模化率超过60%，比上年提高2个百分点；畜牧业绿色发展取得积极进展，全国畜禽粪污综合利用率达到70%。

（一）畜牧业生产总体平稳　2018年，全国肉类总产量8 624.63万吨，同比下降0.3%（图7）。其中，猪肉5 403.74万吨，同比下降0.9%；牛肉644.06万吨，增长1.5%；羊肉475.07万吨，增长0.9%；禽肉1 993.66万吨，增长0.6%；禽蛋3 128.28万吨，增长1%；奶类3 176.8万吨，增长0.9%。全国肉蛋奶总产量1.49亿吨以上，在畜牧业区域结构和产业链结构进行大调整、一些地方养殖场因环保压力减少较多的情况下，畜产品产量没有滑坡，畜牧业综合生产能力稳步提升，保障市场供应能力逐步增强。

（二）畜牧业生产结构不断优化　2018年，畜禽养殖规模化率达到60.5%，同比上升2个百分点。其中，生猪、蛋鸡、肉鸡、肉羊、肉牛、奶牛养殖规模化率分别达到49.1%、76.2%、80.7%、38%、26%、61.4%。规模以上生猪屠宰企业屠宰量2.43亿头，同比增长9.3%。生猪、奶牛等生产效率不断提升。成年奶牛平均单产达到7.4吨，同比提高0.4吨；育肥猪和肉牛平均出栏体重分别达到124.1千克和523.9千克，同比分别提高2.3千克和32.2千克。产业化龙头企业发展壮大，奶业20强市场占有率超过65%，656家年产10万吨以上饲料厂产量占比达到49.7%。全国畜禽粪污资源化综合利用率超过70%，养殖环境明显改善。全年完成粮改饲95.47万公顷，对优化"镰刀弯"地区种植结构和促进牛羊养殖节本增效效果显著。

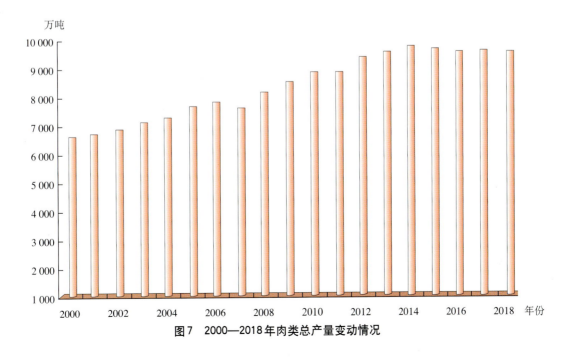

图7　2000—2018年肉类总产量变动情况

专栏1

奶业振兴发展取得新成效

党中央、国务院高度重视奶业振兴，习近平总书记、李克强总理多次对奶业发展作出重要批示指示。2018年中央1号文件提出做大做强民族奶业。2018年6月，国务院办公厅印发《关于推进奶业振兴保障乳品质量安全的意见》。2018年9月，胡春华副总理出席全国奶业振兴工作推进会议并对推进奶业振兴作出全面部署。2018年12月，农业农村部等9部门印发《关于进一步促进奶业振兴的若干意见》。中央一系列部署安排向全社会发出了振兴奶业的强烈信号，为今后奶业发展指明了方向和路径，奶业振兴发展呈现良好势头。

奶类生产恢复增长。据国家统计局数据，2018年全国牛奶产量3 074.6万吨，同比增长1.2%；液态奶产量2 505.5万吨，同比增长4.3%；干乳制品产量181.5万吨，同比增长5.7%。乳制品消费信心不断提升，市场供应充足。

养牛收益回归正常。2018年上半年我国奶牛养殖处境比较困难，生鲜乳价格处于近4年以来的低谷，有的地方还出现了"卖奶难"。下半年，随着市场的好转和政策的落实，"卖奶难"现象得到解决。2018年12月，生鲜乳销售平均价格3.8元/千克，比5月上涨0.2～0.5元。奶牛养殖效益明显回升，规模养殖场（户）饲养产奶牛头均年获利达到3 000元的正常水平。

养殖方式加快转变。2018年，全国奶牛规模养殖比例达到61.4%，比上年增长3.1个百分点；户均奶牛存栏153.8头，同比增加40.2头，规模养殖成为奶牛养殖主力军。全国奶牛平均单产7.4吨，同比提高0.4吨；单产达到9吨以上的高产奶牛已超过200万头。规模场全混合日粮饲养技术（TMR）普及率达到93%，比上年增长3个百分点，机械化挤奶率达到100%。

乳品质量安全良好。农业农村部2018年累计抽检生鲜乳样品1.9万批次，未检出三聚氰胺等违禁添加物，乳蛋白率抽检平均值3.25%，乳脂肪率抽检平均值3.84%，分别高出《生乳》国家标准0.45和0.84个百分点，规模牧场生鲜乳质量已达到发达国家水平。另据市场监管总局监测，2018年全国乳制品合格率为99.7%，位居食品安全前列。

（三）**养殖行业持续盈利** 2018年，全国平均出栏一头商品肥猪盈利30元，同比减少140元左右，在经历价格波动下行周期和非洲猪瘟疫情冲击的情况下，仍保持盈利水平；平均每只产蛋鸡全年养殖收益27.3元，同比增加24.2元，处于近年较高水平；平均出栏一只肉鸡盈利3.2元，同比增加1.9元，养殖效益明显回升；平均出栏一头450千克的肉牛盈利2 180元，同比增加123元；出栏一只45千克绵羊盈利279元，同比增加10元；出栏一只30千克山羊盈利409元，同比增加103元。畜禽养殖持续盈利，为农牧民增收和促进产业转型升级提供了有力支撑。

（四）**畜产品质量安全水平持续向好** 2018年，畜产品质量安全专项整治持续开展，质量安全监管体系不断强化，畜产品质量安全水平处于历史较高水平。全年畜产品抽检合格率达到98.6%，全年未发生重大畜产品质量安全事件。饲料抽检合格率93.2%，"瘦肉精"抽检合格率99.7%，生鲜乳抽检合格率99.9%，生鲜乳中三聚氰胺等违禁添加物抽检合格率连续10年保持100%。生鲜乳中乳蛋白含量平均值3.25%，乳脂肪含量平均值3.84%，均达到奶业发达国家水平。兽用抗菌药综合治理成效明显，停止在食品动物中使用喹乙醇、氨苯胂酸、洛克沙胂等3种兽药，稳步推进药物饲料添加剂退出计划，在全国100家畜禽养殖场开展兽药使用减量化行动试点。

（五）畜禽粪污资源化利用成效显著　畜禽粪污资源化利用制度体系不断健全，政策深入实施，地方负责、企业主体、政策支持、法律保障、多方参与协同攻坚的工作机制不断深化，畜禽粪污资源化利用工作有序推进。2018年，中央财政和中央预算内投资支持204个畜牧大县实施整县推进项目，支持整建制推进畜禽粪污资源化利用。《畜禽粪污土地承载力测算技术指南》等文件的印发，为畜禽粪污还田利用提供了技术支撑和指导。

专栏2

畜禽粪污资源化利用成效显著

2018年，畜禽粪污资源化利用工作加快推进，取得显著成效。全国畜禽粪污综合利用率达到70%，规模养殖场粪污处理设施装备配套率达到63%，大型规模养殖场粪污处理设施装备配套率达到82%。

完善制度体系。落实《国务院办公厅关于加快推进畜禽养殖废弃物资源化利用的意见》，印发《畜禽粪污土地承载力测算技术指南》，指导各地以地定畜，根据畜禽粪污养分产生总量配套消纳用地。印发《畜禽规模养殖场粪污资源化利用设施建设规范（试行）》，为规模养殖场配套建设粪污资源化利用设施装备提供指导和依据，提升粪污处理利用能力。

推动责任落实。印发《畜禽养殖废弃物资源化利用工作考核办法（试行）》和2017年度考核实施方案，对各省区市人民政府和新疆生产建设兵团畜禽粪污资源化利用工作开展考核。农业农村部与北京、天津、上海、江苏、浙江、福建、山东等7省市签订整省推进协议，明确提前一年完成目标任务。强化畜禽规模养殖场直连直报信息系统应用，将规模养殖场粪污处理利用情况纳入系统统一管理，实现对畜禽规模养殖场畜禽粪污处理利用情况的监管。

强化政策扶持。中央财政继续实施畜禽粪污资源化利用项目，支持119个畜牧大县整县推进畜禽粪污资源化利用。创新项目实施方式，选择北京、天津、江苏、浙江4省市开展整省推进，石家庄市、驻马店市等5个地级市开展整市推进，集中力量办大事。中央预算内投资实施畜禽粪污资源化利用整县推进项目，支持85个畜牧大县加强基础设施建设，整建制推进畜禽粪污资源化利用。

加强宣贯引导。农业农村部在福建省召开全国畜禽养殖废弃物资源化利用现场会，胡春华副总理出席会议并讲话，进一步明确要求，做出部署。举办畜牧业现代化暨畜禽养殖废弃物资源化利用论坛，通过专家讲座、对话等多种形式的活动，向全行业、全社会传达畜禽粪污资源化利用情况。国家畜禽养殖废弃物资源化利用科技创新联盟组织专家团队，选择全国七大区域10个畜牧大县开展分区包片技术服务，为养殖场（户）提供现场指导。

兽医事业

（一）兽医体系能力建设
2018年，继续强化兽医人才队伍、机构和基础设施建设，深入推进兽医社会化服务建设工作。

1. 强化兽医人才队伍建设。一是圆满完成2018年全国执业兽医资格考试，全国共有16 650人通过考试，其中执业兽医师和执业助理兽医师分别为8 291人和8 359人。继续在西藏自治区开展C证政策试点，共有31人取得C证执业兽医资格。二是全国执业兽医资格考试计算机考试（简称机考）在辽宁、河南、上海、重庆四个考区顺利完成，为在全国进一步推开机考打下良好基础。三是继续做好官方兽医和乡村兽医培训工作，在全国范围内开展国家级官方兽医培训师资遴选工作，举办两期全国官方兽医师资能力提升培训班，培训业务骨干31名，组建国家师资库，为国家、各省区市官方兽医培训提供人才支撑；举办全国乡村兽医师资培训班，培训乡村兽医师资人员160余名。

2. 加强兽医机构管理。一是开展动物诊疗行业专项整治行动，依法加强从业准入管理，严格规范动物诊疗活动及动物诊疗行业管理。针对动物诊疗机构，重点整治动物诊疗机构未取得动物诊疗许可证从事动物诊疗活动、未按动物诊疗许可证核定的执业范围从事动物诊疗活动等9类问题。针对执业兽医和乡村兽医，重点整治未取得执业兽医师资格或未经执业注册人员在动物诊疗机构、畜禽养殖场等生产经营单位开具兽药处方、执业兽医超出注册机关核定的执业范围从事动物诊疗活动等8类问题。二是对非洲猪瘟疫情防控中违法违纪典型案例进行通报，对相关责任人进行处理。

3. 推进兽医社会化服务。印发《农业农村部办公厅关于做好2018年兽医社会化服务推进工作的通知》（农办医〔2018〕31号），加快推动兽医社会化服务进入养殖环节，积极推进动物疫病检测社会服务能力建设，健全从养殖到屠宰全链条兽医服务供求模式。

（二）动物卫生监督执法

1. 推进动物卫生监督法制建设。修订并发布《生猪产地检疫规程》《生猪屠宰检疫规程》，以适应非洲猪瘟疫情防控新形势。修订《动物检疫管理办法》《动物防疫条件审查办法》，以适应社会发展需要，解决动物检疫监督工作面临的突出问题。

2. 规范动物卫生监督执法。为强化动物防疫法律法规实施，依法履行职责，规范监督执法行为，开展了动物卫生监督执法规范年活动。严格落实违法案件查办属地管辖，严厉打击重点违法行为。规范执法行为，提升执法能力。一是开展执法人员培训考试和启动全国动物卫生监督执法人员网络考试系统，开展执法人员在线学习、在线考核，分级开展执法人员轮训。二是开展动物防疫行政执法案卷评查工作。三是组织两期动物卫生监督骨干培训。四是建立活畜禽跨省移动数据报告制度，研究活畜禽移动监管工作，开展动物卫生监督检查站建设有关情况调查，强化畜禽流通风险管控。

2018年，全国动物卫生监督机构共产地检疫动物194.43亿头（只、羽），较2017年上升6.49%。共检出病害畜禽317.18万头（只、羽），较2016年下降6.5%。对检出病害畜禽全部实施了无害化处理。共查处各类违反动物防疫法案件2.87万件，有力地保障了畜牧业健康发展和畜产品质量安全。

3. 大力推动职业技能提升。联合人力资源和社会保障部和中华全国总工会举办2018年中国技能大赛——全国农业行业职业技能大赛（动物检疫检验员）。首次就动物卫生监督执法知识、屠宰检疫操作技能等内容举办全国性赛事，为全国工作树立行业标杆，培养一批爱岗敬业、懂技术、本领强的动物检疫专业队伍。

（三）动物疫病防控　切实抓好动物疫病防控工作，紧紧围绕优先防治病种，抓住关键节点和重点环节，突出抓好免疫、监测、应急处置等关键措施落实，扎实推进各项防控工作。

1. 强化工作部署。及时印发国家动物疫病强制免疫计划、动物疫病监测与流行病学调查计划，多次组织召开全国视频会议、专题会议，印发文件，全面部署防控工作，督促指导各地抓好各项措施落实。

2. 抓好重大动物疫病防控。2018年8月，我国首次发现非洲猪瘟疫情，面对突发疫情，各级畜牧兽医部门主动入位，会同各有关部门及时采取监测排查、应急处置、调运监管、禁止使用餐厨废弃物喂猪等一系列切实有效措施，全力抓好防控工作。全面落实强制免疫、监测预警等综合防控措施，口蹄疫、高致病性禽流感等重大动物疫情持续保持平稳。2018年，全国累计发生口蹄疫疫情27起、高致病性禽流感疫情13起（其中H5亚型疫情8起、H7N9疫情5起），所有已发疫情均已得到有效处置。

3. 抓好主要人畜共患病防治。全面实施布病分区防治，从监测报告情况看，疫情形势有所好转。包虫病疫区省份落实犬驱虫、羊免疫和病变脏器无害化处理措施，综合防治试点工作取得显著成效。血吸虫病消除工作扎实推进，疫情降至历史最低水平。云南省顺利通过马传贫消灭考核验收，新疆制定实施了马传贫消灭实施方案，全国马传贫消灭进程进一步加快。

4. 深入推进动物疫病区域化管理和净化。山东凤祥和华英农业无疫小区通过省级评估，进入国家评估阶段。启动了第三批净化示范场和创建场评估以及首批净化示范场复评估工作，189个"两场"通过了评估，净化工作理念更加深入人心，净化试点范围进一步扩大，引领养殖行业向以构建生物安全体系为核心的健康养殖模式迈进。

（四）生猪屠宰行业管理　2018年，生猪屠宰产业受生猪产能调整、市场需求变化等多重因素的影响，运行情况波动较大，生猪屠宰产业进入转型升级关键期。对此，行业管理部门和产业从业人员协同努力，进一步规范行业发展秩序，总体保持持续稳定发展的态势。

1. 生猪屠宰量小幅增加。2018年我国生猪定点屠宰企业总屠宰量3.45亿头，同比上升7.81%。其中规模以上生猪屠宰企业屠宰量3.06亿头，同比上升12.29%。2018年规模以上生猪屠宰企业屠宰量占全部企业总屠宰量比重为88.7%。

2. 屠宰头重进一步增加。2011年以来，规模以上生猪定点屠宰企业年度平均屠宰头重呈现逐年增加的趋势，2018年达117.00千克，较2017年增加0.45千克。

3. 生猪收购价和白条肉出厂价波动加大。2018年全国规模以上屠宰企业生猪平均收购价格13.61元/千克，同比下降13.81%；白条肉平均出厂价格18.11元/千克，同比下降11.87%。全年生猪收购价最低11.38元/千克，最高15.64元/千克，价格波动幅度4.26元/千克；全年白条肉出厂价最低15.28元/千克，最高20.44元/千克，价格波动幅度5.16元/千克。与上年同期相比波动进一步加大。

4. 屠宰企业资产总额有所降低。2018年全国生猪定点屠宰企业资产总额为1 155.82亿元，同比下降9.49%。生猪屠宰企业营业收入为2 551.71亿元，同比下降5.89%。

（五）兽药监管

1. 切实加强兽药管理制度建设。发布实施《兽药严重违法行为从重处罚情形公告》《新建粉散剂预混剂生产线兽药GMP检查验收评定标准》《兽用疫苗生产企业生物安全三级防护要求检查验收评定标准》。加快修订《兽药生产质量管理规范》，多次公开征求意见。

2. 切实加强兽用疫苗质量安全监管。一是组织开展兽用生物制品质量监督抽检。制定实施《2018年兽用生物制品质量监督抽检实施方案》，加大经营使用环节重大动物疫病疫苗抽检力度。全年共完成433批兽用生物制品监督检验工作，合格425批，合格率98.2%。其中对23家企业生产的重大动物疫病疫苗实施抽检，共166批产品，合格160批，合格率96.4%。二是强化高致病性禽流感和口蹄疫疫苗质量监管。对高致病性禽流感和口蹄疫疫苗生产、经营和使用情况，组织开展了专题调查。印发《农业农村部办公厅关于加强高致病性禽流感和口蹄疫疫苗生产工艺审查和检查的通知》，加强疫苗生产工艺审查，固定疫苗生产工艺，切实解决同一企业生产的同一产品在政府招标采购疫苗和养殖场自主采购疫苗间质量存在差异的问题。三是开展重大动物疫苗生产企业监督检查。采用常规检查和专项调查相结合的方式，开展春秋季兽用生物制品质量监督检查工作，先后对100家（次）兽用生物制品生产企业实施了监督检查。

3. 切实加强兽药质量监督抽检。组织开展兽药（非生物制品类）监督抽检和风险监测工作，将原来的监督抽检计划调整为监督抽检和风险监测2项任务，监测数量创历史新高，其中部级监督抽检任务由6 764批增加到7 480批；风险监测任务由825批增加到2 453批。据统计，2018年共通报兽药质量抽检结果四期，完成兽药质量监督抽检14 903批次，合格14 512批次，合格率97.4%，比2017年提高1个百分点。兽药风险监测共检验兽药3 231批，合格3 104批，合格率为96.1%，其中50批检出非法添加物，非法添加物检出率为1.5%。根据抽检结果，通报42家兽药生产企业为重点监控企业，并对发现的假劣兽药组织实施了查处。

4. 组织实施动物及动物产品兽药残留监控计划。印发《2018年动物及动物产品兽药残留监控计划》，对猪牛羊禽兔肉、牛奶、鸡蛋等主要畜禽产品中9大类80种兽药残留进行检测。据统计，2018年全国共检测畜禽产品兽药残留样品8 678批，超标3批，合格率99.97%。

5. 推进兽药二维码追溯体系建设。一是持续完善国家兽药基础数据平台，坚持追溯工作周报制度，实时掌握追溯系统运转情况和性能状况。追溯系统运行保持顺畅，99.5%以上的入出库文件处理在1分钟之内完成。二是升级改版国家兽药基础数据库和国家兽药综合查询APP，实现与兽药产品批准文号核发系统、兽药生产许可证信息系统同步对接，进一步提高了处理效率。三是加大督导力度，督促各地全力做好追溯实施工作。兽药生产企业和产品已实现100%全覆盖，兽药经营企业入网率达到100%。四是组织开展兽药追溯专项监督检查活动。重点检查兽药生产企业赋码、上传数据情况，以及各地推进追溯监管制度落实情况，有效地促进了兽药追溯实施工作。

（六）国际交流合作

1. 深化与国际组织务实合作。一是初步搭建与OIE务实合作平台。组团参加OIE第86届国际代表大会，中方人员获选OIE重要领导职位及技术职位。与OIE签署捐款谅解备忘录，扩大影响力。新增两家OIE参考实验室。我国无疯牛病、无牛肺疫、非洲马瘟状况再次得到确认。在猪流行性腹泻、非洲猪瘟等有关标准修订中争取到于我有利结果。参加SEACFMD协调员和委员会会议。二是积极参与兽医卫生国际规则标准制修订和转化应用。组织全国动物卫生标准化技术委员会开展国际标准评议工作，向OIE提交了两轮相关国际标准评议意见，并完成第三轮评议。三是推动落实FAO等国际组织职员推送工作。积极协调FAO等国际组织和部属有关事业单位，开展中方职员推送工作。四是进一步强化与FAO合作。在FAO—中国南南合作框架下，积极推动实施"澜沧江—湄公河区域跨境动物疫病控制"项目。按进度推动实施"防范新发流行病威胁项目二期项目"。组织开展现场流行病学培训四期项目工作，进一步提高各省动物疫病监测与流行病学能力。在FAO等国际组织框架下，加强中日韩、中老缅、中越、中蒙俄等双多边跨境动物疫病防控合作。

2. 推动双多边兽医领域合作。一是强化与周边国家交流合作。参加中日韩跨境动物疫病防控合作会议、跨境动物疫病控制全球框架委员会亚太区第十次执委会会议、SEACFMD第21届协调员会议、第24届SEACFMD分委员会会议，指导云南开展跨境动物疫病区域化管理试点工作。二是促进双边动物产品贸易。组织完成了对11个国家疫情解禁调查问卷材料评估工作，联合有关部门组成11个专家组，赴有关国家开展实地评估。在风险评估基础上，联合海关总署发布哥伦比亚免疫无口蹄疫区、哈萨克斯坦部分地区免疫无口蹄疫区、英国30月龄以下剔骨牛肉、捷克30月龄以下剔骨牛肉、德国禽流感、玻利维亚免疫及非免疫口蹄疫无疫区及匈牙利禽流感解禁公告。联合海关总署发布匈牙利非洲猪瘟、比利时新城疫、保加利亚小反刍兽疫、保加利亚非洲猪瘟、日本猪瘟、比利时非洲猪瘟、摩尔瓦多非洲猪瘟、玻利维亚口蹄疫及哥伦比亚口蹄疫禁令公告。配合海关总署完成欧盟动物和动物源性食品残留监控和出口肠衣控制体系迎检工作。三是加强政府间动物卫生与动物检疫合作。与英国签署《中华人民共和国政府与大不列颠及北爱尔兰联合王国政府关于动物卫生及动物检疫的合作协定》；与波黑就《中华人民共和国政府与波斯尼亚和黑塞哥维那部长会议关于动物卫生及动

物检疫的合作协定》基本达成一致。

3. 进一步深化与港澳兽医合作。根据《关于广州从化无规定马属动物疫病区运行维护合作安排》，批准香港赛马会2018年1—7月试运计划以及7—12月正式运营后常规运输方案；参加广州从化无规定马属动物疫病区及广州马场重点项目专家组第一次会议，深入交流探讨无疫区维护等问题。协调有关单位，为澳门民政总署兽医人员提供次世代基因测序技术（NGS）在实验室及临床诊断应用、动物狂犬病的实验室诊断、猪屠体旋毛虫检测以及病理切片制作等技术培训。

渔　业

2018年，我国渔业经济发展保持向好势头，渔业供给侧结构性改革持续推进，绿色发展进展加快，产业结构进一步优化，提质增效成效显著。全年水产品总产量6457.66万吨，同比增长0.19%（图8）。渔民人均纯收入19885.00元，增长7.76%。按当年价格计算，全社会渔业经济总产值25864.47亿元，其中渔业产值12815.41亿元，渔业工业和建筑业产值5675.09亿元，渔业流通和服务业产值7373.97亿元。

（一）渔业生产总体稳定　2018年，全国水产养殖产量4991.06万吨，同比增长1.73%，捕捞产量1466.60万吨，下降4.73%，养殖产品与捕捞产品的产量比例为77.3∶22.7；海水产品产量3301.43万吨，下降0.61%，淡水产品产量3156.23万吨，增长1.04%，海水产品与淡水产品的产量比例为51.1∶48.9。远洋渔业产量225.75万吨，增长8.21%，占水产品总产量的3.50%。全国水产品人均占有量46.28千克，比上年减少0.09千克、下降0.19%。

（二）水产品市场健康运行　全国水产品批发市场交易量、交易额均呈现上升态势，据

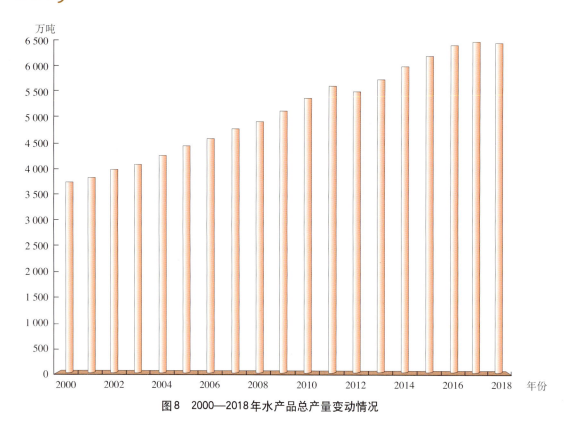

图8　2000—2018年水产品总产量变动情况

对全国定点水产品批发市场监测统计，水产品交易成交量同比上升4.80％，成交额增长4.50％，综合平均价格23.48元/千克、同比上涨2.79％。其中，海水产品价格上涨3.79％，淡水产品价格上涨1.53％。水产品进出口贸易保持高位运行。据海关总署统计，2018年，我国水产品进出口总量954.42万吨、进出口总额371.88亿美元，同比分别增长3.33％和14.44％。其中，出口量432.20万吨、出口额223.26亿美元，同比分别下降0.40％和增长5.56％；进口量522.22万吨、进口额148.61亿美元，同比分别增长6.64％和30.99％。贸易顺差74.65亿美元，比上年减少23.39亿美元。

（三）产业转型升级成效显著　加快推进养殖水域滩涂规划工作，县级规划编制完成1 173个，出台487个。水产健康养殖示范创建继续深入开展，创建部级渔业健康养殖示范县10个，创建（综合提升）水产健康养殖示范场1 259个。大型智能养殖装备试验示范不断

推进，世界最大的全潜式大型网箱、亚洲第一大深远海智能网箱"深蓝1号"在山东成功建造并下水。公告经全国水产原种和良种审定委员会审定通过的19个水产新品种，水产新品种总数累计达到201个。首次发布《中国稻渔综合种养发展报告》，总结提出稻渔综合种养五大发展阶段和稻鱼、稻蟹、稻虾、稻鳖等7大类24种典型技术模式。全国稻渔综合种养面积增加266.67千公顷、增幅超过15％，总面积达2 133.33千公顷，带动农民增收超过550亿元。

（四）国内渔船管控和渔业资源总量管理取得实效　海洋捕捞渔船船数和功率数"双控"深入推进，减船转产工作顺利实施。《渔业捕捞许可管理规定》修订发布，对渔船管理和捕捞许可制度进行重大改革。启动渔船分类分区管理，实行以船长为标准的渔船分类方法，下放小型渔船"双控"指标制定权和管理权，明确以底拖网禁渔区线为界进行渔船分区作业管理，强化属地管理责任和渔船建造、购

置、报废、船籍港管理制度。限额捕捞试点全面推进，浙江浙北渔场梭子蟹、山东莱州湾海蜇、辽宁普兰店对虾、福建漳厦海域笼壶作业、广东珠江口蓝蛤限额捕捞试点全面启动，工作机制不断完善，捕捞量控制、专项捕捞、定点交易、渔获物统计和监管、观察员派驻等制度不断建立健全。

（五）水生生物资源养护持续推进　国务院办公厅印发《关于加强长江水生生物保护工作的意见》，明确长江水生生物保护工作的指导思想、基本原则和重点举措，提出到2020年长江流域重点水域实现常年禁捕等目标。渔业资源保护制度体系加快完善，首次发布黄河流域禁渔期制度，规定4月1日起黄河流域实行为期三个月的禁渔期，填补了黄河流域性水生生物资源养护政策的空白。首次发布重要经济鱼类最小可捕标准及幼鱼比例管理规定，公布带鱼、小黄鱼等15个品种最小可捕规格，规定单航次渔获物中幼鱼最高限制比例，切实加强幼鱼资源保护。水生野生动物旗舰物种保护不断加强，全国斑海豹保护联盟和海龟保护联盟相继成立，发布《海龟保护行动计划》，印发CITES公约附录物种国内核准目录，与有关部门联合开展海龟保护专项执法行动。举办第九届水生野生动物保护宣传月活动，组织开展中华白海豚保护宣传日、世界海龟日科普教育。资源增殖放流深入开展，第四届"全国放鱼日"活动在江西鄱阳湖举办，在河南、辽宁、福建、青海等省分别举办省部联办增殖放流活动，全年增殖放流苗种超过300亿尾。组织召开首次全国海洋牧场建设工作现场会，全方位展示海洋牧场建设新装备、新要素，理清现代海洋牧场新思路、新理念。注重示范带动，开展国家级海洋牧场示范区示范创建，截至2018年底，共创建国家级海洋牧场示范区86个，全国已建成海洋牧场233个，投放鱼礁超过6 094万空立方米。注重规范发展，发布《国家级海洋牧场示范区评价办法》，加强海洋牧场后续监管。

（六）涉外渔业规范有序发展　远洋渔业规范管理水平不断提升，以"零容忍"态度对经调查核实的32家违规远洋渔业企业、59艘违规渔船及有关责任人员依法进行处罚，取消或暂停发生重大违规事件的5家远洋渔业企业从业资格。建立远洋渔船专家论证制度，经公开申报、专家论证、择优批准，在部分海域适度增加船队规模。严厉打击非法、不报告和不管制（IUU）渔业活动，妥善处置外籍渔船非法转载南极犬牙鱼案件。双边远洋渔业合作深入推进，举办首届中国—塞拉利昂渔业混合委员会会议，举办第一届中国—坦桑尼亚桑给巴尔渔业联合委员会会议，签署首份中桑渔业合作谅解备忘录。扎实推进渔业国际合作，开展中韩、中日、中越、中菲、中马双边渔业合作以及中俄、中越、中韩联合增殖放流活动，做好与美国、欧盟等方面对话合作，参与联合国及联合国粮农组织框架下渔业多边事务，参与APEC事务，加入《南印度洋渔业协定》，开展北极渔业合作。

（七）渔业安全水平提升　渔业安全生产工作全面加强，成立全国渔业安全事故调查专家委员会，进一步强化渔业安全事故调查处理工作，建立完善渔船事故调查制度。组织开展渔业安全生产约谈，建立渔业安全生产约谈机制。开展安全生产与应急业务培训，增强应急事件处置能力和安全管理业务水平。开展2018年全国渔业安全生产督查，加强渔船航行作业、涉外安全、渔船在港管理、隐患排查治理、应急值守救援等。2018年全国各级渔业行政主管部门及其渔政渔港监督管理机构共组织渔业救助1 003起；渔业行政执法船艇参与救助118艘/次，渔船参与1 311艘/次；救助渔船1 188艘，救助渔民7 130人；实际投入救助费用 2 249.23 万元，挽回经济损失 56 379.36 万元。水生动物疫病防控持续加强，水产苗种产地检疫试点范围扩大到天津、安徽、浙江、山东、广东 5 省市。全面实施《国家水生动物疫病监测计划》，对阳性场进行净化处理，全年未发生重大水生动物疫情。水产品质量安全状况平稳向好，全年未出现重大水产品质量安全事件，产地水产品抽检合格率达到 99.6%。

（八）渔政执法监管继续加强 "亮剑 2018"渔政系列专项执法内容扩大到 9 大领域，首次开展黄河全流域、国家级保护区、近海养殖水域滩涂、海洋渔船规范管理等专项执法行动，实现了海洋、大江大河、内陆边境交界水域和重点水域渔政专项执法行动全覆盖。伏季休渔执法行动保持"最严"，组织沿海 11 省区市开展交叉执法督察活动，各地查办违法违规涉案人员 1.09 万人，没收违法渔获物 3 867.56 吨。取缔涉渔"三无"船舶战果扩大，全年各地共清理取缔涉渔"三无"船舶 9 745 艘，开展公开拆解活动 345 场。违规渔具清理整治深入开展，首次启动清理整治"清网"行动，全年清理取缔违规渔具 55.1 万余张（顶）。开展电鱼违法行为全链条整治，查处案件 1.1 万余件，向公安机关移送涉案人员 2 671 名，电鱼猖狂势头得到明显遏制。"亮剑 2018"全年累计出动执法人员 140.87 万人次、执法车辆（船艇）32.8 万辆（艘）次，巡查里程 222.52 万海里，查获违规违法案件 3.45 万件，涉案人员 2.7 万名，向公安机关移送涉嫌犯罪案件 4 356 件、移送涉案人员 8 132 名。

（九）渔业保障与支持体系建设加强 渔业科技支撑进一步增强，推进国家渔业科技创新联盟建设，充分发挥国家深蓝渔业、渔业装备、大黄鱼、罗非鱼、海洋牧场、河蟹、鳗鲡、虾夷扇贝、刺参等 9 个科技创新联盟作用，加速渔业科技成果转化应用。新建 9 个国家水产品加工技术研发专业中心，已累计建设 43 个

国家中心，推进水产品加工业创新发展。《草鱼出血病诊断规程》等 26 项国家标准获国家标准化管理委员会批准实施，《灌江纳苗技术规程》等 39 项水产行业标准经农业农村部批准实施。渔业扶贫深入推进，发布《2018 年渔业扶贫及援疆援藏行动方案》，召开全国渔业扶贫及援疆援藏工作会议，成立渔业科技援藏工作组。在云南省红河州举办哈尼梯田稻渔综合种养产业扶贫技术培训活动，在甘肃省景泰县举办盐碱水渔农综合利用典型模式现场观摩活动。多方筹措资金，加大对定点扶贫地区、大兴安岭南麓片区、新疆、西藏以及广西三江、云南红河等开展渔业产业扶贫技术示范的支持力度。印发《全国沿海渔港建设规划（2018—2025 年）》，明确全国沿海渔港建设的指导思想、基本原则、总体目标、区域布局和建设内容，为新中国成立以来国家发布的第一个全国性沿海渔港建设规划，标志着我国沿海渔港建设和渔区社会经济发展进入了一个新的阶段。

林业和草原

（一）营造林和乡村绿化力度进一步加大 2018 年，国家林业和草原局准确把握实施乡村振兴战略的部署和要求，结合退耕还林、重点防护林体系建设等林业生态工程，积极推进乡村绿化美化，全面加强乡村生态文明建设，乡村绿化面积和质量稳步提高。全年共完成造林面积 729.95 万公顷，其中：天然林资源保护工程区完成造林 40.06 万公顷，退耕还林还草工程完成造林 72.35 万公顷，京津风沙源治理工程完成造林 17.78 万公顷，三北及长江流域等防护林体系建设工程完成造林 89.39 万公顷，石漠化综合治理工程完成造林 24.73 万公顷，国家储备林建设任务完成造林 67.38 万公顷。分方式看，全年共完成人工造林 367.79 万公顷，占总

造林面积的50.39%，所占比重最大；飞播造林13.54万公顷，新封山（沙）育林178.51万公顷，退化林修复132.92万公顷，人工更新37.19万公顷。分区域看，国家林业和草原局继续对西部地区支持、倾斜，西部12省区共完成造林面积364.17万公顷，占据全国造林总面积的半壁江山。2018年，完成森林抚育面积867.60万公顷，超额完成全年计划任务。

（二）草原修复保护和管理进一步加强 2018年，全国草原综合植被盖度达到了55.7%，比2017年提高了0.4个百分点；全国天然草原鲜草总产量连续8年超过10亿吨，草原涵养水源、保持土壤、防风固沙等生态功能得到恢复和增强，局部地区生态环境明显改善，全国草原生态环境持续恶化势头得到有效遏制。我国继续实施退牧还草、京津风沙源治理、西南石漠化草地治理工程等重点草原保护修复工程，其中：退牧还草工程完成草原围栏建设约227.87万公顷，退化草原改良17.35万公顷，岩溶草地治理4.93万公顷；退耕还草工程完成任务9.39万公顷；京津风沙源草地治理工程完成任务20.08万公顷。草原生态工程100多个项目县（市、旗、团场）的地面监测调查显示，重点草原保护修复工程区草原植被盖度比非工程区平均高11个百分点，植被平均高度和单位面积鲜草产量分别比非工程区高38.3%和52.7%。组织开展了草原法律法规和政策的宣传，监督了禁牧和草畜平衡制度的落实，加大了草原围栏等基础设施保护等工作，全国主要草原牧区都已实行了禁牧休牧措施。全国共有草管员28.74万人，审核审批草原征占用申请1 362批次，面积27 253.72公顷，征收草原植被恢复费2.69亿元。

（三）生态扶贫工作扎实推进 2018年，国家林业和草原局积极履行林草生态扶贫职能，针对林业草原施业区、重点生态功能区与深度贫困区高度耦合的实际，统筹山水林田湖草系统治理，深入实施重大生态保护修复工程，在生态补偿脱贫、国土绿化脱贫、生态产业脱贫等方面取得了积极进展。在行业扶贫上，国家林业和草原局会同财政部、国务院扶贫办，以集中连片特困地区为重点，累计选聘建档立卡贫困人口生态护林员50多万名，精准带动180万贫困人口增收脱贫。在定点扶贫上，国家林业和草原局协调广西、贵州两省区林业主管部门，在广西龙胜县、罗城县，贵州独山县、荔波县等4个定点县安排中央林业资金2.39亿元，安排省级林业资金3 077.07万元。为定点县开设了基建项目审批绿色通道。4个定点县中有68 412人脱贫，69个贫困村摘帽。在工程扶贫上，通过荒漠化工程的实施，加快了区域经济发展，减轻了贫困程度，据第三次石漠化监测结果，2012—2016年的五年间，区域贫困人数减少3 800多万人，贫困发生率由21.1%下降到7.7%，下降了13.4个百分点。根据国务院扶贫办2018年公布的脱贫摘帽县名单，共有57个县实现了脱贫摘帽，其中石漠化综合治理工程区就有33个县实现了脱贫摘帽，占57.9%。2018年，160多万贫困户享受退耕还林还草补助政策，平均每户增加补助资金2 500元。对实施禁牧和草畜平衡的农牧户给予禁牧补助和草畜平衡奖励，农牧民年人均增收700元左右。在产业扶贫上，积极推广"龙头企业+新型经营主体+农户"等模式，完善利益联结、收益分红、风险共担机制。全国油茶种植面积扩大到426.67万公顷，依托森林旅游实现增收的建档立卡贫困人口达35万户。

（四）林业和草原改革进一步深化 2018年，国有林区和国有林场改革进一步深化，草原改革稳步推进。重点国有林区停伐政策全面落实，政企分开逐步推进，地方政府保护森林、改善民生的责任逐步落实。国有林场改革取得决定性进展，全国4 855个国有林场已完成改革任务，28个省份完成省级自验收，改革红利逐步释放，森林得到休养生息，职工住房、养老、医疗等问题得以解决，有关债务将得到化解，基础设施不断强化，支持国有林场内外道路建设，建设管护站点用房868个，体制机制不断创新，95%的国有林场被定为公益性事业单位，人员精简林场整合目标实现。草原改革有序推进，草原资源产权制度改革方案初步形成，在不断增强和有效发挥草原资源生态功能的前提下，兼顾草原资源的生产功能，提升国有草原资源对维护国家生态安全和保障农牧民生计的双重功能。截至2018年底，在全国16个省区开展草原确权承包登记整体试点，探索建立健全信息化规范化的草原确权承包管理模式和运行机制，全国已承包的草原面积约为2.87亿公顷。

（五）林业和草原产业稳步发展　2018年，全国林业总产值继续稳定增长，达到7.63万亿元（按现价计算），比2017年增长7.01%。西部地区林业产业增长势头强劲，增速达到12.05%。分产业看，以森林旅游为主的林业第三产业增速最快，林业旅游与休闲服务业产值增速达21.50%，全年林业旅游和休闲的人数达到36.6亿人次，比2017年增加5亿人次。全国天然草原鲜草总产量109 942.02万吨，较2017年增加3.24%，采集甘草69 422.8吨、麻黄草13 440.5吨、冬虫夏草146.04吨。与2017年相比，甘草采集量增加24 413.3吨，麻黄草采集量增加7 294.6吨，冬虫夏草采集量减少95.44吨。

种　业

（一）农业生产用种需求及种子生产　2018年，全国主要农作物种子市场总体供给充足，价格稳中有降。据统计，全国玉米需种约10.68亿千克，可供种约18亿千克；杂交水稻需种约2亿千克，可供种3.56亿千克；常规稻需种6.16亿千克，可供种9.76亿千克；大豆需种4.06亿千克，可供种5.04亿千克；棉花需种0.87亿千克，可供种1.3亿千克；马铃薯需种50亿千克，可供种74亿千克。2018年，杂交玉米制种15.80万公顷，总产9.22亿千克；杂交水稻制种11.27万公顷，总产2.89亿千克；杂交棉制种0.064万公顷，总产74.2万千克，常规棉繁种7.93万公顷，总产1.21亿千克；大豆制种21.53万公顷，总产4.97亿千克，以上作物种子量均可满足2018年用种需求。2018年，杂交玉米种子供给过剩、竞争激烈，种子平均价格24.30元/千克，同比下降5.70%；杂交水稻总体价格下行，市场低迷，杂交稻春季市场平均价格70.96元/千克，同比下降0.67%；常规稻种子春季市场平均价格8.94元/千克，同比下降9.70%；大豆种子东北区和黄淮区价格同比分别增长7.83%和1.85%，种子平均价格为7.39元/千克，同比增长1.51%；全国冬小麦种子市场价格4.64元/千克，同比增长1.31%，热销品种种子价格最高可达6.40元/千克；全国杂交棉和常规棉种子市场总体平稳，长江流域杂交棉种子价格191.50元/千克，黄河流域和新疆常规棉区种子价格分别为22.57元/千克、19.59元/千克，同比持平；杂交冬油菜种子平均价格127.61元/千克，同比增长9.48%，常规油菜种子平均价格73.90元/千克。

（二）农作物和畜禽品种审定、登记与推广

1. 农作物品种审定、登记与推广。2018年，审定通过主要农作物品种3 315个。通过国家级审定的主要农作物品种902个，同比增加351个。其中水稻268个、小麦77个、玉米516个、棉花6个、大豆35个。2018年，审定绿色通道品种321个，其中水稻158个、玉米163个。2018年，通过省级审定的主要农作物品种2 413个，同比增加439个。其中水稻709个、小麦

238个、玉米1 188个、棉花92个、大豆186个。2018年，审定省级绿色通道品种51个，其中水稻5个、玉米46个。省级审定联合体品种363个，其中水稻154个、玉米205个、小麦4个。2018年非主要农作物品种登记全年发布公告15批，共登记品种9 634个。其中，马铃薯141个、甘薯64个、谷子221个、高粱261个、大麦（青稞）65个、蚕豆39个、豌豆59个、油菜415个、花生334个、亚麻（胡麻）27个、向日葵1 156个、甘蔗28个、甜菜116个、大白菜1 082个、结球甘蓝329个、黄瓜659个、番茄863个、辣椒1 583个、茎瘤芥5个、西瓜1 212个、甜瓜775个、苹果58个、柑橘23个、香蕉5个、梨15个、葡萄29个、桃59个、茶树8个、橡胶树3个。其中，自主选育品种8 757个，合作选育品种500个，境外引进品种294个，其他83个。从申请主体看，申请者为企业的品种数7 798个，申请者为科研教学单位的品种数1 795个，申请者为个人的品种数41个。

2. 畜禽品种审定、登记与推广。2018年审定通过了13个畜禽新品种和配套系，鉴定了14个畜禽遗传资源。其中，新品种包括吉神黑猪、苏山猪、宣和猪、象雄半细毛羊、鲁西黑头羊、乾华肉用美利奴羊和名威银蓝水貂，配套系包括中畜草原白羽肉鸭、江南白鹅、鸿光麻鸡、天府肉鸡、海扬黄鸡和肉鸡WOD168，畜禽遗传资源包括昌台牦牛、类乌齐牦牛、环湖牦牛、雪多牦牛、夷陵牛、欧拉羊、威信白山羊、荆门黑羽绿壳蛋鸡、富蕴黑鸡、天长三黄鸡、宁蒗高原鸡、娄门鸭、于田麻鸭和西域黑蜂。

（三）农业植物新品种保护 2018年，农业植物新品种权申请4 854件，同比增长26.3%，连续两年位居世界第一，年授权量1 990件，同比增长34%。来自国内申请主体的农业植物新品种权申请量为4 502件，其中国内企业申请量继续保持高速增长态势，达

2 315件，占比51.42%，已连续8年超过科研单位，育种创新主体的地位进一步确立；科研单位1 604件，占比35.63%；教学单位366件，占比8.13%；个人217件，占比4.82%。来自国外申请主体共申请品种权352件，占年度申请量的7.25%，涉及11个国家。其中，美国、荷兰为国外申请量大国，分别为109件和101件，卢森堡首次在我国申请品种权。2018年，大田作物申请量3 539件，占比72.91%，同比上年占比基本持平，其中三大粮食作物玉米、水稻、小麦年申请量分别为1 473件、1 151件和344件，分别占年申请总量的30%、24%和7%。蔬菜作物和花卉作物年申请量分别为631件和339件，同比上年占比略有下降；果树类年申请量同比上年占比提升显著，比上年同期增加138件。从品种权授权量看，大田作物授权量1 676件，占比84.22%，同比上年占比略有提升；蔬菜163件，占比8.19%，同比上年占比提升显著，比上年同期增加86件，增幅达111.69%；果树86件，占比4.32%，同比上年占比略有下降；花卉55件，占比2.76%，同比上年占比下降明显；其他9件，占比0.45%，同比上年占比下降明显；牧草1件，占比0.05%。至2018年底，农业植物新品种权申请总量累计26 771件，结案16 788件，授权总量11 671件，仍处于保护期内9 490件。

（四）农作物和畜禽种业创新进展情况

1. 农作物种业创新进展情况。良种联合攻关实施4年来，聚焦生产重大问题，凝练目标任务，通过机制创新推动理论创新、技术创新和品种创新，提高了育种效率，取得了育种科研创新和科技体制改革的双丰收。一是种业基础理论与育种技术创新取得新成绩，在解析重要性状形成分子机制、突破主要作物育种核心技术、构建完善水稻资源数据库和芯片方面取得了阶段性成效。二是绿色优异种质资源保

护利用与育种新材料创制取得新成效,鉴定选拔出抗赤霉病小麦育种新材料,对解决小麦生产的赤霉病难题意义重大。三是具有自主知识产权的绿色优质品种选育取得新突破,京农科728、泽玉8911等品种成为我国第一批通过国审的适宜籽粒机收的玉米新品种,香蕉新品种中蕉3号中抗枯萎病,产量超过主栽品种巴西蕉40%以上,有望解决香蕉枯萎病等世界难题。四是新品种规模化推广示范取得新进展,郑麦7698、鲁原502等一批新品种推动了我国优质抗逆小麦生产再上新台阶,隆两优华占、晶两优丝苗、荃优丝苗等品种正成为我国南方稻区优质稻主栽品种,大豆出现了"亩产400千克可复制,300千克成常态,200千克大面积"的可喜局面,为实施藏粮于地、藏粮于技战略,从源头上保障国家粮食安全提供了有力支撑。

2. 畜禽种业创新进展情况。生猪方面,新增9家国家生猪核心育种场、2家全国生猪遗传改良计划公猪站。杜洛克、长白和大白种猪的全国平均场间关联率提高至0.36%、0.44%和0.46%,7家科研单位和31家国家生猪核心育种场联合构建基因组选择育种平台。自主选育的杜洛克种猪达100千克体重日龄缩短至目前的163.8天,三大品种的背膘厚目前已下降至理想厚度,长白和大白种猪总产仔数分别增

加到11.77头、12.07头。奶牛方面,遴选了第一批10家国家奶牛核心育种场。繁育关键技术集成应用取得新进展,活体采卵—体外胚胎生产实现产业化,移植受胎率42%,达到国际先进水平。肉牛方面,新增国家肉牛核心育种场7个。肉牛核心育种场全年向社会提供种牛6 510头,同比提升60%。8月10日,全国畜牧总站和中国农业科学院北京畜牧兽医研究所等单位主办了首届全国种公牛拍卖会,这是采用市场化手段推广良种、搭建优质优价平台的一次创新,对于推动种牛产业高质量发展具有标志性意义。肉羊方面,挖掘了一系列与绵羊和肉羊主要经济性状的候选基因,部分分子标记已应用于育种实践中。引进吸收和自主开发出适于肉羊性能测定的自动称重和标识系统、B超活体测定技术、高通量基因分型技术、全基因组选择技术并开展初步应用。肉鸡方面,自主研发的55K肉鸡专用芯片已初步应用于我国黄羽肉鸡基因组选择育种,节粮矮小型配套系育种技术在30%的国家品种中得到应用。优质肉鸡新品种京海黄鸡培育及其产业化在2018年获得国家科技进步二等奖。蛋鸡方面,2018年国产祖代蛋种鸡已超过60%。建立了蛋鸡单步法基因组选择模型,开发了针对我国蛋鸡品种的第一款SNP芯片——凤芯1号。

专栏3

国家农作物种业大数据信息平台建设

为加快种业现代化建设,提高种业信息化水平,根据《农业部关于推进农业农村大数据发展的实施意见》(农市发〔2015〕6号),2015年着手构建中国种业大数据平台,2017年启动国家农作物种业大数据信息平台构建及运维工作,对种子管理系统单位原有的14个信息数据库进行整合。在此基础上,2018年开始对数字种业整体进行谋划。

目前,农业农村部已完成《数字种业建设规划》初稿,初步明确了建设的思路和方向。原有

的农作物种业大数据信息平台已完成总体框架搭建，正在横向整合分散于种子管理各环节、各子系统的数据信息资源，探索利用相关数据分析工具，把种业良种推广、生产经营、行业管理、社会化服务、产业发展等有机衔接起来，建设集指挥调度、行业监管、技术推广、公共服务于一体的综合信息服务平台，力争实现种业生产经营许可、主体备案、品种审定（登记）、品种保护等业务一体化运行，同步开发了手机端APP，推动种业管理效率和信息服务水平的不断提升。截至2018年底，平台共收录农作物种子生产经营备案单数110.26万条。2018年入库备案单数60.64万条，日均入库备案单数1 661条，单日入库备案单数峰值超过3万条；收录3 357条品种审定信息、2 696条品种保护信息、2 110条种子生产经营许可证信息、4 773条品种等级信息、2 697条种子进出口信息；手机端APP已完成版本集成整合。通过深入挖掘分析平台收录的数据，2018年共发布种子市场供需信息5期，并形成《2018—2019年全国重要农作物种子市场与供需形势分析报告》《农作物种子生产经营备案信息分析报告（2018）》等系列专题分析报告，对帮助农民选种用种、种子企业经营、管理部门决策都产生了积极的效果。

（五）种子企业许可与发展　种子企业快速发展，企业结构进一步优化，主体地位不断强化，企业竞争力稳步提升。截至2018年底，全国持有效种子生产经营许可证的企业5 663家。其中，生产经营玉米种子的1 586家，生产经营杂交水稻种子的480家，生产经营常规水稻种子的560家，生产经营油菜种子的391家，生产经营小麦种子的1 165家，生产经营棉花种子的221家，生产经营大豆种子的409家，生产经营花生种子的158家。从企业资产情况看，全国种子企业资产总额达到2 072亿元，资产总额1亿元以上的达到381家，其中，1亿元至2亿元（含）的210家，2亿元至5亿元（含）的113家，5亿元至10亿元（含）的36家，10亿元以上的种子企业22家，隆平高科和中资先正达位居世界种业10强。国内前五强商品种子销售额占全国的11.98%，比上年提高1.65%；前十强商品种子销售额占全国的16.81%，比上年提高1.78%。隆平高科收购联创种业90%股权，中信农业、中信兴业增持隆平高科2.5%股权，中化农业8.19亿元收购荃银高科，丰乐种业2.9亿元收购同路农业。全

国种子企业共实现种子销售收入692亿元，前5名实现销售收入75.97亿元。规模企业科研投入达31.68亿元，占本企业商品种子销售额的7.14%，前10名企业科研投入8.63亿元，占本企业商品种子销售额的8.42%，前5名企业科研投入6.87亿元，占本企业商品种子销售额的9.36%。

（六）种子、种畜禽质量与市场监管

1. 种子质量市场监管。全国共有农作物种子管理机构近3 000个。全年抽查近20种农作物种子5.2万份，平均合格率96%。2018年农业农村部继续组织各地深入开展打击侵犯品种权和制假售假专项治理打击行动、区域性制假售假专项治理打击行动，先后组织开展种子企业监督检查、春秋季市场专项治理、制种基地专项检查，保持转基因监管的高压态势。据统计，全国共出动执法人员65.74万人次，检查基地门店数量42.39万次，捣毁窝点62个，查没种子253.53万千克，移送司法机关42件，铲除非法转基因玉米制种田0.23万公顷，查扣非法转基因玉米种子9.09万千克。通过各地各部门共同努力，种子市场秩序明显好转，保护了

广大农民、品种权人和守法企业的合法权益。

2. 种畜禽质量市场监管。全年共测定651头种猪生产性能，合格率为81.7%，测定10个肉种鸡品种（配套系）父母代的生产性能；完成818头牛冷冻精液的抽样检测工作，合格率98.4%（其中，抽检国产牛冷冻精液735头份，合格率为99.3%；抽检进口牛冷冻精液83头份，合格率为90.4%）；完成1 246头种猪常温精液的抽样检测工作，合格率为90.9%。2018年对所有国家生猪核心育种场上报的测定数据情况进行全覆盖检查，对2013年公布的16家国家生猪核心育种场进行现场督导检查，取消3家企业的国家生猪核心育种场资格。

（七）种质资源保护与挖掘利用　2018年我国农作物种质资源保护和利用工作取得显著成绩。一是第三次全国农作物种质资源普查与收集行动进展顺利。2018年启动了四川和陕西两省207个县的全面普查和江苏、广东等8省58个县的系统调查，共收集资源15 383份。初步挖掘出一批优质、高产、抗病、抗逆的优异资源，如四川米易县傈僳族世代种植的"梯田红米"，陕西石泉抗病性极强的"石泉阳荷姜"等，丰富了我国种质资源的遗传多样性。二是资源保存总量突破50万份。新收集各类资源9 704份，入国家库圃资源10 485份，长期保存资源总量达502 307份（其中国家长期库435 550份，43个种质圃66 757份）。三是鉴定评价富有成效。完成23 092份种质的基本农艺性状鉴定，并评价筛选出781份特性突出的优异种质，为作物育种和农业科技原始创新提供了新的基础材料。四是资源得到妥善保存。完成库圃种质资源活力监测12 640份，及时更新复壮活力低、长势弱、病害严重的种质10 022份，确保了国家库圃资源的安全保存，为分发利用提供了有效保障。五是资源有效利用成效显著。通过在线公布优异种质目录、田间展示

及定点定向服务等方式，向种业创新、基础研究等提供种质资源36 792份，支撑或服务于各类科技计划项目/课题/产业技术体系402个、育成品种85个、国家奖2项、省部级奖12项、重要论文355篇、著作23部，对我国现代农业科技创新、地方产业发展和乡村振兴起到了重要支撑作用。

（八）种业进出口与国际合作交流

1. 进出口情况。农作物种业方面，2018年，批准对外提供种质资源30件，农作物种子进出口总量10.07万吨，同比增长3.0%。其中，进口量7.27万吨，同比略减2.4%；出口量2.80万吨，同比增长19.9%。进出口总额6.94亿美元，同比增长12.5%。其中，进口额4.75亿美元，同比增长13.9%，占进出口总额的68%；出口额2.19亿美元，同比增长9.8%，占进出口总额的32%。前三大进口贸易国为美国、日本、丹麦。进口量最大的农作物种子是黑麦草种子，进口量2.99万吨，占进口总量41%；进口额最大的农作物种子是蔬菜种子，进口额2.28亿美元，占进口总额48%，同比增长13.1%。前三大出口贸易国为：美国、巴基斯坦、荷兰。出口量最大的农作物种子是种用籼米稻谷，出口量2.03万吨，占出口总量73%，同比增长25%；出口额最大的农作物种子是蔬菜种子，出口额1.21亿美元，占出口总额55%，同比略增0.2%。畜禽种业方面，2018年我国种畜禽及其遗传物质实际进口额为人民币78 874万元，免征进口环节增值税人民币10 254万元。免税进口种畜禽活体1 295 857匹（头、只），遗传物质22 580枚（剂）。

2. 国际交流合作情况。2018年，在中美农业科技交流项目的支持下，农业农村部选派骨干赴美执行种质资源科技交流计划，了解美国国家植物种质资源的管理体系、信息系统、国家计划等情况。应阿根廷农业产业部、巴西农

牧业和食品供应部邀请，派员赴阿根廷、巴西访问，召开了中阿农业联委会种子分委会第4次会议，并就农作物种质资源交换、种业管理、企业合作等进行了深入沟通、磋商，在建立健全双边政府、科研院所、企业间种业沟通合作机制，拓宽合作领域等方面达成共识，进一步推进了中阿、中巴种业合作。在外专局和部人才交流中心的大力支持下，组团赴日本就种子种苗技术进行培训学习，围绕日本种子种苗管理、新品种保护、种业研发创新与成果转化、种子种苗繁殖加工技术及产业发展等内容进行了深入学习和研讨交流。

专栏4

南繁硅谷建设

一、"南繁硅谷"建设战略意义

海南国家南繁基地在中国农业发展中具有重要地位，是稀缺的、不可替代的国家战略资源。党中央、国务院历来重视南繁工作。习近平总书记考察南繁工作时强调，十几亿人口要吃饭，这是我国最大的国情。良种在促进粮食增产方面具有十分关键的作用。要下决心把我国种业搞上去，抓紧培育具有自主知识产权的优良品种，从源头上保障国家粮食安全。国家南繁科研育种基地是国家宝贵的农业科研平台，一定要建成集科研、生产、销售、科技交流、成果转化为一体的服务全国的"南繁硅谷"。高标准打造好国家"南繁硅谷"，对于推进海南南繁产业发展、推进现代种业科技创新、保障国家粮食安全、加快种业对外开发、服务"一带一路"倡议都有着十分重要的意义。

二、"南繁硅谷"建设进展良好

2018年11月18日，农业农村部正式印发《贯彻落实〈中共中央国务院关于支持海南全面深化改革开放的指导意见〉实施方案》（简称《实施方案》)，将推进"南繁硅谷"建设作为重点专题，"南繁硅谷"以国家南繁科研育种基地、全球动植物种质资源引进中转基地和南繁科技城为重点，加快推进建设。一是国家南繁基地建设稳步推进。《国家南繁科研育种基地（海南）建设规划（2015—2025年）》（简称《南繁规划》）印发以来，农业农村部会同国务院有关部委、海南省政府以及各南繁所在省份，攻坚克难、协同推进、狠抓落实。海南省已划定南繁科研育种保护区1.79万公顷、核心区3 533公顷，南繁科研用地得到有效保障；国家发改委批复南繁生物育种专区项目，项目总投资达2.99亿元；南繁规划资金陆续下达，包括农田水利建设、供地农民定金补贴、制种大县奖励、执法监管能力建设等政策和项目资金分批落地；各省加大南繁建设支持力度，目前，已有北京、山东等18个省份基本完成土地流转任务，地方财政投资已超4亿元；国家南繁形成了5级较为完备的国家南繁管理体系，覆盖南繁管理各方面工作。二是南繁科技城建设已经起步。在南繁规划落实过程中，海南省提出南繁"一城两区"布局，即三亚的南繁科技城和乐东、陵水的南繁园区，在规划基础上再次提升。省长亲自带头，成立了南繁科技城建设推进领导小组，不断加快推进规划编制。三是全球动植物种质资源中转基地建设进展良好。相关规划方案已经编制完成，农业农村部与国家发展改革委、海关总署、国家林草局沟通对接不断加强；现已初步落实了全球动植物种质资源中转基地选址。

三、"南繁硅谷"建设展望

深入贯彻习近平总书记重要讲话精神和国家"南繁硅谷"建设工作部署，紧抓全球新一轮科技革命和产业变革重大机遇，以加快提升种业自主创新水平、建设种业强国为目标，以国家南繁基地、资源中转基地和南繁科技城建设为依托，以体制改革机制创新为突破口，引导创新资源、技术、人才和资本向"南繁硅谷"集聚，推动产学研用资政紧密结合，打造国际一流的国家种业创新实验室以及公共技术服务和成果转化平台，加快建成集科研、生产、销售、科技交流、成果转化"五位一体"的服务全国、面向全球的重要基地，建成服务国家重大需求的种业改革开放试验区、创新引领先行区，为保障国家粮食安全和实施乡村振兴战略提供最有力支撑。

农垦经济

2018年，农垦经济和社会保持了稳中有增，稳中有新的发展态势。全年农垦经济实现生产总值8 155.46亿元。其中，第一产业增加值1 885.94亿元，第二产业增加值3 516.84亿元，第三产业增加值2 752.68亿元。第一、第二、第三产业增加值占农垦生产总值的比重分别为23%、43%和34%。人均生产总值58 684元。全年实现固定资产投资总额4 019.61亿元。

（一）粮食和重要农产品生产供应保障能力不断增强 2018年，农垦系统按照农业供给侧结构性改革要求，坚持稳面积、稳产量、提产能原则，因地制宜发展区域特色农产品，确保粮食和重要农产品的生产和供应，不断强化加工、仓储、物流、电商、品牌等全产业链建设，完善供应保障体系，着力提升农垦农产品综合竞争力。农垦全年粮食总产量达到3 652.80万吨。其中，黑龙江垦区粮食播种面积2 867.80千公顷，粮食总产达到2 279.64万吨，粮食综合产能连续八年稳定在2 000万吨以上。棉花播种面积1 021.80千公顷，产量284.78万吨，比上年增产36.5%；奶牛存栏128.80万头，生猪存栏1 173.05万头，肉类总产量220.41万吨，牛奶总产量389.80万吨。农垦系统围绕生产投入品安全高效利用以及绿色生态、优质高效技术推广应用，开展农垦农业绿色优质高效技术模式提升行动，加强绿色发展技术集成创新与推广应用，打造提升了一批农垦现代农业绿色高质高效示范场。农垦农产品质量追溯工作稳步推进，截至2018年底，农垦系统实现追溯管理的规模种植业达到1 856.67千公顷，养殖业达到7 388万头（只），追溯产品涵盖谷物、蔬菜、水果、茶叶、畜禽肉、禽蛋、水产、牛奶等主要农产品及葡萄酒等农产加工品，积累追溯数据4 857万条。

（二）产业结构进一步调整，主导优势产业加快发展 2018年，东北垦区按照稳粮、优经、强饲目标，积极调减非优势区籽粒玉米，扩大大豆、杂粮杂豆等高效作物和饲草饲料作物，加快构建粮经饲三元结构。农垦系统以农垦优势主导产业为重点突破，实施农垦现代节水农业新概念示范工程，打造"绿色生产、精深加工、物流销售、科技示范、精准脱贫、生态旅游"全产业链发展平台，示范引领节水农业转型升级、绿色发展、提质增效。围绕油菜产业发展，按照油菜"全生育期布局、全价值链挖掘、全产业链开发"思路，开展油菜新业态发展研究创建工作，打造油菜一二三产业深度融合发展区，创建油菜产业发展新业态。同时，以农垦乳业联盟、种业联盟、节水产业技术联盟为平台和抓手，围绕标准制定与实施、生产基地建设、先进适用技术的示范与推广、产品加工工艺优化与提高、品牌宣传与推广等，加快推进农垦一二三产业融合发展。

（三）境外资源和市场整合能力进一步加强，农垦示范带动作用明显增强　各垦区按照"一带一路"倡议要求，本着优化资源配置，着力节本增效原则，坚持"走出去"和"引进来"相结合，发挥集团化、组织化、规模化等优势，积极谋划农业"走出去"海外布局，对外合作项目不断深化。通过海外并购、建设产业基地、对外援助等多种途径，建立了具有一定规模的示范园区及农产品生产加工基地，对外合作产业从最初的粮食、天然橡胶行业逐步扩展到油料、糖业、酒业、果菜、烟草、畜禽、乳业等诸多产业，合作方式更加多样、合作层次不断提升。2018年，农垦已在30多个国家和地区建设了108个对外合作企业（项目），累计投资超过370亿元，境外种植面积108千公顷，其中主要粮食作物50.67千公顷，天然橡胶面积42.67千公顷。

（四）垦区基础设施和民生建设得到巩固，公共服务水平进一步提升　2018年落实农垦危房改造计划42 564户，中央投资3.5亿元，全年实现开工建设42 178户，并同步建设了一批配套基础设施和公共服务设施，部分危房户迁入安全舒适的新居，居住条件得到进一步改善，农场场容场貌明显改观。农垦小城镇建设步伐明显加快，基础设施和功能不断完善。2018年共落实中央农垦公益性项目23个，总投资34 351万元，其中中央投资27 988万元，涉及科研、医疗和市政工程等四类建设项目。

各垦区积极解决农垦职工参保、缴费困难等问题，农垦社会保障机制进一步健全，在岗职工养老保险、医疗保险参保率分别为92.3%、98.6%，基本实现应保尽保。

农业机械化

2018年全国农机化系统以提升重点作物、关键环节和薄弱地区生产机械化水平为重点，补短板、强弱项、促协调，扎实推进农业机械化全程全面高质高效发展，为农业生产持续稳中向好，为农村经济社会健康发展，提供了强有力的机械化支撑。

（一）农机装备能力有新提升　新一轮农机购置补贴政策启动实施，农业农村部会同财政部出台了《2018—2020年农机购置补贴实施指导意见》等系列文件，对购置符合条件的机具实行应补尽补，加大全程全面机械化和绿色生态重点机具购置补贴力度。大力推动高效、精准、节能型装备研发制造，加快破解全程机械化薄弱环节"无机可用""无好机用"难题。在政策和市场的带动下，农机装备总量持续增加，装备结构持续优化。2018年全国农机总动力达到10.04亿千瓦，较上年增加1 588.39万千瓦，同比增长1.61%。80马力以上拖拉机达112.85万台，同比增长14.02%；稻麦联合收割机达152.90万台，同比增长2.97%；玉米联合收割机达53.01万台，同比增长5.95%，其中，自走式玉米联合收获机达43.08万台，同比增长9.09%。水稻插秧机达85.65万台，同比增长4.16%。大豆收获机达2.15万台，同比增长8.28%。自动驾驶拖拉机、植保无人飞机等智能农机装备受市场青睐，农机装备能力持续提升，我国世界第一农机制造大国和使用大国的地位进一步巩固。

（二）农机作业水平有新跨越　各级农机

部门着眼稳定粮食产能、提高农业竞争力，积极推进农业生产全程全面机械化。实施主要农作物生产全程机械化推进行动，新创建152个率先基本实现主要农作物生产全程机械化示范县（市、区），累计已达到302个。2018年全国农作物耕种收综合机械化率达到69.1%，同比提高1.87个百分点。主要粮食作物生产机械化稳步推进，小麦、水稻、玉米耕种收综合机械化率分别达95.89%、81.91%、88.31%，较上年分别提高0.79个、1.73个、2.76个百分点。薄弱环节机械化水平加快突破，水稻机械种植率达50.86%，同比提高2.70个百分点；玉米机收率达75.85%，同比提高4.96个百分点；马铃薯、棉花综合机械化率分别为42.61%、76.88%，同比分别提高4.18个、6.14个百分点。实施特色农业节本增效、畜禽养殖机械化等八大技术推广行动，首次召开全国果菜茶机械化现场推进会，重庆、湖南、陕西丘陵山区积极推进农田"宜机化"改造，在全面机械化上迈出了新步伐。全国果菜茶机械化技术推广面积超过3.9亿亩次，茶叶种植加工全过程机械化模式在浙江等主产区广泛应用。

（三）农机化科技创新有新进展　全国农机化系统围绕农业绿色发展，加快节水灌溉、精准施药、定位施肥、畜禽粪污处理、秸秆还田、残膜回收等农机化技术创新和推广应用，为农业可持续发展增添动能。研究提出了《薄弱环节农机化技术创新》国家重点研发计划专项，新建了6个全程机械化科研基地，积极实施大田种植数字化农业示范项目，挖掘节种节肥节药节水潜力，农机农艺融合成为广泛共识。农机新产品的购置补贴试点范围由17个省份扩展到全国，加快了植保无人飞机等38种农机新产品转化应用。绿色机械化生产能力大幅提高，精量播种面积、机械深施化肥面积、机

械化秸秆还田面积和秸秆捡拾打捆面积分别达42 621.77千公顷、35 269.99千公顷、51 326.87千公顷和7 874.05千公顷，同比分别增加1.61%、1.99%、2.59%和55.60%。江苏大力实施设施农业"机器换人"和绿色环保农机装备与技术示范应用"两大工程"。山东积极开展农业生产全程关键装备技术研究开发、优化提升和试验示范等工作，各地加强农机化科技创新的措施日益强化。

（四）农机社会化服务有新拓展　各地农业农村部门通过政策倾斜、示范引导、政企联动等措施，积极培育壮大农机合作社等服务主体。召开全国农机社会化服务提档升级现场会，开展万名农机合作社理事长轮训，引导发展"全托管""机农合一""全程机械化+综合农事服务"等专业性综合化新型服务主体和服务模式。2018年我国农机作业服务组织达到19.15万个，同比增长2.22%。其中农机专业合作社达7.26万个，同比增长6.81%。全年"三夏""三秋"等重要农时农机服务面积累计超过4亿公顷次。江西、福建等省连续多年安排专项资金支持合作社机库及维修中心建设；安徽2017和2018两年依托合作社和家庭农场扶持建设综合农事服务中心超过700个。农机合作社已成为农业适度规模经营的推进器，在实现小农户与现代农业发展有机衔接中起到了不可替代的桥梁纽带作用。

（五）农机"放管服"改革有新突破　农机部门围绕正确处理政府和市场关系，加快转变职能，减少微观管理、直接干预，激发市场活力和社会创造力。新修订了农机驾驶、登记和试验鉴定等3个部门规章，取消农业机械维修技术合格证核发行政许可，推出农机安全监管8个方面44项简政放权便民措施，进一步完善了工作制度，提高了工作效能。黑龙江完善拖拉机和联合收割机安全技术检验管理

措施，人工、设备检验项目较原来分别减少了22项和2项，优化了工作流程，提高了检验效率。全国创建了93个"平安农机"示范市县，全年累计报告在国家等级公路以外的农机事故563起，死亡74人，受伤131人，直接经济损失717.54万元，与上年相比，分别下降了32.1%、43.1%、42%和48.6%。26个省份试点手机APP申领农机购置补贴资金，充分运用信息化手段，让农民"最多跑一次"成为现实。

饲料饲草业

2018年，面对中美经贸摩擦和非洲猪瘟疫情等多重挑战，饲料行业积极应对，采取有效措施，保持了平稳发展态势。全年工业饲料产值和产量双增长，产品结构适应性调整，行业规模化程度和集中度进一步提升，企业产业链调整重组步伐加快。

（一）饲料工业总产值较快增长 全国饲料工业总产值8 872亿元，同比增长5.7%；总营业收入8 689亿元，同比增长6.0%。其中，饲料产品产值7 869亿元、营业收入7 753亿元，同比分别增长5.8%、6.2%，增速与上年相比有较大幅度提高；饲料添加剂产品产值944亿元、营业收入875亿元，同比分别增长4.9%、5.3%，增幅比上年大幅收窄；饲料机械产品产值59亿元、营业收入61亿元，同比分别增长1.5%、1.1%，发展态势平稳。

（二）饲料总产量小幅增长 全国饲料总产量22 788万吨，同比增长2.8%，产品类别和品种结构呈现不同涨跌趋势。从类别看，表现为"一增两降"。其中，配合饲料20 529万吨、同比增长4.6%，浓缩饲料1 606万吨、同比下降13.4%，添加剂预混合饲料653万吨、同比下降5.1%。从品种看，表现为"猪弱禽强、水产反刍快涨"。其中，猪饲料9 720万吨、同比下降0.9%，蛋禽饲料2 984万吨、同比增长1.8%，肉禽饲料6 509万吨、同比增长8.2%，水产饲料2 211万吨、同比增长6.3%，反刍动物饲料1 004万吨、同比增长8.9%，其他饲料360万吨、同比下降10.7%。

（三）饲料添加剂产量较快增长 全国饲料添加剂产品总量1 094万吨，同比增长5.8%；其中，直接制备饲料添加剂1 035万吨、同比增长5.3%，生产混合型饲料添加剂59万吨、同比增长15.3%。从主要品种看，氨基酸、矿物元素、酶制剂和微生物制剂等产品产量分别达285万吨、567万吨、17万吨和15万吨，同比分别增长21.5%、13.8%、55.8%和36.9%，酶制剂和微生物制剂等生物饲料产品呈现强劲上升势头。

（四）生产规模化程度进一步提高 全国万吨规模以上饲料生产厂达3 742家，比上年增加196家，饲料产量占总产量94.6%，比上年增加1.6个百分点；其中，10万吨规模以上厂家数量达656家，比上年增加81家，饲料产量占总产量49.7%，比上年增加5.4个百分点。全国有8家单厂产量超过50万吨，单厂产量最大的厂家规模达114万吨。

（五）产业集中度继续提升 全国工业饲料十强省合计产量占全国比重71.3%，比上年提高1.7个百分点。饲料产量超千万吨的省份达11个，比上年新增1个；山东和广东的单省产量首次突破3 000万吨，总产值分别达1 353亿元和1 187亿元。全国有4家企业集团年产量超过1 000万吨，比上年增加2家，合计产量4 760万吨，占全国产量比重为21%。

（六）企业产业链布局出现新变化 受养殖业行情和产业形势变化影响，饲料企业加快调整产业结构和产业链布局。部分以商品饲料为主的企业加大向下游养殖业发展力度，部分产能转为生产自用饲料，有7家上年产百万吨的企业集团商品饲料产量降幅超过20%。部分企业面对养殖风险大、行业竞争加剧的挑战，逐步调整经营策略，实施产业转型，发展新的业务板块，个别企业饲料产量锐减一半以上。部分企业为优化产能布局，实现产品结构多样化，扩大市场占有率，加快收购兼并步伐，不断做大做强。

专栏5

深入推进粮改饲

为深入推进农业供给侧结构性改革，2018年农业农村部会同财政部安排中央财政资金20亿元，继续在河北、山西、内蒙古、辽宁、吉林、黑龙江（含农垦）、安徽、山东、河南、广西、贵州、云南、陕西、甘肃、青海、宁夏、新疆等17个省区实施，覆盖551个县区（含178个国家级贫困县），计划实施80万公顷，实际完成95.47万公顷，累计收储全株青贮玉米、苜蓿等优质饲草料4 007万吨。

粮改饲专项资金采取"大专项+任务清单"管理方式下达到各地省级财政，并提出粮改饲面积约束性任务和绩效评价指标。各地按照《粮改饲工作实施方案》要求，由农牧管理部门会同财政部门制定实施方案，按照草食家畜养殖基础好，规模化程度较高，气候、水土条件适宜发展规模化饲草料种植，政府重视种植结构调整和草食畜牧业发展，农民粮改饲积极性高，养殖场户收储条件好的原则要求，组织遴选实施县，细化任务和资金分配。实施县级农牧部门会同财政部门按照部、省有关要求，细化工作方案，按照申报、审查、核实、公示、资金发放等程序，确保将资金落实到补贴对象。据调查，粮改饲资金主要用于开展全株玉米等青贮饲草料收储，补贴标准由各试点县根据自身需要来确定。各地通过粮改饲有效满足了草食家畜养殖的饲草料需求，降低了养殖成本，缓解了玉米收储压力，提高了土地产出效益，减少了秸秆焚烧造成的环境污染，实现了经济、社会和生态效益共赢。

粮改饲使得"种养结合、为养而种"循环发展模式加快形成，实现了"种养双赢"。2018年完成的粮改饲面积中，养殖场流转土地自种、种养一体化经营的比例达到41%，较上年提高5个百分点，内蒙古、辽宁、青海等省区达到60%以上。养殖场利用一体化经营优势，将牛羊粪便还田用于青贮饲料种植，减少化肥用量40%以上。试点区域专业化生产服务组织发展到3 000余家，由专业收贮企业收贮面积达15%，耕、种、收、贮全程机械化作业水平大幅提高。在政策激励和市场带动双重作用下，传统农区和农牧交错带区域的农牧民，原有习惯种植籽粒玉米的观念发生了较大转变。内蒙古兴安盟扎赉特旗雪峰农牧合作社，按照自身养殖规模和市场青贮饲料价格测算，主动调减籽粒玉米种植面积，增加青贮玉米播种面积933.33公顷，比上年多种植266.67公顷。农民出售青贮玉米，平均每亩收入1 081元，比出售籽粒玉米每亩增收302元。经过连续四年实施粮改饲，农民种植青贮玉米意愿从"要我改"转变为"我要改"，推动草食畜牧业健康发展的工作机制加快形成。

粮改饲促进了农民增收，推进了产业扶贫。2018年，有178个国家级贫困县参与实施粮改饲。云南曲靖沾益区采取"养殖企业+贫困户"的种养模式，引导18个行政村440户贫困户种植青贮玉米90.93公顷，户均增收1 528.67元。宁夏西吉县整合涉农扶贫资金1 500万元，将贫困户收贮全株玉米青贮补贴由每吨60元提高到100元，通过发展牛羊产业激发贫困户脱贫增收的主动性和积极性。中央财政累计用于内蒙古、广西、宁夏、新疆等4个自治区和贵州毕节等重点民族地区的粮改饲工作补助资金已经达到124 232.1万元。青海、云南、新疆等省区把粮改饲作为产业扶贫的重要措施，采取"公司+基地+农户""产业园+精准扶贫""土地流转+订单种植+贫困户"等模式，引导企业、养殖大户与建档立卡贫困户建立青贮玉米种收贮一体化利益共享机制。

粮改饲推动了草牧业发展，提高了规模养殖水平。粮改饲省区在落实政策中，将青贮高粱、苜蓿、燕麦、黑麦草和甜高粱等纳入补贴范围，拓展饲草料资源，各地累计收贮全株青贮玉米3 517万吨、青贮高粱15万吨、苜蓿36万吨、燕麦47万吨、黑麦草3万吨、构树叶4万吨和甜高粱4万吨，推动了草牧业发展。内蒙古通辽市种青贮饲料养肉牛的种养结合养殖户（场）达到17.3万户，占全市肉牛养殖户（场）总数的85%。一亩青贮玉米养一头基础母牛，一头基础母牛一年产一犊成为标配，基础母牛繁殖率由65%提高到85%以上。

粮改饲壮大了农业新型经营主体，促进了一二三产业融合发展。各地通过"政府+信贷+合作社""养殖企业+种植大户""养殖企业+种植合作社""养殖企业+合作社+农户"等合作模式，开展生产、技术、采购、仓储、物流、加工、销售一体化的合作服务，既解决了销售难、收储难的问题，也带动了专业化饲草机械收获、拉运以及农机市场等第三产业的兴起，更促进了规模化生产。试点省区专业化服务组织达801家，养殖合作社达4 210家。

农产品加工

2018年，面对错综复杂的国内外经济形势，农产品加工业总体保持缓中趋稳、稳中有进态势，产业结构继续优化，质量效益稳步提升，为推动乡村产业振兴奠定坚实基础。

（一）行业运行总体平稳 2018年，农产品加工业增速保持在合理区间，支撑乡村产业振兴基础更加牢固。2018年，规模以上农产品加工业实现主营业务收入149 188亿元，同比增长4.0%。18个行业类别中除植物油加工、棉麻加工和橡胶制品制造外，其余行业主营业务收入均保持增长态势。其中，粮食原料酒制造、蛋品加工、乳品加工行业增长较快，同比增速超过10%。在统计的20种主要食品产品产量中，大多数产品产量同比增长。其中，成品糖、速冻米面食品、糖果、软饮料等产品增长较快。

（二）经济效益持续改善 企业效益总体提升，利润总额保持增长。2018年，规模以上农产品加工业实现利润总额10 090亿元，同比增长5.3%。行业利润率水平提高，企业盈利能力增强。2018年，规模以上农产品加工业主营业务收入利润率为6.8%，同比提高0.1个百分点。供给侧结构性改革效果不断显现，降成本效果比较明显。2018年，规模以上农产品加工业每百元主营业务收入中的成本为80.5元，同比下降0.7元，比工业平均成本低3.4元。

（三）精深加工快速发展 2018年，各地大力实施农产品加工业提升行动，统筹推动农产品精深加工与初加工、综合利用加工协调发展，农产品精深加工呈现快速发展态势。统计数据显示，焙烤食品、方便食品、肉制品、肉禽罐头、鱼糜制品、水产品罐头、保健品制造、糖果巧克力制造、中药制造等精深加工行业主营业务收入增速均达到5%以上，比农产品加工业全行业增速高1个百分点以上，比稻谷加工、小麦加工、杂粮加工、牲畜屠宰、水产品冷冻加工等初级加工行业增速高3～5个百分点以上。

（四）**智能化改造步伐加快** 当前，以智能制造为代表的新一轮产业变革迅猛发展，数字化、网络化、智能化日益成为制造业的主要趋势。农产品加工业是智能制造发展的重要领域。大中型农产品加工企业装备数字化、自动化和智能化水平正在迅速提高，部分领军企业在实现加工制造设备智能化的基础上，正在积极探索建立智能化管理体系，将设计、制造、供销服务和决策管理等信息化进行系统集成，推动企业向智能制造方向迈进。2018年，农产品加工行业国家智能制造试点示范项目数量新增6个，累计已达21个，涉及乳品加工、坚果加工、白酒制造、饮料制造和植物提取等领域。

（五）**全产业链发展趋势明显** 随着农村产业融合发展深入推进，越来越多的农产品加工企业开展全产业链布局，实现农产品生产、加工、物流、研发和服务一体化发展。据调查，2018年有约60%的农产品加工企业通过自建原料基地方式进入种植业或养殖业；有近40%的农产品加工企业开展了电子商务等新型流通业务。另据对41家肉类加工上市企业的研究显示，85%以上的肉类加工企业进行了全产业链布局，产业类型包括一产的育种、养殖和种植业，二产的饲料加工、屠宰及肉制品加工、生物制药、调味品制造，三产的冷链仓储物流、连锁零售、电商、餐饮酒店、旅游、培训、科研、金融投资等。

（六）**助推粮食去库存效果显著** 为推进农业供给侧结构性改革，加快玉米等粮食去库存步伐，近年来国家先后出台了一系列支持玉米等粮食精深加工的扶持政策，极大地促进了玉米等粮食的加工转化。据国家粮油信息中心预测，2018年全国深加工玉米消费量为7 300万吨，较上一年度增长500万吨，玉米临储去库存超预期。另据国家统计局数据显示，2018年玉米加工行业规模以上企业主营业务收入增长了46.3%，利润总额增长了66.8%，是农产品加工业所有子行业增长最快的行业。

农业产业化经营

2018年，各级农业产业化主管部门深入贯彻落实党中央国务院决策部署，紧紧围绕乡村振兴战略实施，开拓创新、不畏艰难，以龙头企业为引领，以乡村产业振兴为目标，以融合发展为路径，以联农带农富农为使命，加强政策创设、完善支持措施，大力培育新型经营主体，壮大优势特色产业，发展乡村品牌经济，助力农民增收脱贫攻坚，打造农业产业化"升级版"，推动乡村产业高质量发展。

（一）**龙头企业不断壮大，新型主体多元发展** 龙头企业作为乡村产业振兴的骨干力量，充分发挥组织带动、技术研发、产品营销等优势，积极探索、加强合作，逐步形成以龙头企业为核心、合作社为纽带、家庭农场为基础、其他新型经营主体广泛参与、分工协作的现代农业经营体系，各类产业化组织不断涌现，规模不断扩大、实力稳步增强、质量明显提升，为乡村产业振兴注入了不竭的动力源泉。截至2018年底，经县级以上农业产业化主管部门认定的龙头企业达到8.97万家，同比增加2.63%，其中省级以上龙头企业近1.8万家；省级以上龙头企业固定资产总额同比增加5.67%。产加销或产销一体化的农民合作社示范社达12万家，交易额超过2 000万元的专业市场超5 000个，全国10个省份认定省级农业产业化示范联合体近1 000个。

（二）产业结构优化升级，集群集聚优势凸显　各类农业产业化组织立足区域资源禀赋，主动适应市场需求变化，调整优化产业结构，延伸拓展产业链条，提升规模化种养、集约化生产、标准化管理水平，形成了一批企业集聚区和乡村产业集群。截至2018年底，省级以上重点龙头企业中，水果、蔬菜、中药材、茶叶、花卉、肉类、蛋类等特色行业龙头企业数量和销售收入稳定增长，其中中药材、茶叶、花卉的龙头企业数量增长6%~18%，销售收入平均增长20%左右，产业结构加快调整。年销售收入过100亿元的达到72家，占比仅0.4%，销售收入占比超过三成，产业集聚度进一步提高。

（三）科技投入大幅增加，研发机构稳步增多　龙头企业日益重视科技创新，持续加大科研投入，以科技创新联盟、产业创新中心、高新技术园区等为载体，自建合建工程技术研发中心，加速科技成果转化应用，提高农业产业科技含量，增强现代农业核心竞争力，促进乡村产业提质增效。截至2018年底，省级以上重点龙头企业科技研发投入同比增长超过15%，近三成的龙头企业科技研发投入占年销售收入的比重超过1%；超过四成的龙头企业建有专门研发机构，同比增加3.47%；1/8的龙头企业获得国家高新技术企业称号。

（四）质量安全备受重视，品牌战略持续推进　龙头企业顺应消费者对农产品质量安全要求越来越高的大趋势，由注重增产转为提质增效，着力绿色高质量发展和食品安全保障，建立健全监管体系、监测体系、追溯体系，打造绿色优质农产品品牌，品牌影响力显著提升，乡村产业加速由产品经济、数量经济向品牌经济转变。截至2018年底，省级以上重点龙头企业中近六成建有专门质检机构，同比增加5.68%；近2/3通过了ISO 9000、HACCP、GAP、GMP等质量体系认证，获得绿色、有机、地理标识等认证的龙头企业近万家、产品数量超3万个。

（五）新型业态蓬勃发展，一二三产深度融合　龙头企业、农民合作社等新型农业经营主体，顺应现代农业发展要求，借势互联网、电子商务等创新模式和技术手段，推动产业链相加、供应链相通、价值链相乘，拓展产业功能与发展空间，休闲观光农业、创意农业、智慧农业、电商农业、农耕体验、文化传承等新型业态不断涌现，产业融合发展快速推进。截至2018年底，超过四成的省级以上重点龙头企业通过互联网渠道开展农产品销售，互联网销售收入同比增加15.64%；1/6以上的龙头企业发展休闲农业等。

（六）产业扶贫深入推进，带农增收成效斐然　各类农业产业化组织勇于担当，到贫困地区发展优势特色产业，主动对接建档立卡贫困户，开展技能培训、提供就业岗位，完善利益联结机制和组织模式，带领小农户融入现代农业发展、分享产业增值收益，多种渠道促进农民增收，产业扶贫，激发了广大农民参与乡村振兴的积极性。截至2018年底，全国各类农业产业化组织辐射带动超过一半农户，年户均增收超过3 200元；省级以上龙头企业带动农民合作社数量同比增长12.13%，带动规模经营主体能力增强明显；832个国家扶贫工作重点县培育发展市级以上龙头企业超过1.4万家；直接带动建档立卡贫困户的省级以上龙头企业增加了7.23%。

休闲农业和乡村旅游

2018年，休闲农业和乡村旅游产业规模稳步扩大、发展主体类型多元、产业布局逐步优化、发展机制不断创新，休闲农业和乡村旅游已从零星分布向集群分布转变，空间布局已从城市郊区和景区周边向更多适宜发展的区域拓展。截至2018年底，全国休闲农业和乡村旅游接待游客超30亿人次，营业收入超8 000亿元，休闲农业和乡村旅游已成为横跨一二三产业、兼容生产生活生态、融通工农城乡的新产业新业态，为乡村振兴注入新动能。

（一）工作体制机制不断完善 2018年4月，农业农村部印发《关于开展休闲农业和乡村旅游升级行动的通知》，要求各地以精品促升级、设施促升级、服务促升级、文化促升级、管理促升级，实现休闲农业和乡村旅游高质量发展。国家发展改革委等13部委印发《促进乡村旅游发展提质升级行动方案》，在乡村旅游基础设施方面提出明确要求。国家文化和旅游部等17部委印发《关于促进乡村旅游可持续发展的指导意见》，提出新时期全面促进乡村旅游可持续发展的各项措施。为调动全国休闲农业系统积极性，形成上下互动、全国一盘棋的工作格局，2018年，农业农村部召开全国休闲农业和乡村旅游大会，引导各地创新思路，丰富业态，创造精品，提升服务，打造休闲农业和乡村旅游的升级版，助力乡村振兴。

（二）宣传推介力度持续加强 打造精品品牌。2018年，农业农村部办公厅印发《关于开展休闲农业和乡村旅游精品推介工作的通知》，通过制定标准、明确程序、专家评选，培育推介了150个功能完备、特色突出的中国美丽休闲乡村。创新推介形式。以"春观花"为主题，农业农村部举办了中国美丽乡村休闲旅游行（春季）推介活动，启动2018美丽乡村休闲旅游行。以"秋采摘"为主题，举办首届中国农民丰收节系列活动，向全社会推介100个精品景点线路，引进直播平台等新媒体进行互动，对当地特产进行促销。还推出了"夏纳凉""冬农趣"系列主题活动，在部网站同步推介。拓展宣传渠道。2018年，农业农村部编印出版《全国休闲农业和乡村旅游经典案例》，为城乡居民休闲度假景点选择提供参考。启动"中国休闲农业"微信公众号，设立政策发布、主题活动、精品推介等栏目，并实现内容实时更新。联合中央电视台农业农村频道《乡土》栏目共同推出《全国休闲农业精品地图》系列节目，不断扩大提升休闲农业和乡村旅游的宣传广度和力度。

（三）工作基础保障不断夯实 强化监测分析。农业农村部开发了休闲农业和乡村旅游监测系统，制定统计指标，建立监测试点，逐步建立监测体系，为行业发展提供数据支持。加强实地调研。农业农村部调研了休闲农业和乡村旅游发展情况，参与制定《关于支持海南省全面深化改革开放加快发展热带现代农业的实施方案》。注重业务培训。围绕休闲农业和乡村旅游发展政策、产业发展理论和实践经验，在宁夏银川和山东兰陵分别举办全国休闲农业和乡村旅游管理人员和从业人员培训班，通过专题讲解、案例剖析和现场教学，增强了管理人员和从业人员规划开发、模式创新、创意设计、营销策划、从业技巧等方面能力。

（四）文化传承能力日益提升 成功举办首届"中国农民丰收节"。2018年，经中央批准、国务院批复，将每年农历秋分设立为"中国农民丰收节"。农业农村部先后召开多场座谈会，积极谋划制定首届"中国农民丰收节"组织实施方案，首届"中国农民丰收节"在各地顺利举行。加大农业文化遗产保护工作。农业农村部完成第三、四批中国重要农业文化遗产整理工作，编辑出版《中国重要农业文化遗产（第二册）》。部署第五批中国重要农业文化遗产发掘认定工作。参与大运河文化带规划编制调研和规划纲要起草，提出重要农业文化遗产保护传承方案。

农产品价格与市场

（一）**农产品生产者价格** 据对全国20 000个农业生产经营单位和农户调查，2018年全国农产品生产者价格[①]总水平比上年下降0.9%（图9至图14）。

1. 农业产品生产者价格同比上涨1.2%。分季度看，1、2、3、4季度同比分别上涨2.7%、2.3%、0.5%和1.7%。

分品种看，谷物生产者价格上涨2.3%，其中，小麦上涨0.1%，稻谷下降0.3%，玉米上涨5.1%。豆类下降1.8%，其中，大豆下降2.1%。薯类上涨1.7%。

2018年棉花（籽棉）生产者价格下降2.1%。分季度看，1、2、4季度分别下降7.9%、2.0%和1.7%。

2018年油料生产者价格下降0.9%。分季度看，1、2季度分别下降5.0%、1.5%，3、4季度分别上涨0.8%、2.6%。分品种看，花生下降4.0%，油菜籽下降0.2%，芝麻下降4.7%。

2018年糖料生产者价格下降1.2%。分季度看，1季度上涨1.7%，2、4季度分别下降2.8%、1.9%。分品种看，甘蔗下降1.4%。

2018年蔬菜生产者价格上涨3.6%。分季度看，1、2、3季度分别上涨3.6%、5.2%和6.4%，4季度下降0.9%。分种类看，叶菜类上涨5.0%，白菜类上涨5.0%，根茎类上涨2.3%，瓜菜类上涨4.5%，菜用豆类上涨4.0%，茄果类上涨2.9%，食用菌上涨2.0%，葱蒜类下降5.7%。

2018年水果生产者价格上涨1.1%。分季度看，1、3、4季度分别上涨2.4%、5.4%和9.0%，2季度下降5.4%。分品种看，苹果上涨5.6%，梨上涨8.4%，热带水果上涨7.5%，柑橘下降3.6%。

2. 林业产品生产者价格下降1.1%。分季度看，1、2、3季度分别下降0.8%、4.6%和0.7%，4季度上涨1.3%。分种类看，2018年竹材下降0.5%，胶脂和果实类林产品下降11.1%，木材上涨2.7%。

3. 饲养动物及其产品生产者价格下降4.4%。生猪生产者价格下降14.4%。分季度看，1—4季度分别下降16.7%、25.5%、8.8%和6.3%。

活牛生产者价格上涨4.9%，活羊上涨14.7%，活家禽上涨7.7%，禽蛋上涨17.6%，生奶上涨1.3%，动物毛类上涨16.9%。

4. 渔业产品生产者价格上涨2.6%。分季度看，1—4季度分别上涨6.5%、1.4%、0.9%和1.0%。2018年海水养殖产品生产者价格上涨1.4%，海水捕捞产品上涨4.7%，淡水养殖产品上涨2.2%。

（二）**农产品集贸市场价格** 据对全国200个主产县农产品集贸市场价格调查，2018年1—12月，大部分农业产品集贸市场价格上涨，其中，玉米价格比上年上涨4.7%，小麦价格上涨2.4%；粳稻、籼稻价格分别上涨1.9%和0.4%；油菜籽价格上涨2.5%；粳米、籼米价格均上涨1.8%。花生仁价格下降5.2%，棉花和大豆价格分别下降1.0%和0.7%。

---

① 农产品生产者价格是指农业生产者首次直接出售其生产的农产品时实际获得的价格。

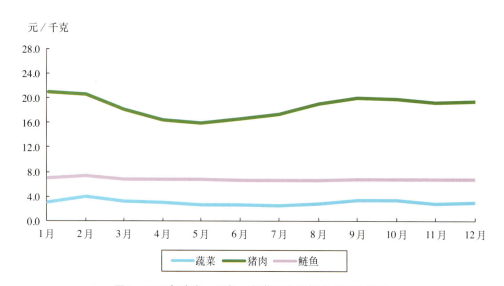

图9　2018年猪肉、鲢鱼、蔬菜批发价格分月变动情况
注：蔬菜为10种蔬菜（大白菜、白萝卜、大葱、黄瓜、西红柿、茄子、青椒、土豆、芹菜、油菜）平均价格。

图10　2000—2018年农产品生产价格指数及农业生产资料价格指数变动情况
注：2000年（含）以前农产品生产价格指数为农副产品收购价格指数。

图11　2000—2018年化肥使用量及价格指数变动情况

图12　2018年尿素零售价格分月变动情况

图13 2000—2018年农药施用量及价格指数变动情况

图14 2000—2018年化肥生产量与进口量变动情况

畜牧业产品中，猪价下降，牛羊禽价格上涨。其中，活猪和猪肉价格分别下降15.5%和12.6%，仔猪价格下降24.7%；牛肉、羊肉价格分别上涨3.3%和10.3%，活鸡和鸡蛋价格分别上涨6.3%和15.7%。

（三）农村商品零售价格 2018年1—12月，农村商品零售价格比上年上涨2.1%，涨幅高于上年0.8个百分点，高于全国0.2个百分点，高于城市0.2个百分点。分类别看，燃料、中西药品和医疗保健用品上涨最快，涨幅分别为9.9%和5.2%；其次是建筑材料及五金电料、书报杂志及电子出版物和家具，价格分别上涨4.0%、3.1%和2.4%。金银珠宝和交通、通信用品价格下降，比上年分别下降1.6%和1.3%。

（四）农村居民消费价格 2018年1—12月，农村居民消费价格比上年上涨2.1%，涨幅与城市持平（图15）。分类别看，农村食品烟酒价格上涨1.1%，低于城市1.0个百分点，其中，鲜果、鲜菜、蛋类价格分别上涨5.9%、6.0%和12.7%，粮食和水产品价格分别上涨0.8%和2.7%，畜肉价格下降5.4%；衣着类价格上涨1.5%，高于城市0.4个百分点；居住类价格上涨3.3%，高于城市1.2个百分点；生活用品及服务价格上涨1.6%，涨幅与城市持平；交通和通信价格上涨1.8%，高于城市0.2个百分点；教育文化和娱乐价格上涨2.2%，低于城市0.1个百分点；医疗保健价格上涨3.7%，低于城市0.9个百分点；其他用品和服务价格上涨1.2%，涨幅与城市持平。

（五）乡村社会消费品零售额 2018年，乡村社会消费品零售额55 350亿元，比上年增长10.1%，增速比上年回落1.7个百分点，高于城镇增速1.3个百分点。

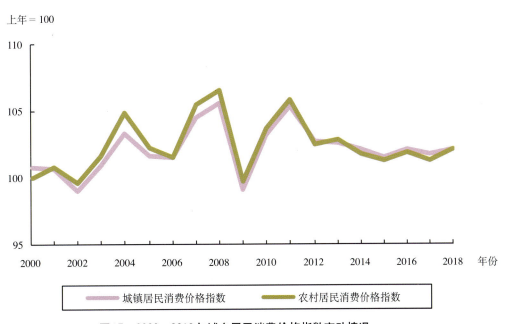

图15 2000—2018年城乡居民消费价格指数变动情况

农产品进出口

2018年我国农产品进出口额双增长，农产品贸易逆差大幅增加。全年农产品进出口

贸易总额2 178.8亿美元，比上年增长7.6%。其中，出口额799.3亿美元，增长5.0%；进口额1 379.5亿美元，增长9.1%；农产品贸易逆差580.2亿美元，扩大15.3%（图16、图17）。

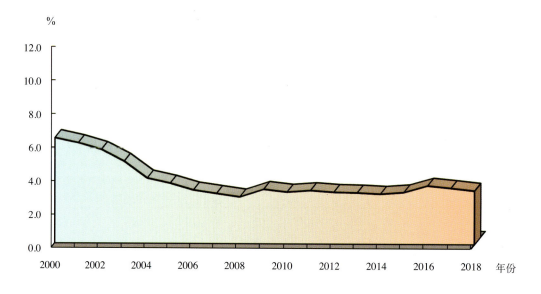

图16 2000—2018年农产品出口额占总出口额比重变化情况

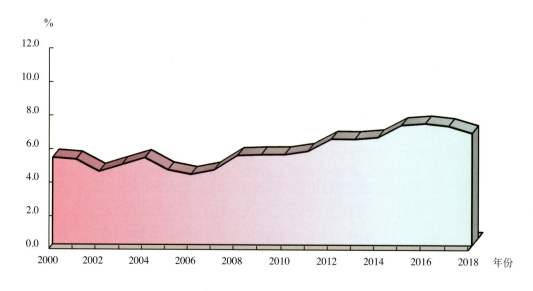

图17 2000—2018年农产品进口额占总进口额比重变化情况

（一）粮食（谷物）净进口量比上年减少25.2%　2018年，我国粮食（谷物）①出口量为255.3万吨，比上年增长57.9%；进口量为2 050.2万吨，减少19.9%；净进口1 794.9万吨，减少25.2%（图18）。

2018年，我国粮食（谷物）出口额为11.0亿美元，比上年增长38.6%；进口额为59.4亿美元，减少8.5%；粮食（谷物）贸易逆差为48.4亿美元，缩小15.1%。其中，稻谷产品的逆差为7.5亿美元、玉米产品的逆差为7.8亿美元、小麦产品的逆差为7.4亿美元、大麦产品的逆差为16.9亿美元。

1. 稻谷产品。2018年，出口量为209.1万吨，比上年增加74.7%；进口量为307.7万吨，减少23.6%。出口额为8.9亿美元，增加48.8%；进口额为16.4亿美元，减少11.9%。稻谷产品包括大米、大米粉、稻谷和种用稻谷。

2. 玉米产品。2018年，出口量为1.2万吨，比上年减少85.8%；进口量为352.4万吨，增加24.6%。出口额为0.1亿美元，减少73.1%；进口额为7.9亿美元，增加30.7%。玉米产品包括玉米、玉米粉、其他加工玉米和种用玉米。

3. 小麦产品。2018年，出口量为28.6万吨，比上年增加56.4%；进口量为309.9万吨，减少29.9%。出口额为1.2亿美元，增加37.7%；进口额为8.6亿美元，减少20.7%。小麦产品包括小麦、小麦粉和种用小麦。

4. 大麦产品。2018年，进口量681.5万吨，比上年减少23.1%。进口额为16.9亿美元，减少6.9%。大麦产品包括大麦、加工大麦和种用大麦。

（二）食用油籽进口同比减少7.4%、食用植物油进口比上年增加8.9%

1. 食用油籽。2018年，出口119.5万吨，

图18　2000—2018年粮食（不含大豆）进出口变动情况

---

① 粮食（谷物）包括大麦产品、稻谷产品、高粱产品、谷子产品、黑麦产品、小麦产品、燕麦产品、玉米产品、其他谷物。

比上年增加8.7%；进口9 448.9万吨，减少7.4%。其中，大豆进口8 803.1万吨，减少7.8%。

2018年我国食用油籽出口额为17.1亿美元，比上年增加4.6%；进口额为417.5亿美元，减少3.0%；贸易逆差为400.4亿美元。其中，大豆出口额为1.0亿美元，增加10.0%；进口额为380.6亿美元，减少4.0%；贸易逆差为379.6亿美元。

2.食用植物油。2018年，出口29.6万吨，比上年增加46.7%；进口808.7万吨，增加8.9%。

2018年我国食用植物油出口额为3.1亿美元，比上年增加32.1%；进口额为58.6亿美元，增加3.2%；贸易逆差为55.5亿美元。

（三）棉花进口量同比增加19.4%，食糖进口量比上年增加22.0%；蔬菜出口量增加2.7%，水果出口量减少2.0%；畜产品贸易逆差扩大12.5%，水产品贸易顺差下降23.0%

1.棉花。2018年，进口量为162.7万吨，比上年增加19.4%；进口额为32.0亿美元，增加35.5%；贸易逆差为31.0亿美元。

2.食糖。2018年，进口量279.6万吨，比上年增加22.0%；进口额为10.3亿美元，减少4.6%；贸易逆差为9.3亿美元。

3.蔬菜。2018年，出口量为1 124.6万吨，比上年增加2.7%；进口量为49.1万吨，增加99.1%。出口额为152.4亿美元，减少1.8%；进口额为8.3亿美元，增加50.0%；贸易顺差为144.1亿美元。

4.水果。2018年，出口量为509.8万吨，比上年减少2.0%；进口量为592.5万吨，增加24.8%。出口额71.6亿美元，增加1.2%；进口额84.2亿美元，增加34.5%；贸易逆差为12.6亿美元。

5.畜产品。2018年，出口额68.6亿美元，

比上年增加7.9%；进口额285.2亿美元，增加11.3%；贸易逆差为216.6亿美元，扩大12.5%。

6.水产品。2018年，出口额224.4亿美元，比上年增加6.1%；进口额148.9亿美元，增加31.3%；水产品贸易顺差75.5亿美元，下降23.0%。

（四）一般贸易是我国进出口贸易的主要方式，占我国进出口贸易总额的比例分别为80.2%和82.4% 一般贸易方式出口662.8亿美元，比上年增加6.2%，占我国农产品出口总额的82.4%，比上年下降0.2个百分点；进料加工方式出口72.8亿美元，增加1.5%，占9.1%，下降0.4个百分点；边境小额出口23.8亿美元，下降2.2%，占3.0%，下降0.2个百分点；来料加工装配贸易方式出口18.1亿美元，增加7.7%，占2.2%，与上年持平。

一般贸易方式进口1 101.4亿美元，比上年增加5.4%，占我国农产品进口总额的80.2%，比上年下降2.8个百分点；进料加工方式进口55.7亿美元，增加6.5%，占4.1%，下降0.1个百分点；保税区仓储转口货物贸易方式进口51.3亿美元，下降45.0%，占3.7%，下降3.7个百分点；保税仓库进出境货物贸易方式进口40.1亿美元，增加5.5%，占2.7%，下降0.3个百分点。

（五）亚洲是我国农产品第一大出口市场，南美洲为我国农产品第一大进口市场 2018年，对亚洲出口518.8亿美元，比上年增加6.7%，占我国农产品出口总额的64.5%，比上年提高0.1个百分点。欧洲为第二大出口市场，对欧洲出口116.4亿美元，增加4.8%，占14.5%，下降0.2个百分点。北美洲为第三大出口市场，对北美洲出口104.1亿美元，增加8.3%，占12.9%，提高0.2个百分点。对非洲、南美洲和大洋洲分别出口33.9亿美

元、17.1亿美元和14.1亿美元，增幅分别为6.5.%、−1.1%和3.5%，对这三大洲出口金额合计占我国农产品出口总额的8.1%，比上年下降0.1个百分点。

从国际组织来看，我国对东盟、北美自由贸易协定组织和欧盟分别出口171.1亿美元、104.1亿美元和91.4亿美元，增幅分别为10.7%、8.3%和4.7%。

从出口国家和地区来看，2018年出口前10位的国家和地区依次是：日本107.8亿美元，比上年增加5.3%，占我国农产品出口总额的13.4%；中国香港101.5亿美元，增加3.1%，占12.6%；美国83.5亿美元，增加8.0%，占10.4%；越南52.6亿美元，增加15.3%，占6.6%；韩国52.5亿美元，增加10.0%，占6.5%；此后依次是泰国、中国台湾、马来西亚、印度尼西亚和菲律宾，出口额分别为33.4亿美元、27.2亿美元、26.4亿美元、26.3亿美元和21.1亿美元，对这五个国家和地区的出口额合计占我国农产品出口总额的16.7%。

2018年，南美洲是我国进口农产品第一大市场，进口额为430.0亿美元，比上年增加24.8%，占我国农产品进口总额的31.3%，比上年提高3.9个百分点；从亚洲进口居第二位，为261.5亿美元，增加13.2%，占19.1%，提高0.7个百分点；从北美洲进口居第三位，为250.7亿美元，下降19.7%，占18.3%，下降6.5个百分点；从欧洲、大洋洲以及非洲的进口额分别为218.0亿美元、177.2亿美元和35.2亿美元，分别增加14.3%、17.4%和19.7%，三者合计占我国农产品进口总额的31.4%，提高1.9个百分点。

从国际组织来看，从北美自由贸易协定组织进口248.4亿美元，比上年减少20.1%；分别从东盟和欧盟进口184.8亿美元、161.4亿美元，分别增加10.1%、7.8%。

从进口国家看，2018年进口前10位国家依次是：巴西330.4亿美元，比上年增加37.0%，占我国农产品进口总额的24.1%；美国162.3亿美元，下降32.7%，占11.8%；澳大利亚104.5亿美元，增加16.1%，占7.6%；加拿大79.4亿美元，增加19.7%，占5.8%；新西兰71.4亿美元，增加19.0%，占5.2%；此后依次是泰国、印度尼西亚、法国、越南和俄罗斯，进口额分别为57.8亿美元、51.8亿美元、42.9亿美元、32.9亿美元和32.1亿美元，分别增加23.2%、4.5%、9.8%、11.0%和51.5%，这五个国家进口额合计占我国农产品进口总额的15.8%。

（六）东部地区进出口均居第一，广东、山东分居进出口首位 2018年，我国东部地区农产品出口额534.2亿美元，比上年增加6.2%，占我国农产品出口总额的66.4%，比上年下降0.2个百分点；进口额1 136.3亿美元，增加11.1%，占82.8%，提高1.6个百分点。

西部地区出口额102.5亿美元，比上年增加3.4%，占我国农产品出口总额的12.7%，比上年下降0.4个百分点；进口额96.8亿美元，增加5.0%，占7.1%，下降0.2个百分点。

中部地区出口额85.3亿美元，比上年增加10.7%，占我国农产品出口总额的10.6%，比上年提高0.4个百分点；进口额46.3亿美元，减少16.2%，占3.4%，下降1.0个百分点。

东北地区出口额82.5亿美元，比上年增加8.3%，占我国农产品出口总额的10.3%，比上年提高0.2个百分点；进口额93.3亿美元，增加5.0%，占6.8%，下降0.3个百分点。

2018年出口前五位的省依次是：山东187.6亿美元，比上年增加1.1%，占我国农产品出口总额的23.3%；广东101.3亿美元，增加7.4%，占12.6%；福建98.7亿美元，增加12.9%，占12.3%；浙江55.4亿美元，增加11.5%，占6.9%；辽宁54.5亿美元，增加8.6%，占6.8%。

进口前五位的省市依次是：广东280.0亿美元，比上年增加10.4%，占我国农产品进口总额的20.3%；江苏201.1亿美元，增加6.4%，占14.6%；山东176.5亿美元，增加7.4%，占12.8%；上海166.9亿美元，增加23.0%，占12.1%；天津102.0亿美元，增加25.8%，占7.4%。

农产品市场体系建设

当前，批发市场仍然是我国农产品流通的主渠道，通过批发市场交易的农产品数量占全国的70%。目前，我国农产品批发市场已近4 500家，产地市场约占70%。据国家统计局统计，截至2017年底，亿元以上农产品专业批发市场发展到937家，摊位数50.72万个，营业面积达到4 207.8万平方米，年成交额19 346.7亿元。其中，粮油市场占10.67%，肉禽蛋市场占11.53%，水产品市场占14.83%，蔬菜市场占29.24%，干鲜果品市场占13.23%，棉麻土畜烟叶产品市场及其他农产品市场占20.49%，已形成以果蔬、水产品等鲜活农产品为主的大型专业市场流通网络。

为建设布局合理、分工明确、优势互补的产地市场体系，2018年，农业农村部通过政策资金引导，重点围绕推进全国性农产品产地市场建设和田头市场示范建设两方面开展工作。

（一）推进全国性农产品产地市场建设，产业带动作用明显 农业农村部先后启动建设了洛川苹果、牡丹江木耳、舟山水产、赣南脐橙、重庆生猪、斗南花卉、眉县猕猴桃、荆州水产、定西马铃薯、信阳茶叶、大连水产、长白山人参、彭州蔬菜13个全国性农产品产地市场，部分市场发挥了全国性农产品产地市场价

格形成中心、产业信息中心、物流集散中心、科技交流中心、会展贸易中心等功能，在带动相关产业健康发展，提升产品和产业影响力等方面发挥了积极作用。

1. **市场体系加速完善，"五大中心"引领作用凸显。** 目前已启动建设的全国性农产品产地市场都按照农业农村部和省政府签订的合作备忘录推进工作，围绕"建设一流市场、打造产业航母"的目标，继续通过创新交易方式，发布价格指数，加强集货、储藏、交易、商品化处理等基础设施建设，促进农产品生产流通相关的研究、推广、展示和交流，畅通流通渠道，稳定市场价格，降低市场风险，构筑信息平台，辐射带动周边产业发展。重庆生猪市场推行了仔猪拍卖交易和活体生猪挂牌交易。长白山人参市场的在线拍卖交易价格，成为国内人参产业价格波动的"风向标"。赣州市建立国家赣南脐橙研究中心，加强市场科技平台建设。眉县猕猴桃市场协调整合猕猴桃研发推广机构，建立猕猴桃高新技术研发团队和专家库，开展技术交流，为产业服务，促进产业链集群发展。

2. **农业品牌培育方兴未艾，产品市场知名度和影响力不断提升。** 全国性农产品产地市场重点从品牌培育塑造、营销推介、监管保护等方面入手，提高农产品品牌知名度和差异度，提升产业影响力和话语权。2018年，各市场联合企业及合作社等经营主体积极参加第十六届中国国际农产品交易会、第二届中国国际茶叶博览会等各类农业展会及各类品牌推选活动，提高产品知名度，塑造产品品牌，增强市场竞争力。定西马铃薯市场重新建设马铃薯综合交易中心，深挖马铃薯营养，延伸产业链条，在各大电商平台开设品牌网店220多家，网络销售额超2 200万元，进一步做大做响定西"中国薯都"品牌。牡丹江木耳市场通过质量追

溯，实现"执法者能监督、生产者能追溯、消费者能查询"，全面提升优良品质、无污染的品牌效应。

3. 助力特色农产品优势区建设，发挥示范推动作用。农业农村部联合国家发展改革委等部门组织各地开展特色农产品优势区（以下简称特优区）创建工作以来，全国性农产品产地市场在推进特优区建设、带动相关产业发展、提升农产品国内外市场影响力等方面发挥了积极作用。赣南脐橙、洛川苹果、定西马铃薯等全国性农产品产地市场均在146个特优区区域内，长白山人参市场、荆州水产市场等在吉林省抚松人参、湖北潜江特优区产业发展方面发挥了积极作用。全国性农产品产地市场建设，推动特优区完善标准化交易专区、集配中心、冷藏冷冻、电子结算、检验检测等设施设备，提高产业集中度和配套服务保障水平，切实将区域资源优势变成产品优势、产业优势。如陕西洛川苹果市场建立了苹果博物馆，每年举办洛川苹果节，展示新品种，推广新技术，提升知名度，增强产业的规模化、专业化、市场化水平，为现代农业发展、农民增收提供了强劲动力。

（二）开展田头市场示范，公益性流通基础设施进一步完善 2018年，农业农村部在河北、辽宁、湖南、重庆等13个生产集中度高、市场基础良好、农民主体组织化程度相对较高、商品化处理需求明显的地区开展田头市场试点示范建设，着力解决农产品流通"最初一公里"，改善基础设施，规范建设标准，强化分等分级和商品化处理，重点支持信息采集发布、电子化交易等公益性设施建设，提高了田头市场流通效率，减少流通损耗，推进农产品上行。在农业农村部示范带动作用下，各地把田头市场建设作为促进农产品销售、引导农业结构调整和增加农民收入的重要措施，培育发展了一批专业性强、辐射范围广、带动一方产业发展的田头市场，对提高农户营销能力、强化农产品流通起到了重要推动作用。

1. 服务功能不断强化，农产品流通效率显著提高。引导产地市场开展电子商务建设，创新农产品运营机制，对于提高农产品附加值、减少流通损失、降低农产品物流成本、实现农产品快速流通具有重要意义。辽宁省铁岭市西丰县和凌源市四官营子镇通过科学规划、稳步推进，基本实现田头市场"六个一""三大功能""一个模式"的建设目标，新建电子结算中心、信息发布平台，改造标准化检测设施设备，有效提高了流通效率，促进农民增收。山东省沂南县双堠镇果蔬批发市场通过建立电子商务交易平台，集中开展农产品电子商务营销，实现产品线上销售，减少交易环节。山东省成武县芸豆批发市场通过建立交易价格采集发布信息平台，形成较为完善的芸豆价格监测信息系统，能够定时发布交易品种、价格和数量等信息，保障交易信息透明、对称。

2. 基础设施进一步完善，带动特色产业提质增效。根据农产品生物特性、运输距离、市场需求等因素，建设基础交易棚厅，改善清洗、分级、包装、烘干等商品化处理设施和预冷储藏设施，最大限度地减少农产品采后损失，提高经济效益。山东省宏大生姜市场通过更换交易库房岩棉夹心屋顶，使市场具有全天候交易能力，新增外地客商23户，每天交易量增加200多吨，每年市场增收100多万元，间接增加姜农收入2 000万元。重庆奉节县田头市场新建交易服务室200平方米，仓库200平方米，电子商务室110平方米，带动当地50余户户均增收3 500元。

3. 辐射相关产业发展，助推农村劳动力就业增收。以田头市场建设推动产业融合发展，形成特色农产品产、供、销的一体化发展模式，解决农产品供需不匹配问题，促进了地方产品贸易，拉动区域农业产业发展，增加农民收入。四川省阿坝州和广元市两个田头市场依托当地的生态地理环境和特色优质的农产品，立足农业产业扶贫和民族文化、民俗风貌，以市场为中心，积极发展农耕文化园、大学生农业创业园、养生文化园，培育家庭农场、农民合作社等新型农业经营主体11家，发展特色蔬菜种植面积133.33公顷，年产值达到600万元；积极发展中药材、水果等特种经济作物面积20公顷，年产值达到200万元；发展高原黑猪、牦牛等特色畜禽养殖100头（只），年产值达到160万元。湘西猕猴桃田头市场开展网上湘西特色产品销售，累计线上销售8 000多万元，带动精准扶贫户596户，实现增收800多万元。

农业农村信息化

近年来，随着信息化向农业农村的加速渗透融合，为农业农村地区发展带来了前所未有的变化与机遇。信息化已经成为引领创新和驱动农业转型升级的先导力量，成为农业农村现代化的制高点。党中央、国务院高度重视农业农村信息化工作，作出了一系列决策部署。2018年农业农村部认真贯彻落实党中央、国务院决策部署要求，坚持用互联网思维和信息化技术创新"三农"工作，用信息化引领驱动农业农村现代化建设取得了新成效。

（一）信息进村入户工程深入推进 2018年，信息进村入户工程实施范围不断扩大，在原有10个整省推进示范省的基础上，新增天津等8个省份开展整省推进示范，益农信息社建设速度明显提升，截至年底已覆盖全国近一半行政村，服务资源进一步集聚、服务能力进一步提升、运营模式进一步完善，在带动农村信息消费、满足农民生产生活信息需求、转变政府服务方式等方面取得了实效。截至2018年底，全国共建成运营27.2万个益农信息社，累计培训村级信息员78.6万人次，为农民和新型经营主体提供公益服务9 579万人次，开展便民服务3.14亿人次，实现电子商务交易额244亿元。农业农村部开展了全国信息进村入户工程推进经验交流，组织展示了信息进村入户推进成效，部分省、县及运营企业代表交流了做法和经验，会议同期发布了100个信息进村入户村级信息员典型案例。

（二）农业电子商务加快发展 农业农村部积极贯彻落实国务院常务会议部署，在深入四川省凉山州、甘肃省陇南市等贫困地区开展专题调研的基础上，组织起草实施"互联网+"农产品出村进城工程的指导意见，推动"互联网+"农产品出村进城工程加快落地，有效解决农产品出村"瓶颈"，促进贫困地区农产品网络销售。组织大型电商企业举办丰收购物节，开展了为期近1个月的农产品促销、农资促销、网络直播以及各类线下庆丰收活动，直接带动贫困地区在内的农村优质特色农产品上网销售额超过200亿元。召开全国农业农村电子商务工作会议，全面推进农业农村电子商务工作。

（三）数字农业农村建设加快推进 农业农村部继续推动农业物联网区域试验示范，加快建设农业物联网平台，组织物联网行业相关专家，研究制定农业物联网应用软件征集标准草案，同时开展农业物联网软硬件接口标准研究工作。举办数字乡村发展论坛，国家部委、各省区市农业农村部门、行业协会、科研机构、企业等300余位代表参加，共同探讨数字乡村建设发展的目的、方法和途径，形成多方共同参与的工作格局。

（四）农业农村大数据建设初具成果 农业农村部积极推动苹果大数据建设，指导陕西建设国家级苹果大数据中心，在2018年"双新双创"博览会展示建设成果。加快生猪全产业链大数据发展，稳妥推进重庆国家级生猪大数据中心建设，做好生猪全产业链数据监测试点收官工作。开展大蒜等单品种大数据监测统计工作调研，探索调动主产区和社会多方力量进行小品种农产品统计分析工作的长效机制。

（五）农民手机应用技能培训深入开展 农业农村部在全国组织开展农民手机应用技能培训周活动，农民手机应用技能培训联盟企业在全国各地组织实施丰富多样的专场活动，以助力农产品线上营销为主题，通过线上线下相结合的形式开展培训。组织编写《手机助农营销实用手册》口袋书，出版《农民手机应用技能培训精编版》教材，并制作成电子书上传到手机培训平台，以图文结合、附带讲解视频的形式，教授农民应用手机解决生产生活实际问题。为让广大农民用上得心应手的"新农具"，在全国范围内征集符合条件的涉农APP，最终推介出文化教育类、咨询传播类、生活服务类、助力生产类、促销类五类方便农民操作的、让农民用起来得心应手的手机应用。全年农民手机培训受众人次超过1 000万。

（六）农业农村信息化经验总结和宣传得到加强 农业农村部积极组织参加首届数字中国建设峰会，发布农业农村信息化发展趋势及有关政策，同期集中展示信息进村入户整省推进示范建设成果。农业农村部会同中央网信办、江苏省人民政府共同举办全国新农民新技术创业创新博览会，其间组织农业农村信息化展览展示，展示面积1.2万平方米，展示内容涉及智慧农业、数字乡村、都市现代农业等内容，共36个展区，其中包括1个农业农村信息化展区、22个省级展区、12个企业展区和1个苹果大数据联合展区，展示新农民、新技术、新模式等发展成就。

农产品质量安全监管

2018年，农业农村部认真贯彻落实习近平总书记关于实施乡村振兴战略、推动农业高质量发展的指示精神，坚持"四个最严""产出来""管出来"要求，大力推进质量兴农、绿色兴农、品牌强农。农业农村部将2018年确定为农业质量年，启动实施标准化推进等"八大行动"，编制国家质量兴农战略规划，扎实推进农产品质量安全各项工作，有力保障了人民群众"舌尖上的安全"。2018年，全国主要农产品监测总体合格率为97.5%，全年未发生重大农产品质量安全事件，农产品质量安全形势整体呈现稳中向好态势。

（一）聚焦突出问题开展专项整治，推进依法监管 一是全年部署开展了农药、"瘦肉精"、兽用抗生素等7个专项整治行动，联合多部委共同开展了农村假冒伪劣食品综合治理行动，集中打击生产经营假冒伪劣食品等违法违规行为。通过严防、严管、严控农产品质量安全风险，切实解决面上存在的风险隐患。2018年全年，共出动执法人员168万人次，检查农资企业93.6万个，查处案件3 878件，为农民挽回经济损失1.25亿元。二是通过质量考核、食品安全考核和绩效延伸考核，推动各地加大执法办案力度，加强日常巡查工作规范，督促生产经营主体落实责任。三是推动农产品质量安全法修订，组织各级农业农村部门对《农产品质量安全法》实施情况进行全面总结梳理，对需要新修订和制定的制度进行重点研究，配合做好全国人大常委会对《农产品质量安全法》的执法检查。

（二）积极推进风险监测评估，强化风险防控　一是实施农产品质量安全例行监测。调整完善国家农产品质量安全例行监测计划，增加农药和兽用抗生素等影响农产品质量安全水平的监测指标，监测指标由 2017 年 94 项增加到 2018 年 122 项，增幅达 29.8%。对粮食、油料等 10 多类未纳入例行监测的产品和参数持续开展专项监测。目前，已完成前三季度例行监测，抽检覆盖 31 个省区市 153 个大中城市、122 项监测参数、约 110 种农产品、4 万多个样品，总体抽检合格率为 97.3%。二是深入开展农产品质量安全风险评估。对 15 大类农产品和相关环节开展农产品质量安全风险评估，对农畜水产品中持久性环境污染物、鸡蛋中农药残留等组织专项风险评估，摸查风险隐患，做好监测预警。

（三）深入开展质量安全县创建，落实属地责任　加强国家农产品质量安全县考核培训指导，组织全国 31 个省区市和新疆生产建设兵团依据《国家农产品质量安全县创建方案》和《国家农产品质量安全县考核办法》开展交叉互查。组织 3 期农产品质量安全县创建培训班，加强创建指导，强化县域间的学习和交流，推动创建水平不断提升。支持农产品质量安全整省创建，回函支持北京、江苏两省市创建农产品质量安全省市。与北京市人民政府签署《农业部北京市人民政府共建北京农产品绿色优质安全示范区合作协议》。

（四）强化监管队伍体系建设，提升监管能力　一是加强质检体系建设管理。启动全国部县农产品质检机构"双百"对接帮扶活动，组织 367 家检测机构参加 2018 年全国农产品质量安全检测技术能力验证工作，建立省级监测信息报告制度。二是加快国家农产品质量安全追溯平台推广运用。起草《关于农产品质量安全追溯与农业项目安排、农产品优质品牌推选、评定等工作挂钩的意见》，明确了追溯挂钩的具体内容、操作办法和实施步骤，推动建立追溯挂钩机制。在国家追溯平台试运行的基础上，开展了各地追溯平台建设情况摸底调查，推动国家追溯平台在全国范围内推广应用。积极将"三品一标"产品全部纳入追溯管理。三是加快建立农产品质量安全信用档案。推动在国家和省级农产品质量安全县率先建立农资和农产品生产经营主体信用档案，目前已有 21 万个规模以上主体建立了信用档案。积极推动信用信息公开共享，向全国信用信息共享平台推送信用信息 15.2 万条。四是开展农产品质量安全宣传活动。在全国部署开展质量兴农万里行活动，召开质量兴农工作新闻发布会，开展放心农资下乡进村宣传周现场咨询活动，增强质量兴农社会影响力。上线运行"中国农产品质量安全"微信公众号，及时发布农产品质量安全政策、标准、监测、执法等信息和科普解读文章，积极回应社会关切。

（五）发挥标准引领作用，推动绿色生产　加快标准制修订步伐，全年新制定农业国家标准和行业标准 3 939 项，完成 2018 版《食品中农药最大残留限量》《食品中兽药最大残留限量》等食品安全国家标准的征求意见和报批工作，积极推动修订肥料中、农用污泥中有毒有害物质限量标准和农膜国家标准。会同卫生健康委员会、国家市场监督管理总局发布了《食品安全国家标准食品中百草枯等 43 种农药最大残留限量》（GB 2763.1—2018）等 9 项食品安全国家标准。加快推进无公害农产品认证制度改革，推动质量兴农战略规划出台。成立全国蔬菜质量标准中心，积极推动绿色、有机、地理标志农产品发展，新批准发布 281 个农产品地理标志登记保护产品。

专栏6

农产品质量安全追溯

2018年，农业农村部等相关单位积极推进农产品质量安全追溯工作，全国追溯体系日益健全，可追溯农产品覆盖面进一步扩大。

一是扎实推进国家农产品质量安全追溯管理信息平台试运行。积极推进山东、广东、四川三省国家追溯平台试运行，加强部署安排、培训指导和技术支撑等保障工作。2018年9月，国家追溯平台完成试运行工作，在此基础上，农业农村部对国家追溯平台进行了优化升级，使平台功能更加完善，业务流程更加实用合理。3省试运行地区的监管、监测、执法机构和规模生产经营主体登记注册已实现全覆盖，累计上传数据上万余条。

二是推动国家追溯平台全面推广应用。2018年9月，农业农村部印发《农业农村部关于全面推广应用国家农产品质量安全追溯管理信息平台的通知》，并同步印发《国家追溯平台运行技术指南（试行）》，部署开展业务培训和登录管理、业务应用、追溯平台互通共享、实施追溯挂钩机制、建立健全制度规范标准、推动追溯产品产销对接、加快推进全程追溯管理等7项任务。截至2019年4月底，全国共有10 417家生产经营主体、2 129家监管机构、625家检测机构、661家执法机构已注册使用国家追溯平台，上传数据5.3万余条。目前，全国省、市、县三级共有农产品追溯平台813个，覆盖生产经营主体近30万家，农业农村部正积极组织各相关省级农业农村行政管理部门，推进各省级农产品质量安全追溯平台与国家追溯平台对接融合。

三是推动实施追溯"四挂钩"机制。2018年10月，农业农村部印发《农业农村部关于农产品质量安全追溯与农业农村重大创建认定、农业品牌推选、农产品认定、农业展会等工作挂钩的意见》，积极推进农业农村部本级创建、认定、推选等工作与追溯挂钩。

农作物病虫害防控

2018年，农作物重大病虫草鼠害总体为中等发生，但长江中下游、江淮、黄淮南部麦区赤霉病呈大流行态势，预防控制任务重、压力大，江南、长江中游、西南北部稻区二化螟发生基数上升、危害程度加重，稻飞虱在西南、草地螟在东北等局部地区暴发、稻纵卷叶螟在长江下游部分地区偏重发生，危害风险显著加大。各地按照农业农村部"到2020年农药使用量零增长行动"要求和部署，广泛动员发动，加强督查指导，强化监测预警，大力推进专业化统防统治、绿色防控、科学用药，较好地实现了农药减量增效，有力保障了国家粮食安全和农业生产稳定发展。

（一）病虫监测预警切实加强　组织1 030个全国农作物重大病虫测报区域站，加强迁飞性、流行性、暴发性重大病虫定点系统监测和大面积普查，在全面掌握病虫发生消长动态基础上，先后组织召开5次重大病虫害发生趋势会商会和2次网络会商会，及时发布病虫预警预报信息36期，在中央电视台发布病虫警报5期、中央人民广播电台"三农早报"栏目发布病虫信息34期，通过微信公众号发布病虫信息34期，实现了对小麦条锈病、赤霉病，水稻迁飞性害虫、草地螟等重大病虫害的及时监测和准确预报，为指导重大病虫防控提供重要信息服务。同时，继续组织性诱、灯诱等自动化监测设施设备推广应用试点，探索物联网技术在病虫害监测预警领域应用新途径。目前，基于"互联网＋"的马铃薯晚疫病实时监控平台，已实现500多个监测点数据实时传输和病情图形化实时展示。此外，积极加强测报技术培训工作，先后在南京农业大学、西南大学、新疆等地举办五期专题培训班，累积培训测报技术骨干400余人。

（二）专业化统防统治大力推进 中央财政安排重大病虫救灾资金8亿元，支持各地开展统防统治与应急防控。鼓励植保专业服务组织与农户签订协议，开展农药统购、病虫统防等全程承包服务，解决一家一户"打药难""乱打药"的问题。充分利用农机购置补贴等政策，扶持植保专业服务组织购置自走式、风送式、高地隙喷杆喷雾器等大中型植保机械，扩大作业范围，提高作业效率。在病虫重发的关键季节，组织大型植保机械（包括航化作业）跨区开展病虫统防统治，解决"无人防""不好防"的问题。据监测，统防统治作业一般可提高农药使用效率10%～20%，减少用药1～2次。2018年，在农业部门备案的植保专业服务组织稳定在4万个，大中型植保机械保有量达到42.6万台（套），植保无人机保有量30 478架、作业面积1 773.33万公顷次。从业人员达128万人，日作业能力810.67万公顷，三大粮食作物专业化统防统治覆盖率达到39.2%，比上年提高1.4个百分点。

（三）病虫害绿色防控力度加大 农业农村部将病虫害全程绿色防控示范列为2018年重点工作，制定了绿色防控覆盖率评价与考核

指标体系，统一了全国测算标准。积极引导各级植保机构，不断转变过去过度依赖化学农药防控的观念，更加重视绿色防控技术的应用，将绿色防控贯穿于重大病虫害防控的全过程，减轻了重大病虫发生强度，推动农药使用量连续4年减少，促进了农业绿色发展。据统计，2018年共建立国家级全程绿色防控集成应用示范区855个，示范面积30.73万公顷，其中，统防统治与绿色防控融合示范基地600个；果菜茶全程绿色防控试点县150个。建立蜜蜂授粉与绿色防控技术集成示范区53个，示范面积4.73万公顷，辐射带动推广面积217.53万公顷。推动全国各省共建立各类绿色防控示范区9 793个，主要农作物绿色防控覆盖率达到29.2%，比上年提高2.2个百分点。

（四）科学安全用药组织开展 继续将安全用药知识培训纳入为农民办实事重要内容，组织实施"百县万名农民骨干科学用药培训行动"，在全国各省共开展5 403场培训，培训人数达33.43万人，发放防护用品约8万多套，安全用药海报3万多张，《安全用药培训手册》2万多册。同时，开展高效低毒低风险农药品种替代老旧农药品种试验、示范、展示，筛选出一批环境友好型绿色农药替代传统农药和新型高效施药机械，并促进农药使用量减少。建立了水稻、小麦、苹果病虫害农药减施增效技术万亩示范区，组装和推广成熟的病虫害防控技术，优化药剂使用方法，开展种子包衣、秧苗处理、作物全程用药等新技术示范推广。此外，组织开展重大病虫抗药性监测、农药使用情况调查，及时发布监测、调查结果，统计分析全国农药使用量、农药施药水平和抗药性形势，指导新型经营主体、专业化防治组织及广大农民科学用药。

（五）重大植物疫情阻截防控得到强化 突出重大疫情高风险区的阻截，强化重大

植物疫情的监测防控，遏制疫情蔓延危害，保障生产安全，促进产业发展。多渠道争取重大疫情防控资金近1.3亿元，重点支持柑橘黄龙病、苹果蠹蛾、红火蚁等重大疫情防控。江西、广东等柑橘黄龙病重发省发生面积有所减少、病株率有所下降、柑橘木虱种群数量显著降低。在四川省建设金沙江下段（四川省）柑橘黄龙病阻截带，确保疫情不传入重庆、湖北两省市。在黑龙江建设马铃薯甲虫中俄边境阻截带，加强境外传入疫情监测和处置，黑龙江省马铃薯甲虫发生县从7个减少到1个。在天津蓟州区构建苹果蠹蛾阻截带，初步遏制苹果蠹蛾向南扩散势头。启动"中国PFOS优先行业削减与淘汰项目"红火蚁防治子项目，组织福建、广东、广西、贵州和海南等5个省区建设8个红火蚁防控示范区，开展100多期防控技术培训，力求确保有毒有害农药氟虫胺停用，推进红火蚁防控。强化疫情监测责任落实和工作督促，组织各级植物检疫机构按照工作规范和技术标准开展农业植物疫情监测调查，全年在171个县级行政区及时发现12种全国农业检疫性有害生物和3种潜在危险性有害生物。先后组织开展海南南繁基地植物检疫联合执法检查、全国"两杂"种子生产基地和良种繁育基地县植物检疫专项执法检查，组织各级植物检疫机构开展辖区自查、区域互查、全国联查，重点检查种子生产单位植物检疫制度建设、防疫措施落实、生产用原种来源、产地检疫执行等情况。及时发现并科学处置了海南南繁基地假高粱疫情，力求从源头上降低检疫性有害生物传播风险，保护种子繁育基地生产安全。

（六）植保工程建设项目顺利实施 按照《全国动植物保护能力提升工程建设规划（2017—2025年）》的建设重点和布局，启动新一轮植物保护能力提升工程项目建设，以"聚

点成网"和"互联网+"的总体思路，构建国家、省、市、县四级植保机构农作物有害生物监测预警体系。据统计，2018年中央安排预算内投资1.38亿元（当年落实6 312万元），在10个省区62个县（市、区）新建或改建288个农作物病虫疫情监测点。

由于预防控制措施到位，全年病虫防控成效显著。据统计，2018年全国农作物病虫草鼠害发生面积4.16亿公顷次，同比减少4.9%；全年累计防治面积5.16亿公顷次，同比减少4.3%。通过防治挽回粮食损失839.2亿千克，挽回棉花损失9.4亿千克，挽回油料损失36.8亿千克，减少蔬菜、果树茶等其他经济作物产量损失738.54亿千克。

农业灾害

（一）农业气象灾害 2018年，农业气象灾害总体偏轻，局部旱涝和台风灾害较重，给农业生产造成一定影响。2018年全国农作物受灾2 080万公顷，比上年增加233.33万公顷，其中成灾1 060万公顷，绝收258万公顷，分别增加136.67万公顷和75.33万公顷。受灾、成灾面积是近十年次低值（仅高于2017年），绝收面积居近十年第7位（图19）。

1. 干旱轻于上年，轻于常年，灾情集中在东北。2018年，全国农作物因旱受灾累计773.33万公顷，减少216万公顷，其中成灾262万公顷、减少182万公顷，绝收92万公顷、增加16.67万公顷。受灾、成灾面积为近10年最低值，绝收面积为近10年第8位。4月下旬至6月初，东北地区大部降水较常年同期偏少三至八成，气温偏高1～2℃，旱情快速发展，东北4省区因旱受灾597.33万公顷，占全国农作物因旱受灾面积的七成多。旱情集中在黑龙江省哈尔滨、绥化等非传统旱区以及内蒙

千公顷

图19 2000—2018年农业受灾面积变动情况

古赤峰、吉林榆树等传统旱区，这些地区都是玉米主产区，对玉米适期播种和出苗影响较大。

2. 降雨北多南少，洪涝灾害轻于上年，轻于常年。2018年降雨北方偏多，南方偏少，洪涝灾害影响总体偏轻，东北、西北和西南局地灾情突出。全国农作物因洪涝受灾394.67万公顷，较上年同期减少146万公顷，其中成灾254.67万公顷、绝收64.67万公顷，分别减少46.67万公顷和8.67万公顷，受灾面积为近10年同期最低值，成灾和绝收面积均为近10年次低值。内蒙古、黑龙江、四川和甘肃4省区受灾面积232.67万公顷，占全国农作物因洪涝受灾面积的六成。

3. 台风登陆偏多，间隔时间短，影响区域重叠，黄淮等地灾情严重。2018年西北太平洋和南海共有29个台风生成，其中有10个登陆我国，造成农作物受灾332.67万公顷、较上年增加293.33万公顷，其中成灾197.33万公顷、绝收35.33万公顷，分别增加179.33万公顷和33.33万公顷。受灾面积为近10年次高值（仅轻于2012年），成灾和绝收面积为近10年最高值。由于副热带高压影响，台风多在华东中部登陆并北上，路径相似、区域重叠，灾情集中，江苏、安徽、山东和河南4省农作物受灾212.67万公顷，占全国农作物因台风受灾面积的六成。其中，设施蔬菜大棚损毁6万公顷（山东省损毁4.4万公顷）。

4. 风雹灾情重于上年，轻于常年。2018年全国农作物因风雹受灾240.67万公顷，同比增加13.33万公顷，其中成灾154.67万公顷、增加30.67万公顷，绝收19.33万公顷、减少2.67万公顷。受灾、成灾和绝收面积轻于近10年同期平均值。其中，受灾和成灾面积居近10年第8位和第7位，绝收面积为近十年最低值。

5. 初春气温波动较大，低温冻害总体偏重，对经济作物影响大。2018年全国作物因低温冻害受灾340.67万公顷，同比增加288.67万公顷。其中成灾186.67万公顷，绝收45.33万公顷，分别增加155.33万公顷和37.33万公顷，低温冻害为近10年较重水平。1月中东部地区先后出现三次大范围低温雨雪冰冻天气过程，造成蔬菜受灾28.67万公顷，柑橘、茶叶受冻面积分别为16万公顷和10.67万公顷。4月初，全国出现大范围寒潮过程，西北地区果树受灾53.33万公顷，南方茶叶受冻9.33万公顷。

（二）农作物病虫草鼠害 2018年，农作物重大病虫草鼠害总体为中等发生，但赤霉病大流行，稻飞虱、草地螟在局部地区大发生，穗期蚜虫、二化螟、稻纵卷叶螟、黏虫、棉铃虫在部分地区偏重发生。由于部署早、行动快、措施实，有效遏制了农作物重大病虫发生危害，"虫口夺粮"保丰收成效显著。据统计，2018年全国农作物病虫草鼠害发生面积415 641千公顷次，比上年减少21 359千公顷次，减少4.9%；全年累计防治面积515 865千公顷次，比上年减少23 457千公顷次，减少4.3%。通过防治挽回粮食损失839.2亿千克，比上年减少48.5亿千克，减少5.5%；挽回棉花损失9.4亿千克，比上年减少1.7亿千克，减少15.3%；挽回油料损失36.8亿千克，比上年减少1.5亿千克，减少3.9%。

1. 小麦病虫害。总体偏重发生，累计发生53 349千公顷次，同比减少9.0%。其中，虫害发生25 992千公顷次，同比减少11.0%；病害发生27 357千公顷次，同比减少7.1%。穗期蚜虫在黄淮海部分麦区偏重发生，发生面积12 990千公顷次，是2004年以来发生面积最小的一年。吸浆虫发生面积964千公顷次，明显小于近5年和2001年以来的平均值，在黄淮麦区上升危害势头得到有效遏制。赤霉病在长江中下游麦区、江淮和黄淮南部麦区大流行，发生面积6 102千公顷，是2011年以来的第二重发年份。条锈病在黄淮海大部麦区偏轻发生，

发生面积1 634千公顷，低于近5年平均值。纹枯病在江淮和黄淮南部麦区偏重发生，发生面积7 791千公顷，是2011年以来发生面积最小的一年。白粉病在江淮、黄淮海局部麦区中等发生，发生面积5 440千公顷，轻于上年和2011—2017年平均值。

2. 水稻病虫害。总体中等发生，轻于上年和常年。全国发生面积72 312千公顷次，是1995年以来发生面积最小的年份，比2017年和2011—2017年平均值分别减少10.1%、21.7%。其中，虫害发生面积48 710千公顷次，病害发生面积23 602千公顷次，分别比2017年减少11.7%、6.5%。稻飞虱总体中等发生，轻于上年和常年，发生面积16 993千公顷次，比2017年和2011—2017年平均值分别减少13.7%、31.3%。其中，西南东北部稻区偏重发生，渝南、渝中局部大发生，是近5年发生最重的一年；华南、江南、西南南部和西北部、长江中游稻区中等发生，长江下游和江淮稻区偏轻发生，是近10年来最轻的年份。稻纵卷叶螟总体中等发生，轻于上年和常年，发生面积11 859千公顷次，比2017年和2011—2017年平均值分别减少14.1%、24.0%。其中，长江下游稻区偏重发生，江苏沿太湖、沿江局部大发生；华南东部、江南大部、西南北部和长江中游稻区中等发生，西南南部和江淮稻区偏轻发生。二化螟总体偏重发生，呈明显加重态势，发生面积12 815千公顷次，造成产量总损失495万吨，与2011—2017年均值相比，发生面积减少6.9%，单位面积产量损失增加7.3%。其中，江南、西南北部和长江中游稻区偏重发生，湘南衡阳、株洲和邵阳局部大发生；华南北部、长江下游、江淮和东北南部稻区中等发生，华南西南部、西南南部、东北北部稻区偏轻发生。稻纹枯病总体中等发生，轻于上年和常年，发生面积15 474千公顷，是2005年以来

发生面积最少的年份，分别比2017年和2011—2017年均值减少5.4%、11.7%。其中，华南大部、江南、西南北部、长江中下游稻区偏重发生，局部大发生；江淮、东北稻区中等发生，西南南部稻区偏轻发生。稻瘟病总体偏轻发生，明显轻于上年和常年，发生面积2 976千公顷次，是1991年以来发生面积最少的年份，比2017年和2011—2017年均值分别减少12.5%、31.5%。其中，西南稻区中等发生，华南、江南、长江中下游、江淮和东北稻区偏轻发生，湖南攸县、岳阳、平江局部偏重发生，个别田块绝收。稻曲病总体偏轻发生，轻于上年和常年，发生面积1 994千公顷次，分别比2017年和2011—2017年均值减少13.0%、24.3%。其中，长江中下游稻区中等发生，江苏丘陵、沿江、沿淮及淮北在粗秆大穗型品种上偏重发生；江南、西南、江淮和东北中南部稻区偏轻发生，华南稻区轻发生。南方水稻黑条矮缩病、橙叶病、条纹叶枯病等多种病毒病总体偏轻发生，发生面积200千公顷次，比2017年减少30.5%。水稻白叶枯病、细菌性条斑病、细菌性基腐病等细菌性病害总体偏轻发生，但重于上年，华南、江南东部和长江中下游局部发生较重。

3. 玉米病虫害。玉米病虫害总体偏轻发生，轻于2009—2017年，全国发生面积5 872万公顷次，虫害发生4 404万公顷次，病害发生1 468万公顷次，比2017年分别减少11.2%、12.5%和7.3%。其中，黏虫、棉铃虫、草地螟、二点委夜蛾、玉米螟、大斑病等病虫害在部分地区发生为害较重，局部地区造成一定损失。其中，玉米螟在黑龙江、辽宁、吉林、内蒙古和江苏局部偏重发生，华北、黄淮、西南等大部地区偏轻至中等发生，全国发生面积为1 852万公顷次，比2017年减少11.9%；二点委夜蛾总体偏轻发生，河北南部、山东中西部

和河南北部的局部田块达偏重发生，全国发生面积48.5万公顷，比2017年减少19.2%。黏虫全国发生面积260.4万公顷，比1991—2000年均值稍高，低于2001—2010年以及2011—2017年的平均值。其中，二代黏虫总体中等发生，辽宁、内蒙古、陕西、山西部分地区出现高密度田块，发生面积183.5万公顷，比2017年减少20.1%；三代黏虫在黑龙江、辽宁、内蒙古、河北、山东的部分县（区）管理粗放、杂草多的玉米田虫量高、为害重。棉铃虫发生面积495.7万公顷，比2017年减少11.4%，接近2013—2017年的平均值。玉米大斑病总体偏轻发生，全国发生面积352.2万公顷，比2017年发生面积高4.8%，但是低于2010—2016年平均值。玉米锈病在黄淮海大部偏轻发生，全国发生面积182.5万公顷次，低于2015—2017年平均值。

4. 农区蝗虫。总体中等发生，与近年持平。飞蝗累计发生1 008千公顷次。其中，东亚飞蝗在环渤海湾、华北湖库和沿黄滩区等地发生903千公顷次（夏蝗发生490千公顷次，秋蝗发生413千公顷次）；西藏飞蝗在四川、西藏等金沙江、雅砻江、雅鲁藏布江河谷地带发生84千公顷次；亚洲飞蝗在新疆阿勒泰、阿克苏、塔城等地农区发生21千公顷次。北方农牧区土蝗总体中等发生，内蒙古中西部、新疆北部等局部地区偏重发生，发生面积1 667千公顷次。

5. 马铃薯病虫害。总体中等发生，全国发生面积5 794千公顷次，同比减少2.6%，造成损失6.14亿千克，同比增加10.6%。全年防治面积6 399千公顷次，同比增加3.4%；挽回损失18.4亿千克，同比增加18.7%。其中，马铃薯晚疫病发生2 031千公顷次，同比增加7.1%，防治面积2 777千公顷次，同比增加10.7%。

6. 棉花病虫害。棉花病虫害总体为偏轻发

生，全国累计发生面积8 330千公顷次，病害发生1 435千公顷次，虫害发生6 895千公顷次，全国防治面积9 694千公顷次，挽回损失和实际损失分别为7.6亿千克和1.9亿千克。其中，苗期病害中等发生，发生面积为428千公顷次；棉蚜、棉叶螨、棉盲蝽发生轻于上年，全国发生面积分别为1 995千公顷次、1 069千公顷次和876千公顷次，棉铃虫偏轻发生，棉田累计发生为1 553千公顷次，Bt棉对棉铃虫的控制作用明显，虫量维持低水平发生。

7. 油菜病虫害。总体中等发生，发生面积7 530千公顷次，比2016年减少了6.1%，造成油菜籽损失2.42亿千克。其中，菌核病发生面积2 813千公顷次；霜霉病发生面积1 266千公顷次；蚜虫发生面积1 961千公顷次。全年防治面积为8 317千公顷次，同比减少4.9%，挽回油菜籽损失9.9亿千克，同比减少8.3%。

8. 农田鼠害。总体呈中等至偏重发生趋势，东北、华南及西北部分地区呈偏重至大发生态势。农区鼠害总体进入种群密度恢复期，种群密度较高的地区主要集中在粮改经（豆）、稻鱼（虾）循环种植养殖区等种植业结构调整地区，部分贫困地区的湖区、库区、山区（半山区），以及农林、农牧交错地带；总体呈现农田优势鼠种变化、发生范围扩大、高密度鼠害点片发生、局部地区危害损失加重的趋势。2018年全国农田鼠害发生面积27 133千公顷次，比上年减少了534千公顷次，减少1.93%，造成田间粮食损失29.70亿千克。全国农田鼠害防治面积达17 533千公顷，占发生面积的64.6%，挽回田间粮食损失35.03亿千克。

9. 农田草害。总体为中等偏重发生。其中，小麦田看麦娘、日本看麦娘、硬草、菵草、猪殃殃、荠菜、播娘蒿、婆婆纳、繁缕等发生重，特别是黄淮小麦主产区节节麦、雀麦、麦家公、鼠尾看麦娘（大穗看麦娘）、蜡

烛草等恶性杂草发生加重。南方直播稻区千金子、马唐、杂草稻和东北稻区野慈姑、萤蔺、泽泻、雨久花等发生较重；水稻主产区稗草、鸭舌草、野慈姑、莎草、扁秆藨草等偏重发生。玉米田稗草、马唐、狗尾草、牛筋草、香附子、反枝苋、马齿苋、藜等偏重发生，东北玉米区苣荬菜、刺儿菜、鸭跖草、问荆、苍耳等发生较重。2018年农田草害发生94 667千公顷次，比上年减少了142千公顷次，减少了0.15%。防治面积104 400千公顷次。

10. 重大植物疫情。2018年，全国30种农业植物检疫性有害生物在29个省区市的1 389个县（市、区）发生，同比增长4%，发生面积1 829.1千公顷，同比增幅1.6%。各级农业主管部门和植物检疫机构切实组织开展疫情阻截防控工作，全年开展疫情防治面积5 974.5千公顷次，取得了较好成效。在江西、广东初步遏制了柑橘黄龙病暴发流行势头，在黑龙江和新疆有效阻截了马铃薯甲虫发生扩散，有效防范了苹果蠹蛾传入陕西、山东两个优势产区。在局部地区根除了美国白蛾、瓜类果斑病菌、假高粱等17种农业植物检疫性有害生物，涉及14个省区市113个县级行政区，同比增长20.2%。及时发现并防控了红火蚁、假高粱等12种农业植物检疫性有害生物零星疫点和番茄潜麦蛾等3种危险性有害生物，涉及28个省级行政区、171个县级行政区，同比增长20.4%。全年实施灭杀处理的种子251.6万千克、同比增长35.5%，苗木2 916.5万株、同比增长1.4倍，产品9 237.6万千克、同比增长5.6倍；销毁种子0.8万千克、同比减少67.6%，苗木1 056.4万株、同比减少12%，产品984.6万千克、同比减少39.4%；实施轮作185.2千公顷次，同比减少6.1%，挽回经济损失2 498亿元，同比增长8.3倍。

（三）畜牧业灾害 2018年，畜牧业遭受

的自然灾害主要有洪涝、地震。

1.洪涝灾害。2018年，我国降水范围较大，强降雨引发的洪涝灾害给部分地区畜牧业带来不利影响。据统计，灾害造成福建、黑龙江、云南、青海等地区死亡畜禽5.24万头（只），倒塌损坏畜禽圈舍2.92万平方米，损失饲草料539吨，受灾草原面积3.27万公顷。

2.地震灾害。2018年，地震灾害造成1.49万头（只）畜禽死亡，2.02万平方米畜禽圈舍损毁。

（四）动物疫病 从2019年动物防疫领域的舆情监测总体情况看，非洲猪瘟疫情信息，以及生猪产能大幅下降、猪肉及其替代品价格攀升、影响CPI突破记录、对民生领域造成巨大影响等方面是舆论关注的重点。2020年，在各省大力推行生猪复养，相关疫苗研发上市仍需时间，非洲猪瘟疫情形势仍不容乐观等客观因素制约下，相关领域仍将是舆情关注的重点。在其他动物疫病方面，口蹄疫、高致病性禽流感以及人畜共患病的发生会受到非洲猪瘟舆情"长尾效应"影响，成为大众较为敏感的话题。

一是2020年非洲猪瘟疫情或将在国内局部地区再度复发，需做好阶段性重点舆情监测工作。2019年国内各省都推出鼓励生猪养殖政策或下达生猪养殖任务，疫情发生的风险在无形中被放大。因此基于非洲猪瘟疫情发生的特点，2020年需重点关注疫情引发的舆情信息。从信息传播角度来看，非洲猪瘟热点舆情多来自地方瞒报漏报、媒体不当报道、境外信息倒灌三个方面，需对应做好信息管理工作。

二是存在非洲猪瘟地下疫苗舆情风险，需及时介入以保障生物安全及市场食品安全。从生猪生产的角度来看，2019年部分生猪生产及加工过程存在安全监管漏洞，或为未来动物防疫领域埋下舆情隐患。据财新网报道，江苏、

广东等地的业内人士均称有地方猪企大量使用地下疫苗，规模甚至达上百万头生猪。由于相关疫苗未达商用成熟度，缺乏专业机构监督及检测，其规范性及安全性均难以衡量。若大量猪企在疫情压力下持续使用地下疫苗，或将成为对政府有关部门及国内生猪养殖行业潜在舆情"炸弹"。另外，尽管官方疫苗已经取得了较大的进展，但在短时间内仍旧难以达到商业化标准，因此无论是普通民众还是养殖企业对疫苗的热情正在不断消耗，长此以往或降低市场对疫苗的信心。如何在官方疫苗研发成功之前，做好市场的信心保障，也是消除舆情隐忧的工作之一。

三是人畜共患病等重大动物疫情逐渐成为公众关注的焦点，在落实各项防控措施之余，相关舆情监测工作也是重中之重。2019年2月至6月，国家先后公布了口蹄疫、高致病性禽流感等8起疫情，相关信息引发舆论关注。舆论对于疫病发生地域、疫病传播范围、疫情有否传染人等信息进行了较多讨论。在有关部门及时介入及发布相关权威信息、大量媒体进行疫病信息科普后，民众对于相关疫病的忧虑情绪逐渐散去。

国家现代农业产业园和国家现代农业示范区建设

两年来，农财两部按照"一年有起色、两年见成效、四年成体系"的总体安排和"先创后认、边创边认、以创为主"的工作部署，坚持高标准、严要求、宁缺毋滥的创建要求，共批准创建62个国家现代农业产业园，其中20个获得认定。

（一）带动了地方产业园建设工作 在国家现代农业产业园创建工作引领下，全国共有27个省印发了推进产业园建设的文件，23个省

召开推进产业园建设的工作会议，25个省开展了省级产业园认定工作，以产业园为载体和抓手推进乡村产业振兴的工作格局基本形成。

（二）打造了乡村产业兴旺的典型样板 批准创建和认定的62个国家现代农业产业园，主导产业发展水平全国领先，基本实现了种养规模化、加工集群化、科技集成化、营销品牌化，成为各地推进乡村产业发展的主要样板，基本建立了绿色低碳循环发展长效机制，基本形成了"农户＋合作社＋公司""农户＋公司"等联农带农新模式。

（三）加大了产业园建设支持力度 农财两部成立了国家现代农业产业园建设领导小组，联合开展产业园创建部署、创建评审、绩效评价、考核认定、检查督导和培训宣传等工作，推动各省建立了农财部门牵头、合力推进的工作机制，产业园支持力度明显加大。据统计，2018年，各省共安排60.53亿元资金支持省级产业园建设，比上年明显增加。如广东、山东等省对每个省级产业园奖补5 000万元，四川省每年安排5亿元对省级产业园予以支持。

农业科研、推广与教育

2018年，农业科技适应质量兴农、绿色兴农和效益优先的要求，大力推进农业科技创新、技术推广与高素质农民培育工作，农业科技进步贡献率达到58.3%，培育高素质职业农民100余万人，农业科技对农业农村发展的支撑引领能力进一步提升，为保障国家粮食安全和重要农产品有效供给、促进农民增收和农业绿色发展发挥了重要作用。

（一）深化农业科技体制机制改革，科技支撑能力不断提升

1. 明确新形势新要求，谋划新时代农业农村科技创新工作。一是开展重大调研。农业农村部先后开展了两次农业农村科技创新专题调研，确定了五大战略领域、五大颠覆性技术和十大重点攻关任务，更加明确了加快农业农村科技创新的总体思路与目标。二是举办重大活动。2018年首次成功举办了"中国农业农村科技发展高峰论坛"，公布了14个世界农业研究前沿，15项重大突破性科学研究进展，选出了30项具备推广应用条件的新技术、新产品和新装备，在研究借鉴世界农业科技发展前沿和趋势的基础上，谋划提出了新时代我国农业农村科技事业发展战略和重点。三是实施重大行动。印发了《乡村振兴科技支撑行动实施方案》，提出了科技支撑乡村振兴的思路、目标和重点任务。召开乡村振兴科技支撑行动工作部署会议，对科技支撑乡村振兴工作进行全面部署，提出落实工作的具体要求。

2. 创新农业科技体制机制，着力促进科技经济紧密融合。以国家农业科技创新联盟建设、国家现代农业产业、科技创新中心建设、中央级农业科研机构、绩效评价改革等为抓手，促进产学研深度融合。一是强化联盟机制创新和实体化运行。重点打造20个标杆联盟，有7个联盟完成实体化，棉花联盟、水稻分子育种联盟、渔业装备联盟等均创建实体企业，渔业装备联盟依托项目实体，成功研发了国内最先进的玻璃钢超低温金枪鱼延绳钓船，带动整个产业发展。棉花联盟创建中国优质棉"CCIA"品牌，推动优质棉单产提高30%，品质提高2个品级。在解决区域重大问题方面，东北地区秸秆利用联盟研发创制了玉米秸秆直接还田、全混合饲料育肥饲养、直燃锅炉、秸秆育秧盘等方面多项成熟技术与产品，为促进区域农业绿色发展作出了重要贡献。在共建共享方面，农业大数据联盟构建了"一站式、一小时"信息服务模式，不断推进全国农业数字资源共建共享共用。二是协调推进科创中心建设。启动了广东广州科创中心建设，继续推动江苏南京、山西太谷、四川成都等3个科创中心运行建设。强化分工协作，建立部、省、市联席会议制度，协调推动部、省、市各级联动建设。部级层面，负责抓好顶层设计，组织多方资源对接，召开了科创中心建设座谈会，提出了促进科技与产业、企业、人才、科技、金融5个融合的具体要求，进一步明确了科创中心建设思路。省级层面，协调出台政策，营造良好氛围，4个省的省委省政府出台了人才、土地、金融、税收等优惠政策。市级层面，搭建建设主体，落实具体措施，4个地市成立了农业科创中心的管委会和实体化的公司作为运行载体，南京、成都、广州等市委市政府领导担任管委会一把手，协调建设用地、建设资金、建设进度等具体工作。三是开展中央级农业科研机构绩效评价改革试点。按照中央深改委2018年度工作部署，农业农村部牵头实施中央级农业科研机构绩效评价改革，遴选了12个中央级农业科研机构开展绩效评价改革试点。以主要职责任务为评价内容，以科技活动类型为分类依据，将科技活动分为基础前沿研究、公益性研究、应用技术研发三类，分别突出评价研究创新度、发展贡献度与产业关联度，着力引导科研机构立足职责使命、坚持"三个面向"，以产业需求为导向开展科技创新和转化应用。

3. 优化创新布局，扎实推进农业科技创新工作。围绕农业供给侧结构性改革、绿色发展和农业质量效益竞争力提升对科技的需求，进一步明确问题导向和目标导向，优化科技资源配置，推进协同创新，为乡村振兴提供强有力科技支撑。一是依托转基因重大专项加强基础与前沿研究，提升自主创新能力。开展转基因作物综合性状测试，37个抗虫耐除草剂玉米品种达到国家品种审定标准，抗虫水稻华恢1号

获得了美国进口许可，耐除草剂大豆S4003.14通过阿根廷商业种植许可，进一步夯实产业化基础。重点加强基因组编辑、合成生物学等颠覆性新技术的研发与应用，基因克隆技术已经达到世界领先，获得具有自主知识产权的重大基因250多个。构建了水稻、棉花、玉米等主要农作物规模化转基因技术体系，大大提高了转化效率。二是依托产业技术体系加强关键技术创新，突破产业发展和生态建设瓶颈。以支撑节本增效、优质安全、绿色发展为重点，培育出了寒地优质高产早粳稻龙粳新品种、苏博美利奴羊等一批动植物新品种。研发了玉米籽粒机械收获关键技术、棉花轻简化丰产栽培关键技术等一批轻简化、机械化技术。聚焦东北黑土地保护、农作物秸秆综合利用等区域性重大技术需求，研发了中晚稻秆与绿肥、麦秆与绿肥联合还田等技术模式。联合行业司局组建种业、农机、质量安全、加工、产业经济等横向共性技术创新团队。加强体系内外联合协作，重点解决区域性重大产业技术问题。以固定县域为科技创新平台，在200个县开展动植物新品种、绿色防控新技术、智能农机新装备、农副产品加工新模式等的定向合作、攻关、集成，推动县域产业竞争力不断提升。三是依托国家农业科学观测实验站开展农业基础性长期性科技工作，强化基础数据支撑。从456个试运行国家农业科学观测实验站中，遴选36个站点确定为第一批"国家农业科学观测实验站"并进行统一命名、挂牌；进一步修改完善77项重点任务所需要的观测监测指标和数据标准规范；积极推进各数据中心与国家农业科学观测实验站任务对接，组织签订观测监测任务书。

（二）推进农技推广体系改革创新，不断提升服务效能

1. 强化示范推广，支撑产业发展。一是发布70项符合绿色增产、资源节约、质量安全

等要求的主推技术，多途径多形式进行示范展示。二是集成示范了玉米籽粒低破碎机械化收获、集装箱养鱼等10项重大引领性农业技术，产生了良好的示范带动效应。三是组织省级农业农村部门立足区域发展需要，示范推广了200多项优质绿色高效技术模式，依托示范基地和示范主体快速推广应用。

2. 强化指导服务，助力脱贫攻坚。一是围绕支撑产业扶贫，安排经费1.1亿元，在全国22省836个贫困县以及福建、天津16个非贫困县全面实施农技推广服务特聘计划，拟招募特聘农技员3 600多人，已到位2 200多人。二是依托农技推广补助项目实施，将农技推广工作与脱贫攻坚任务紧密衔接，在832个国家级贫困县组织农业科技精干力量对口指导服务，帮助发展特色产业脱贫致富。三是印发《组建贫困县产业扶贫技术专家组通知》，指导贫困县立足产业需求，选派644名专家组成产业扶贫技术专家组，帮助"三区三州"和环京津冀以及湖南湖北对口帮扶贫困县等地区，针对当地肉牛、牦牛、蔬菜、马铃薯、中药材、食用菌、渔业等特色产业，完善产业扶贫规划，开展产业扶贫决策咨询，加强指导服务。

3. 创新方式方法，提升服务效率。一是创新融合发展机制。10个试点县的161名农技人员通过与新型经营主体建立对接服务关系提供技术增值服务，获取收益171万余元。通过共建平台、合署办公、协议服务等方式，18个试点县（市）80个基层农技推广机构与经营性服务组织融合发展。二是创新协同推广机制。在8个省开展农业重大技术协同推广计划试点，以重大技术推广为主线，全方位统筹成果、人才、基地等要素资源，有效集聚各类力量，实现省、市、县三级、政产学研推用六方服务力量左右协同、主体利益协同、技术信息供需协同。三是创新信息服务机制。建设了运行高

效、功能完善的中国农技推广信息服务平台，6 000多名专家、33万多农技人员线上开展指导服务，初步实现任务安排网络化、指导服务智能化、绩效管理信息化。四是创新绩效考评机制。通过集中考评、线上抽查、实地核查等多种方式，对2018年补助项目40个省级实施单位、2 996个项目县进行绩效考评，在中国农技推广信息平台全程直播、专题展示，8万多农技人员在线观看互动，反响热烈。

（三）加快培养高素质农民，农业农村发展人力基础支撑持续增强

1. 深入开展农民教育培训工作。中央财政安排资金20亿元，带动省级投入资金近6亿元，加快构建立体化培训新格局，实施现代青年农场主培养、新型农业经营主体带头人轮训、农村实用人才带头人培训和农业产业精准扶贫培训四大计划，培养高素质农民超过100万人。举办首届全国农民发展论坛，组织全国6.5万名师资入库，评选推介第二批100个全国农民培育示范基地，举办全国百名杰出农民遴选资助活动。

2. 加快推进培育体制机制创新。扭转"层级职责任务不清、上下一般粗"的格局，部级重点抓师资、农业企业家等高端示范培训，省级重点抓农业经理人、青年农场主等拓展性培训，市县级抓新型农业经营主体骨干、社会事业和产业扶贫带头人等实用型、技能型培训，加快构建立体化培训新格局。建立多维度考核机制，继续将农民培育程度纳入粮食安全省长责任制和"菜篮子"市长负责制考核指标，建立健全网络考评制度，依托全国农业科教云平台，面向所有学员开展培训组织管理，教师、基地满意度线上考评。

3. 激发教育培训体系新活力。坚持公益性和市场化两条腿走路，健全完善激励约束机制，解决现有教育培训体系协同性不够、系统性不

强、内在动力不足的问题。教育培训体系进一步健全，农广校、农业职业院校、农业科研院所等共同参与农民培训工作，入库培育基地突破6万个，形成强大合力。引导鼓励龙头企业、合作社等社会资源积极参与，新希望集团、隆平高科等开展多种形式培训，深受农民欢迎。

专栏7

实施乡村振兴科技支撑行动

2018年9月，农业农村部办公厅印发《乡村振兴科技支撑行动实施方案》。此后，在全国农业工作会议期间，召开工作部署会，举全国农业科研系统之力，全面实施行动。

一、总体思路

按照中央乡村振兴战略的总要求，推动科技创新导向转变和工作重心调整，聚集科技、产业、金融、资本等各类创新要素，着力开展科技创新和体制机制创新，显著提升科技对农业质量效益竞争力和农村生态环境改善的支撑水平。

二、总体目标

围绕解决制约乡村振兴的重大技术"瓶颈"问题，着力创新一批核心关键技术，集成应用一批先进实用科技成果，示范推广一批农业可持续发展模式，打造一批科技引领示范村（镇），培育壮大一批新型农业生产经营主体，建立健全科技支撑乡村振兴的制度政策，基本满足乡村振兴和农业农村现代化对新品种、新装备、新产品、新技术和新模式等科技成果有效供给的需求。力争通过一段时间努力，农业全要素生产率显著提高，农业农村科技创新整体实力进入世界前列，科技支撑引领产业发展的现代化水平显著提高，农村生活环境显著改善，农业农村人力资源充分开发，专业化社会化科技服务水平明显提升。

三、主要任务

一是突破一批重大基础理论问题。瞄准世界农业科技前沿，积极抢占未来农业科技发展制高点，着力在基因组学、合成生物学、智慧农业、农业物联网、农业废弃物资源化利用等领域突破一批重大基础理论问题，提升我国农业科技原始创新能力，强化我国农业科技创新源头供给，打造发展新优势。

二是创新一批核心关键技术和装备。紧紧围绕乡村振兴急需的核心关键技术，针对制约我国农业产业转型升级的全局性重大"瓶颈"问题，在作物改良、病虫害防控、生态循环农业、农产品质量安全、农机农艺融合和农业大数据等关键领域重点攻克一批核心关键技术与装备，并研发配套技术系统，引领传统农业向现代农业转型发展，为加快农业农村现代化进程提供科技支撑。

三是集成应用一批科技成果和技术模式。坚持市场需求和产业问题导向，着力加强重大科技成果的集成熟化、示范推广和转化应用，重点转化一批经济性状突出、发展潜力大的粮、棉、油等重大新品种，在适宜地区推广一批蔬菜、果树、烟草、茶叶以及畜禽水产重要新品种；转化一批技术含量高、市场前景好的新肥料、新兽药、新疫苗、新农药以及农业机械等重大新产品（装备），推广一批绿色高效的重要农作物畜禽水产种植养殖、重大病虫害绿色防控、畜禽水产重大疫病防治、农机农艺结合、农产品加工和流通、水土资源节约高效利用、农业废弃物收储与高值利用、投入品减量高效施用等关键技术和模式，强有力支撑农业产业提质增效和农民持续增收。

四是打造一批乡村振兴的科技引领示范区。坚持生产、生活和生态"三生共赢"的基本导向，综合考虑不同区域资源环境承载力、生态类型和农业发展基础条件，探索农业生产与资源环境保护协调发展的有效途径，治理当前农业农村环境突出问题，形成可复制可推广的技术路径与运行机制，重点围绕做强区域主导产业、资源环境修复保育、推进一二三产融合发展三方面内容，突出科技引领示范作用，促进农业产业化发展和产业集群的形成，实现"四化"同步和城乡一体化发展。

五是做好实用技术、专业技能和创业培训。坚持科技引领和示范带动的工作思路，加强核心技术创新成果的提炼总结和示范宣传，加强职业农民、农村干部和新型经营主体的生产、经营和创业技能培训，提高各类参与主体的科技文化水平和生产实践技能，调动共同参与乡村振兴的积极性，培养创新意识和合作精神，培育一批名副其实的乡村振兴实施和参与主体。

农业行政能力建设

2018年，农业农村部按照党中央、国务院统一部署，在集中精力抓好机构改革工作的同时，统筹推进农业行政管理体制改革、事业单位改革和社会组织管理制度改革，以改革为动力，以创新求发展，加快促进政府职能转变，全面提升农业农村工作履职能力和公共服务水平。

（一）机构改革扎实推进，农业农村新的工作格局和新的机构体系全面构建 《深化党和国家机构改革方案》明确组建农业农村部，将中央农村工作领导小组办公室（以下简称"中央农办"）设在农业农村部。农业农村部认真贯彻落实中央改革精神，切实提高政治站位，扎实有序推进机构改革工作，健全体制机制，统筹机构设置，优化职能配置，全面构建农业农村新的工作格局和新的机构体系。

1. 体制机制逐步健全，党对"三农"工作的集中统一领导进一步加强。农业农村部始终把从体制机制层面加强和优化党的领导作为这次机构改革的首要政治任务。按照中央机构改革要求，将中央农办设在农业农村部，并建立相关工作机构，充分发挥党在"三农"工作中总揽全局、协调各方的领导核心作用。按照农业农村部内设机构也是中央农办内设机构的理念，对各业务司局的机构设置和力量配备进行统筹安排，更好地把党中央关于"三农"工作决策部署落实到农业农村各项工作中。同时，健全司局协作配合机制，准确定位、合理分工、同向发力，更好发挥党的农村工作机构决策参谋、统筹协调、政策指导、推动落实、督导检查作用。

2. 统筹设置有关机构，农业农村部的工作管理体系进一步加强。农业农村部"三定"规定明确了14个方面主要职责、3个方面职能转变要求，与原农业部相比，新增统筹实施乡村振兴战略、牵头农村人居环境改善、协调推进乡村治理体系建设等职能。农业农村部主动适应从主要抓"一农"的单纯产业部门向统筹抓"三农"的综合管理部门转变要求，设立中央农办工作机构，农业农村部22个司局和1个派出机构。着眼加强农村工作管理，设立乡村产业发展司、农村社会事业促进司、农村合作经济指导司等农村工作司局，并在编制和人员力量配备上适当倾斜。围绕强化农业农村法律法规、政策创设、农村改革、战略规划等研究力量，调整组建法规司、政策与改革司、发展规划司。适应农业高质量发展要求，优化种业管理、畜牧兽医、农产品质量安全监管等司局的力量，建立起与农业转型升级、质量兴农、绿色发展相适应的工作管理体系。

3. 职能配置得到优化，农业农村部的履职手段进一步加强。一是强化农村工作手段。明确相关司局承担统筹推动农村社会事业发展、乡村产业发展、农村宅基地改革与管理、乡村治理等职责，抓好农村工作、协调推进农村经济社会发展有了新手段。二是强化农业转型升级工作手段。适应加强农业投资项目管理需要，明确相关司局推进涉农项目资金整合，改变过去"五牛下田"、撒胡椒面的局面。适应组建农业综合执法队伍需要，加强法规司人员配备，提升农业依法行政能力和水平。适应强化现代农业调控需要，对一些农业产业司局职能进行调整，强化了农村金融和农业保险、农业农村信息化、农业农村经济运行等职责。三是强化乡村振兴工作手段。明确相关牵头司局分工负责乡村振兴战略重大事项的统筹协调，各业务司局重点围绕"五个振兴"，聚焦主责主业，抓好具体任务落实，形成推进乡村振兴的强大合力。

（二）农业行政管理体制改革深入推进，农业农村工作履职能力进一步提升 适应农业农村工作新形势新要求，深入推进农业行政管理体制改革，强化履职手段，健全协调机制，加强公共服务，深化农业综合执法改革，进一步提升农业农村工作履职能力。

1. 履职手段不断强化。适应农业对外合作新形势新要求，加快农业"走出去"步伐，强化农业驻外体系建设，推动进一步完善农业对外合作机制。认真做好机构改革后职能衔接工作，推动召开国务院口专项协调小组会议，就农业投资项目管理、高标准农田建设资金整合、农田水利工程管理、农田水利建设项目资金划转、草原监督管理财政资金划转等问题，明确农业农村部与相关涉农部门的职责边界。研究明确相关司局在政务信息化、农业投资建设规划、产业园区建设等方面的职责分工，完善制度化协作配合机制。

2. 农业公共服务能力进一步提升。落实中央有关要求，进一步加强农业公共服务体系建设。农业技术推广机构普遍建立，全国共设立县乡农技推广机构7.2万个，其中，县级1.8万个，乡级5.4万个。加快推进兽医人才队伍建设，截至2018年底，全国共有官方兽医等执法人员16.59万人，取得执业兽医资格人员11.24万人，注册执业兽医2.96万人。印发《关于做好兽医社会化服务推进工作的通知》，加快推动兽医社会化服务进入养殖环节，健全从养殖到屠宰全链条兽医服务供求模式。农产品质量安全监管机构建设持续推进，全国所有省区市、88%的地市、75%的县（区、市）、97%的乡镇建立了农产品质量安全监管机构，落实专兼职监管人员11.7万人。投资支持建设部省地县农产品质检机构3 293个，检测人员达到3.2万人。组织第二批215个创建试点单位开展国家农产品质量安全县创建活动。

3. 农业综合执法改革进一步深化。起草印发《关于深化农业综合行政执法改革的指导意见》，明确了整合农业综合执法队伍的改革任务和工作要求，为指导各地组建综合执法队伍奠定了制度基础。召开全国深化农业综合执法改革工作视频会议，对深化执法改革工作作出全面部署。督促指导地方制定配套方案，全面整合农业执法队伍，加快建立健全省市县农业综合执法体系。积极配合有关部门研究制定农业综合执法队伍统一着装方案，协调推动农业执法装备标准、执法经费等支持保障政策落实。进一步加强执法规范化建设，建立全国农业执法信息共享平台（二期）并上线运行。全面推行"双随机、一公开"监管，修订发布农业农村部随机抽查监督检查事项清单，实现随机监督检查事项全覆盖目标。继续开展全国农业行政处罚案卷评查，有针对性地指导地方执法办案。

（三）事业单位改革统筹推进，内生发展活力和支撑保障能力不断增强 适应机构改革后农业农村部履职需要和职能转变要求，优化调整部属事业单位结构布局，统筹推进事业单位分类及相关专项改革工作，进一步激发部属事业单位内生动力和发展活力，更好发挥技术支撑和服务保障作用。

1. 部属事业单位结构布局进一步优化。按照中央编办统一部署，逐一落实机构改革中明确的部属事业单位机构编制划转事项，并及时将名称冠以"农业部"字样的34家部属事业单位统一改冠为"农业农村部"。积极推进承担行政职能的事业单位改革，将原农业部农村合作经济经营管理总站转入机关序列，进一步强化机关工作力量。整合原农业部工程建设服务中心与机构转隶中划入有关事业编制，组建农业农村部工程建设服务中心，进一步提升农业投资管理的技术支撑力量。研究完善和规范部属畜牧兽医事业单位管理体制机制，推动事业单位职能转变和业务归口关系调整，进一步健全机关司局与事业单位"一盘棋"工作格局。

2. 事业单位专项改革稳步推进。继续深化事业单位分类改革，积极与有关部门沟通，研究推动不同类别事业单位后续改革工作。进一

步推进生产经营类事业单位改革工作。统筹做好科技体制、培训疗养、后勤服务等专项改革，研究推进部属"三院"分类改革工作，增强改革的总体效能。参加中央编办事业单位分类改革座谈会，立足机构改革后部门新职责新任务新要求，积极争取相关政策支持。

3. 部属事业单位机构编制管理服务得到加强。根据中央编办批复精神，明确相关事业单位为公益二类事业单位。研究批复相关事业单位内设机构调整和岗位聘用实施方案，做好有关事业单位公司制改制方案研提意见工作。适应机构改革后事业单位改冠、举办单位变更等情况，及时审核办理104家部属事业单位法人变更事宜，组织完成事业单位法人2017年度报告公示工作。

（四）社会组织管理制度改革加快推进，规范健康有序发展水平得到提高 按照中央关于社会组织管理制度改革的有关精神，坚持政社分开和放管并重，稳妥推进行业协会与行政机关脱钩改革，进一步加强监督管理和指导服务，促进农业农村部业务主管社会组织切实加强自身建设，规范开展业务活动，更好发挥服务"三农"事业发展的桥梁纽带作用。

1. 行业协会与行政机关脱钩试点稳慎推进。按照脱钩总体方案和联合工作组统一部署，顺利完成第三批共7家行业协会与农业农村部脱钩试点任务，基本实现了机构、职能、资产财务、人员管理、党建、外事等事项的分离，推动试点社会组织功能作用得到进一步有效发挥。提早谋划行业协会商会与行政机关全面脱钩改革事宜，组织有关司局对全面推开脱钩改革的实施文件研究提出意见。积极与民政部、国家发展改革委等部门沟通协调，就全面脱钩范围等有关事项达成一致。

2. 社会组织规范发展长效机制不断健全。

根据机构改革后机关司局和事业单位调整变化情况，研究调整农业农村部业务主管社会组织的归口司局和挂靠单位，确保部内双重负责的管理责任落到实处。按照全国性社会组织转隶工作推进会要求，结合机构改革情况，及时报送农业农村部业务主管社会组织转隶意见。按照民政部部署，积极配合做好社会组织创建示范活动清理规范、违规涉企收费整治和非法社会组织活动梳理排查等工作。

3. 社会组织日常管理和服务工作得到加强。根据"三农"形势发展变化需要，着眼于填补个别行业和领域全国性社会组织的空白，积极推进有关社会组织筹备成立事宜。稳妥推进有关领导干部到社会组织兼职的审批报批工作。认真审核办理社会组织换届、届中调整、延期换届、章程核准、变更登记、领导干部兼职等事宜。组织完成农业农村部业务主管社会组织2017年度检查工作。

专栏8

开展中央级农业科研机构绩效评价改革

根据中央决策部署，由农业农村部牵头实施中央级农业科研机构绩效评价改革。一年来，农业农村部按照目标导向、统筹配合、整体推进、试点先行的原则，组织所属12个科研机构开展了绩效评价改革试点工作，初步构建了科学合理的科研机构绩效评价体系和评价机制，为引导中央级农业科研机构立足主体定位与核心使命，面向世界农业科技前沿、面向国家重大需求、面向现代农业建设主战场，增强科技创新能力，发挥骨干引领作用，发挥了积极有效的作用，为科技体制改革探索了新经验。

坚持按照党中央国务院关于深化科技体制改革和推进科技领域"放管服"改革的部署要求，围绕解决"唯论文、唯奖励"的评价导向和"一把尺子量到底"的评价方式等问题，从找准科研机构的主体定位和核心使命出发，以主要职责任务为评价内容，以科技活动类型为分类依据，建立健全评价制度，引导科研机构立足职责定位，坚持"三个面向"，着力提升科技创新能力和创新效益，支撑引领乡村振兴和农业农村现代化。

这一改革思路，在科技部、财政部、人社部联合印发的《中央级科研事业单位绩效评价暂行办法》要求的基础上，综合了系列文件的改革要求，有突破、有拓展、有深化、有集成：一是突破了分类方式，不对科研机构分类，而是聚焦主体定位与核心使命，以科研机构主要职责任务作为评价内容，对其科技活动类型进行分类评价；二是拓展了评价要求，全面贯彻落实中央关于科技评价改革的系列要求，以科研机构绩效评价为统领，统筹推进项目、人才和团队等科技评价工作；三是深化了评价内容，在设定绩效目标和指标时，突出体现科研机构的职责定位，突出评价"技术研发的创新度、工作与产业的关联度以及对农业农村经济社会发展的贡献度"；四是集成了相关要求，统筹落实中央关于科技领域"放管服"改革的系列要求，着力推动科研机构优化科研管理、提升科研绩效。

首先，组织12个试点机构开展了自评价。试点机构聚焦各自主体定位与核心使命，综合考虑各项主要职责任务的科技创新活动类型以及所在区域布局、科研条件基础等因素，明确了绩效评价指标体系，对2013—2017年的工作进行了梳理总结，形成了自评价报告。此后，委托中科院评估中心开展了第三方评价。中科院评估中心对试点机构自评估报告和代表性成果进行了核查，形成了第三方数据分析报告；对行业主管司局、农机推广机构等典型用户开展了调研，听取他们对试点机构主要职责任务完成情况的评价和意见建议，形成了典型用户评价报告；组织了第三方专家评议现场会，专家以试点机构负责人现场汇报内容为主要依据，综合考虑机构自评报告、代表性成果、第三方数据分析报告、典型用户评价报告等做出评议，中科院评估中心形成了第三方评价报告。

农业国际合作与交流

2018年，农业外事与国际合作交流以习近平新时代中国特色社会主义思想为指导，全面落实开放发展理念，紧密围绕实施乡村振兴战略这个总抓手和农业供给侧结构性改革这条主线，着力深化多双边农业合作交流。

（一）农业贸易保持增长态势　2018年，全国农产品贸易总额、出口总额和进口总额呈"三增"态势，贸易总额2 178.8亿美元，同比增长7.6%。其中，出口799.3亿美元，同比增长5.0%；进口1 379.5亿美元，同比增长9.1%。农业农村部配合办好首届中国国际进口博览会，其间举办了10多场双边农业外事活动，农业成为面积最大、企业最多、人气最旺、成交额最高的展区。组织第16届农交会国际展区，首次设立主宾国，打造"国家日"等品牌活动，使农交会更加国际化。成立了境外展会工作促进委员会，在农业农村部系统参加的21个境外展会中遴选出10大境外展会，启动了部系统境外展会整合工作。

（二）农业双向投资稳步推进　截至2018年底，全国农业对外投资存量197.2亿美元，境外设立农业企业超过880家，企业平均投资规模超过2 000万美元。2018年，农林牧渔业新设立外商投资企业639家，同比增长10.4%，

实际利用外资金额7.1亿美元。召开了农业对外合作部际联席会议第五次全体会议，评估并发布2017年各省区市开展农业对外合作情况。成功举办"一带一路"（敦煌）农业合作国际论坛、"一带一路"农业投资合作论坛、"一带一路"农业科教合作论坛等活动。琼海农业对外开放合作试验区建设纳入中央支持海南全面深入深化改革的指导意见，潍坊国家农业开放发展综合试验区建设方案经国务院批准印发，成为区域发展和新旧动能转换的重要平台。境外农业合作示范区吸引了57家涉农企业入驻，累计投资超过39.1亿元。建立"20+20"政企和"10+10"银企对接机制，搭建起企业与部际联席会议成员单位之间交流对接、解决问题的平台，精准服务"走出去"市场主体。

（三）农业合作关系更加紧密　出席第三届"16+1"农业部长会议，推动"一带一路"倡议与欧洲投资计划、中东欧国家发展规划有效对接，首个"16+1"农产品电商物流中心和展示馆落户深圳盐田港。编制并签署了《中国东北地区和俄罗斯远东及贝加尔地区农业发展规划》，务实促进双边农业合作。成功举办中国—俄罗斯总理定期会晤委员会农业合作分委会第五次会议、中国—以色列农业创新合作部长级会议、中国—日本农业副部级对话、中国—法国农业及农业食品合作混委会第五次会

议、中德农业部长对话、中国—德国农业政策对话、中国—德国农业企业对话、中国—加拿大农渔业经贸合作论坛、全球农业南南合作高层论坛、博鳌亚洲论坛农业农村分论坛、第三届中日韩农业部长会议、澜湄合作村长论坛、中国—东盟农业合作论坛。联合国粮农三机构与农业农村部共同发布了《中国农业农村部和联合国粮农三机构关于中国实施乡村振兴战略助力2030年可持续发展议程的联合声明》，为联合国系统首份明确支持中国乡村振兴战略的重要文件。中日韩三国农业部长共同签署《关于在乡村振兴框架下促进农业合作的备忘录》。中以农业部长商定重点开展乡村振兴和农业绿色发展政策交流。中国与柬老缅泰越5国共同发出了《澜湄村社合作芒市倡议》，并成立"澜湄村社发展联盟"。《全球农业南南合作高层论坛长沙宣言》发布，引领全球农业南南合作。中非合作论坛北京峰会农业合作硕果累累，成为中非合作的重要利益交汇。组织实施农业援外项目11个，派出农业援外专家108人次，为108个国家在境内外举办培训班131期、培训学员4 414人次。

美丽宜居乡村建设

2019 中国农业农村发展报告

美丽宜居乡村建设

总体状况

2018年，中央坚持绿色发展理念，进一步加大政策支持力度，建设美丽乡村。各地区各部门深入学习贯彻习近平新时代中国特色社会主义思想和党的十九大精神，按照"生态宜居"的要求，稳步实施乡村振兴战略，进一步加强农村基础设施建设，强化农业资源环境保护，改善农村人居环境，改善农村居民生产生活条件，推进乡村绿色发展，取得了显著成效。

（一）农村基础设施条件进一步改善　农村水利建设取得新进展。2018年，新增高效节水灌溉面积143.87万公顷，新增、恢复灌溉面积23.13万公顷，改善灌溉面积171.2万公顷，新增粮食生产能力11亿千克，新增年节水能力11.5亿立方米。农村饮水安全得到进一步巩固提升，2018年工程受益人口7 800多万人，农村自来水普及率达到81%，农村集中供水率达到86%。到2018年底建成1 100多万处供水工程，服务人口9.4亿人。农村供电条件持续改善。2018年，国家电网供区农村供电可靠率99.79%，综合电压合格率99.75%，户均配变

容量2.5千伏安，户均停电时间18.46小时，比2015年减少4.44小时。南方电网供区农村供电可靠率99.78%，综合电压合格率98.87%，户均配变容量2.1个千伏安，农户平均停电时间19.68小时，比2015年减少14.5小时。农村道路交通建设成效显著。2018年，新建改建农村公路31.8万千米，创历史新高，新增通硬化路乡镇86个，建制村6 348个。截至2018年底，农村公路总里程已达404万千米，全国具备条件的乡镇和建制村通硬化路率达到99.98%和99.97%，建制村通客车率超过97.1%。农村居民居住条件进一步改善。2018年，全国共完成建档立卡贫困户等4类重点对象的农村危房改造任务190万户。人均住房面积47.3平方米，农村住房质量大幅提高，混合结构以上农房比例提高到90.2%。

（二）农业绿色发展成效逐步显现　2018年，全国新增高效节水灌溉面积133.33多万公顷，灌溉水有效利用系数0.542，比上年提高0.006，农业灌溉用水总量实现零增长。轮作休耕试点规模和范围进一步扩大耕地，2018年，中央财政安排补助资金58.4亿元，比上年增加1倍多，试点面积达到193.33万公顷，比

上年增加113.33万公顷。继续实施果菜茶有机肥替代化肥行动，在300个县开展化肥减量增效示范，在150个县扎实推进果菜茶有机肥替代化肥试点。化肥施用量（折纯）比上年减少3.5%。深入推进"到2020年农药使用量零增长行动"，在果菜茶优势产区选择150个县开展全程绿色防控试点，在600个县开展统防统治和绿色防控融合示范。2018年，全国主要农作物病虫害绿色防控覆盖率同比提高2.2个百分点，主要粮食作物专业化统防统治率同比提高1.4个百分点，全年农药使用量比上年下降1.2%。继续开展150个县秸秆综合利用试点，2018年，全国新增秸秆还田面积173.33万公顷，秸秆还田总面积达到5 126.67万公顷，秸秆综合利用率达到83%。在100个用膜大县开展地膜回收行动，示范县农膜回收率近80%。养殖污染防治继续得到加强，2018年，全国畜禽粪污综合利用率达到70%。

（三）农村人居环境治理取得初步成效

2018年，全国完成农村改厕1 000多万户，农村改厕率超过一半，其中六成以上改成了无害化卫生厕所。截至2018年底，全国农村生活垃圾收集转运处置体系已覆盖全国84%以上的行政村，已排查出的2.4万个非正规垃圾堆放点中，47%完成整治。中央农办、农业农村部等18个部委启动实施农村人居环境整治村庄清洁行动，开展"三清一改"（清垃圾、清沟塘、清畜禽粪污、改变影响农村人居环境的不良习惯），从农民群众自己动手能干、易实施、易见效的村庄环境问题入手，集中整治村庄脏乱差问题。20%左右的行政村生活污水得到处理，污水乱排乱放现象逐步减少。

加强乡村规划

习近平总书记强调，实施乡村振兴战略要坚持规划先行、有序推进，做到注重质量、从容建设。全国"两会"期间，总书记在参加河南代表团审议时再次强调，要按照先规划后建设的原则，通盘考虑土地利用、产业发展、居民点布局、人居环境整治、生态保护和历史文化传承，编制多规合一的实用性村庄规划。2018年中央1号文件提出，强化乡村规划引领，把加强规划管理作为乡村振兴的基础性工作，实现规划管理全覆盖。贯彻落实习近平总书记关于村庄规划工作的重要指示要求，2018年1月，中央农办、农业农村部、自然资源部等5部门印发《关于统筹推进村庄规划工作的意见》（以下简称《意见》），推动各地加强村庄规划工作领导，科学有序引导村庄规划建设，促进乡村振兴。

《意见》立足村庄规划特点提出，推进村庄规划工作要坚持县域一盘棋，通盘考虑城镇和乡村发展，统筹县域村庄布局、基础设施、公共服务等，推动城乡基础设施和公共服务均衡配置，推动各类规划在村域层面"多规合一"。要以多样化为美，突出地方特色、文化特色和时代特征，保留村庄特有的居民风貌、农业景观、乡土文化，坚决避免用城市建设思维规划乡村，防止"千村一面"。要因地制宜，详略得当规划村庄发展，与当地经济水平和群众需要相适应，避免超越发展阶段的负债建设。要坚持保护和建设并重，牢固树立和践行绿水青山就是金山银山的理念，防止调减耕地和永久基本农田、破坏乡村生态环境、毁坏历史文化景观。

《意见》聚焦规划重点任务提出，一方面，合理划分县域村庄类型。《乡村振兴战略规划（2018—2022年）》将乡村划分为集聚提升、城郊融合、特色保护、搬迁撤并等4个类型，这是做好村庄分类的依据。《意见》提出，各地要逐村研究村庄人口变化、区位条件和发展趋势，明确县域村庄分类。根据村庄分类，统筹考虑县域产业发展、基础设施建设和公共服务配置，引导人口向乡镇所在地、产业发展集聚区集中，引导公共设施优先向集聚提升类、特色保护类、城郊融合类村庄配套。另一方面，统筹谋划村庄发展。要加快推进村庄规划编制实施，统筹谋划村庄发展定位、主导产业选择、用地布局、人居环境整治、生态保护、建设项目安排等，做到不规划不建设、不规划不投入。要结合村庄资源禀赋和区位条件，引导产业集聚发展，尽可能把产业链留在乡村，让农民就近就地就业增收。按照节约集约用地原则，提出村庄居民点宅基地控制规模，严格落实"一户一宅"法律规定。综合考虑群众接受、经济适用、维护方便，有序推进村庄垃圾治理、污水处理和厕所改造。依据人口规模和服务半径，合理规划基础设施和公共服务设施。按照传承保护、突出特色要求，提出村庄景观风貌控制性要求和历史文化景观保护措施。

《意见》围绕发挥各方力量提出，一要建立党委领导政府负责的工作机制。成立县级党委政府主要领导负责的乡村规划编制委员会，定期听取规划编制工作情况汇报，研究解决规划编制中的矛盾和问题，保障规划工作经费及人员力量。二要充分发挥村民主体作用。要组建由乡镇政府、县（市）有关部门、村"两委"、规划设计单位组成的村庄规划编制工作组，通过深入开展驻村调研、逐户走访，详细了解村庄发展历史脉络、文化背景和人文风情，充分听取村民意愿和建设需求；规划报批前须经村民大会或者村民代表大会审议，并在村庄内公示。三要组织动员社会力量开展规划服务。引导大专院校、规划设计单位下乡开展村庄规划编制服务，支持优秀"规划师、建筑师、工程师"下乡结对服务，提供驻村技术指导。

针对各地村庄建设无规划、指导不到位、力量不足、方法不对、村民主体作用没有发挥等问题，住房和城乡建设部2018年印发《关于进一步加强村庄建设规划工作的通知》，指导各地从村庄实际出发，因地制宜编制村庄建设规划，推广共谋共建共管共评共享的工作机制，探索完善乡村规划建设许可管理。同时住房和城乡建设部2018年印发《关于引导和支持设计下乡的通知》，引导和支持规划、建筑、景观、市政等领域设计人员下乡服务，大幅提升乡村规划设计建设水平。

目前，各地正在加快建立健全工作机制，细化任务分工，有序推进村庄规划工作，力争年底前基本明确村庄分类，2020年底前在县域层面基本完成村庄布局工作，"多规合一"实用性村庄规划做到应编尽编。

农村人居环境治理

2018年是农村人居环境整治三年行动的第一年。中央明确农业农村部门牵头后，中央农办、农业农村部切实履行牵头抓总和统筹协调职责，各地农业农村部门积极主动作为，全国农业农村系统边干边学、边研究边推进，形成了齐心协力、开拓创新、务实推进农村人居环境整治的良好态势，实现了良好开局。

（一）明确分工，建立推进机制　制定了《农村人居环境整治工作分工方案》，经国务院同意后印发各有关部门和各省区市人民政府，进一步明确由中央农办、农业农村部牵头，会同住房和城乡建设部、国家发改委、生态环境部等14个部委共同推进。各省区市都成立或明确了农村人居环境整治工作领导小组，14省份党委或政府主要负责同志亲自挂帅，省级层面农业农村部门牵头、职能部门分兵把口、齐抓共管的工作格局基本形成。

（二）强化部署，注重顶层设计 2018年召开了全国农村人居环境整治工作会议和深入学习浙江"千万工程"经验全面扎实推进农村人居环境整治会议，进行全面部署，胡春华副总理出席并讲话。各省区市均制定发布了省级农村人居环境整治三年行动实施方案，召开了多形式、高规格的会议，由省委或省政府负责同志具体部署下一步工作。

（三）试点示范，推广浙江经验 中央农办、农业农村部印发专项通知，召开会议部署。中央农办、农业农村部会同国家发改委在深入调研基础上形成了《关于学习推广浙江"千村示范、万村整治"工程经验深入推进农村人居环境整治工作的报告》，并以中办、国办名义转发各地区学习贯彻。各地积极学习借鉴浙江"千万工程"经验，通过建立示范点、创建样板区等，开展了各具特色的试点示范活动，打造了一批生态宜居美丽乡村。

（四）聚焦重点，逐项推进落实 在农村改厕方面，中央农办、农业农村部等8部委联合印发了《关于推进农村"厕所革命"专项行动的指导意见》。会同卫生健康委在山东淄博召开全国农村改厕工作推进现场会，举办全国农村卫生厕所新技术新产品展示交流活动。召开干旱、寒冷地区农村卫生厕所技术座谈会，组织科研单位开展农村改厕新技术新产品集成研究。在提升村容村貌方面，2018年底，中央农办、农业农村部等18个部委启动实施了村庄清洁行动，发动群众自觉行动进行"三清一改"，整治提升村容村貌。在农村生活垃圾污水治理方面，组织开展系列调研，总结各地经验做法、技术模式和典型范例，研究工作思路举措。各地围绕农村人居环境整治重点任务，从规划编制、财政投入、资金整合、建章立制等方面，出台了一系列有针对性的政策措施。

（五）加强督促，促进真抓实干 贯彻落实《国务院办公厅关于对真抓实干成效明显地方进一步加大激励支持力度的通知》，联合财政部制定了《农村人居环境整治激励措施实施办法》，在各省申报基础上，确定了2018年19个激励县。针对农村改厕中存在的问题，会同卫生健康委等部门赴实地调研，了解情况、查找问题、分析原因、督促整改、提出对策。

（六）加大宣传，营造良好氛围 面对农村人居环境整治领域广、主体多、基础薄弱的现实，中央农办、农业农村部注重强化宣传引导、凝聚支持力量、营造良好氛围。2018年，围绕浙江"千万工程"、农村"厕所革命"、村庄清洁行动、农村生活污水治理等主题，协调中央媒体及其新媒体进行集中宣传报道。通过在农民日报和农村工作通讯开设专栏、编发简报（专报）、开通微信公众号和头条号等方式，宣传农村人居环境整治政策举措、经验做法、典型范例和工作成效。

农村电力发展

农村电网是改善乡村生产生活条件的重要基础，也是村庄基础设施建设的主要短板。2018年，随着"十三五"新一轮农网改造继续深入实施，农网改造取得显著成效。

（一）资金投入支持力度进一步加大 在中央预算内投资规模增幅有限的情况下，农村电网改造升级资金支持力度逐年加大，2018年中央预算内投资安排120亿元。2018年1月，下达中西部地区中央投资计划总投资约256.3亿元，其中中央预算内投资90亿元；2月，下达中西部地区中央投资计划总投资约149亿元，其中中央预算内投资30亿元，两批合计安排总投资约405亿元（其中中央预算内投资120亿元），重点支持"三区三州"深度贫困地区，国家级贫困县、集中连片特困地区及革命老区农网改造升级。

（二）深度贫困地区"三区三州"农网改造升级攻坚行动计划编制印发 组织西藏、新疆、新疆生产建设兵团、四川、云南、甘肃、青海编制"三区三州"农网改造升级攻坚行动计划，在各地工作基础上汇总编制印发了"三区三州"农网改造升级攻坚三年行动计划（2018—2020年），提出"三区三州"三年农网改造升级目标、任务和措施，任务落实到县、落实到村。

（三）抵边村寨农网改造升级攻坚行动计划编制印发 以内蒙古、辽宁、吉林、黑龙江、广西、云南、西藏、甘肃、新疆陆上9省区5 690个抵边自然村为重点，组织9省区能源主管部门编制抵边村寨农网改造升级攻坚行动计划。在此基础上编制印发了全国抵边村寨农网改造升级攻坚行动计划。

（四）农网改造升级成效显著 新一轮农网改造升级实施以来，农村电力基础设施条件显著改善，农村电力消费增长加快，促进了乡村振兴和新型城镇化。

1. 农村供电条件持续改善。截至2018年底，农村中低压变电站、线路等规模比2015年增长超过20%，老旧设备得到更换，供电能力得到提升。2018年，国家电网供区农村供电可靠率99.79%，综合电压合格率99.75%，户均配变容量2.5千伏安，户均停电时间18.46小时，比2015年减少4.44小时。南方电网供区农村供电可靠率99.78%，综合电压合格率98.87%，户均配变容量2.1个千伏安，农户平均停电时间19.68小时，比2015年减少14.5小时。农村用电条件得到显著改善，城乡电力差距明显缩小。

2. 带动了农村消费升级。据国网和南网公司初步统计，2018年，农村用电量合计24 614亿千瓦时，占全社会用电量的36.0%，农村用电量比2015年增长30.0%，年均增长9.1%，比全社会用电量增长率多2.8个百分点；农村居民生活用电量合计5 274亿千瓦时，比2015年增长31.6%，年均增长9.6%；农村户均生活用电量约1 400千瓦时，比2015年增长约24.5%，年均增长7.5%。2016—2017年实施农网改造升级的农村，农户新增空调725万台、冰箱500万台、洗衣机450万台、电视机430万台、电炊具610万台，带动了农村消费升级，扩大了农村市场。

3. 有效助力了脱贫攻坚。2018年以来，农网改造升级中央预算内投资全部用于中西部25个省份及新疆生产建设兵团贫困地区。倾斜支持深度贫困地区"三区三州"，"三区三州"供电能力提高较快。比如2018年西藏电网覆盖范围内农村供电可靠率98.2%，户均配变容量2.96个千伏安，电网覆盖人口从2015年的218万增加到276万人，占全部人口的82%。阿里与藏中联网后还可为7个县10万农牧民提供可靠的大网电。青海玉树、果洛与主网联网为9县25万人可靠供电。截至2018年底，全国26个省份接入光伏扶贫项目约1 930万千瓦，惠及约260万贫困户。

4. 促进了乡村振兴和新型城镇化。2018年完成100个小康电示范县，提前达到国家标准。推进农村温室大棚、粮食烘干、制茶等农业生产领域电能替代燃油燃煤，2018年新增用电量66.7亿千瓦时，减少散煤373万吨。京津冀及周边地区、汾渭平原1.08万个村、210万户居民实现电采暖。江浙粤等东部发达地区城乡用电均等化进程加快，例如浙江农村户均生活用电量从2015年的1 730千瓦时提升到2018年的2 190千瓦时，2018年同期城市户均生活用电量为3 010千瓦时。农网改造升级带动了农村电商、仓储物流、乡村旅游、新能源等新产业新业态发展壮大，促进乡村振兴和新型城镇化建设。

农村道路交通建设

2018年，交通运输部贯彻落实习近平总书记"四好农村路"建设重要指示精神，坚持以人民为中心，把深入推进"四好农村路"建设作为重点工作，扎实推进农村公路高质量发展，为打赢脱贫攻坚战，助力乡村振兴战略提供坚实的交通运输保障。

（一）农村公路建设成效显著　2018年，新建改建农村公路31.8万千米，创历史新高。截至2018年底，农村公路总里程已达404万千米，其中县道55万千米、乡道117万千米、村道232万千米。全年完成农村公路固定资产投资4 962亿元，同比增长4.9个百分点，全年安排中央车购税资金1 149亿元支持全国农村公路建设，较2017年增长20%。农村公路通畅水平进一步提升，有力支撑乡村振兴发展，全年新增通硬化路乡镇86个，建制村6 348个，全国具备条件的乡镇和建制村通硬化路率达到99.98%和99.97%，建制村通客车率超过97.1%。建成资源路、旅游路、产业路9 284千米，减少约5.5万千米等外公路。农村公路安全水平进一步提升，农民群众出行安全更有保障，全年改造加宽窄路基路面农村公路超过4.5万千米，实施农村公路安全生命防护工程超过23万千米，改造危桥约7 000座，农村交通条件进一步改善、农民群众出行更加便捷，获得感、幸福感、安全感进一步提升。

（二）以"四好农村路"全国示范县创建工作引领农村公路发展　交通运输部深入贯彻习近平总书记关于"四好农村路"建设重要指示精神，不断完善政策机制，狠抓督导落实，突出示范引领，推广典型经验，全力推进"四

好农村路"建设。联合农业农村部、国务院扶贫办印发了《交通运输部 农业农村部 国务院扶贫办关于命名"四好农村路"全国示范县的通知》，联合命名了"四好农村路"全国示范县117个。

（三）农村公路法制政策和技术标准体系不断健全　交通运输部大力推进农村公路法制政策和技术标准体系建设。推动《公路法》修订，进一步明确村道的法律地位。编制起草了《农村公路条例》，公开征求社会意见。推动修订农村公路管理养护体制改革方案。发布了《农村公路建设管理办法》，印发了《农村公路服务乡村振兴三年行动计划（2018—2020年）》《交通运输脱贫攻坚三年行动计划（2018—2020年）》全方位完善农村公路政策法规体系。进一步健全农村公路技术标准体系，开展了《小交通量农村公路工程技术标准》《农村公路养护技术规范》《农村公路养护预算编制办法》三项标准规范的编制工作。

农村住房建设

2018年，住房和城乡建设部深入贯彻党的十九大精神和习近平总书记关于脱贫攻坚系列重要批示指示精神，加强对农村住房建设的指导管理，抓好农村危房改造工作，深入实践"美好环境与幸福生活共同缔造"方法，着力提高农村住房建设水平，提升农村住房品质，进一步改善人居环境，扎实推动我国农村住房建设工作不断取得新成效。截至2017年底，全国农村房屋新建实际竣工建筑面积9.65亿平方米。2018年，全国共完成建档立卡贫困户等4类重点对象的农村危房改造任务190万户（其中建档立卡贫困户120万户），明显改善了农村困难群众住房条件，深受农民群众欢迎，脱贫攻坚工作取得较好成效。

（一）农村居住水平进一步提高　近年来，随着农村经济快速发展和农民收入持续提高，我国农村住房建设发展突飞猛进，尤其改革开放以来，住房面积快速增长，从1978年到2018年，我国农村房屋实有建筑面积从50亿平方米增加到246亿平方米，人均住房面积从8.1平方米提高到47.3平方米，户均建筑面积超过130平方米，农房年均建设量一直保持在4亿～6亿平方米的较高水平。农村住房质量得到大幅提高，新建农房以混合结构为主，生土、纯木、石结构农房大幅减少，混合结构以上（指砖混、钢混等）农房比例从50%左右提高到90.2%，其占比从30年前的29%上升为86%。从总体情况看，我国农村房屋面积明显增加，房屋结构彻底转变，内部基本功能进一步完善，农村住房水平得到显著提高。

（二）贫困群众居住安全进一步保障　进一步加大农村危房改造力度，确保实现脱贫攻坚"贫困群众住房安全有保障"目标。住房和城乡建设部制定《农村危房改造脱贫攻坚三年行动方案》，明确2018—2020年工作重点和目标任务，提出质量安全、档案信息、作风专项治理、脱贫退出等管理要求及加大补助资金支持、强化绩效评价和督查激励等保障措施。印发《农村危房改造基本安全技术导则》，提出危房改造基本安全底线要求。强化业务指导，严控质量安全管理，压实各地监管责任，全力推进农村危房改造。各地结合实际制定出台危房鉴定、质量监管等具体标准，作为危房改造和竣工验收的依据。2018年，中央安排专项危房改造补助资金266亿元，全国共完成农村危房改造任务190万户，其中建档立卡贫困户120万户。

（三）农村住房品质进一步提升　研究完善农房建设基本标准，以安全适用、经济美观、绿色宜居为目标，探索利用当地建筑材料和改进传统施工工艺，开展装配式建筑、农房节能改造。各地积极结合农村危房改造开展建筑节能示范，引导更多农民新建或改造房屋时自觉采用建筑节能措施，增强农村住房围护结构的保温性能，减少冬季供暖能耗，降低农民供暖燃料费用。装配式钢结构等新型农房建造方式开始起步，河北、浙江、陕西、四川、西藏等地逐渐开始推广应用，进一步提升农房建造技术水平。在实施危房改造中配套实施"改厨、改厕、改圈"，实现厨卧分离、圈厕分离、人畜分离，提高农房居住功能和卫生健康条件。各地结合实际对农房进行功能改造及环境整治，提升房屋品质。目前，全国农村居民住宅外道路为水泥或柏油路面农户占比66.3%，有管道供水入户农户占比74.6%；使用本户独用厕所农户占比为95.4%，使用卫生厕所农户占比45%。

（四）住房居住环境进一步改善　积极开展农村生活垃圾、污水治理，推进美丽宜居乡村建设，农村住房环境得到进一步改善。推进农村生活垃圾分类和资源化利用示范县建设，推动示范县（市、区）60%的乡镇、38%的行政村启动垃圾分类工作，研究印发《农村生活垃圾分类和资源化利用简明读本》。组织开展全国二轮非正规垃圾堆放点排查，建立排查工作台账并"一处一策"开展整治，截至2018年12月底已完成47%的整治任务。会同生态环境部制定国家农村生活污水处理排放标准要求，加强生活污水源头减量和尾水回收利用。积极推进"厕所革命"，组织开发农村公共厕所信息采集平台，研究农村公厕标准及农村公共厕所建设管护技术导则。梳理总结农村生活污水百县示范经验，形成一批可复制、可推广经验及模式。

（五）群众幸福感进一步增强　将脱贫攻坚与农村人居环境整治相结合，积极推进"美好环境与幸福生活共同缔造"活动,以"共谋、共建、共管、共评、共享"为工作方法,发动群众主动参与美好家园建设,群众获得感、幸福感、安全感明显提升,推动基层党群、干群关系更加紧密。在4个定点扶贫县各选择1个村开展"美好环境与幸福生活共同缔造"示范点打造,率先进行"五共"理念实践探索,先后组织培训、工作推进会、参观见学、现场会等活动100余次,共计培训群众上万人次。在示范点召开现场会,采取现场观摩、会议交流和观看纪实片的形式,在全国住房城乡建设系统推进落实"美好环境与幸福生活共同缔造"工作,取得了良好成效。

耕地保护与质量提升

耕地是最宝贵的农业资源、最重要的生产要素。加强耕地质量保护与建设,是促进农业绿色发展、夯实国家粮食安全的重要措施。2018年党和国家机构改革方案明确,农业农村部新设立农田建设管理司,履行耕地质量管理职责。农田建设管理司组建以来,落实中央关于耕地质量保护工作相关要求,扎实有力有序地推进耕地质量监测评价、耕地质量保护与提升、东北黑土地保护利用、耕地保护与质量管理等各项工作,取得积极成效。

(一)**耕地质量长期监测不断加强** 各地按照《全国耕地质量调查监测体系建设规划》要求,开展耕地质量监测网点布设,加强黑土地保护、轮作休耕等重点区域耕地质量监测。2018年,新增254个国家级耕地质量监测点,总数达1 014个。加强技术标准体系研究和建设,先后编制完成《国家耕地质量长期定位监测评价报告(2017年度)》《耕地质量演变趋势:国家耕地质量监测数据整编(1988—2018年)》《黑土地保护利用试点区耕地质量监测报告(2015—2017年)》《耕地质量监测技术规程》《黑土地耕地质量监测技术规范》等,指导全国做好耕地质量监测工作。

(二)**耕地质量等级评价逐步推进** 国务院第三次全国国土调查领导小组办公室印发的《第三次全国土地调查总体方案》,将耕地质量等级调查评价工作纳入第三次全国土地调查,明确在三调领导小组办公室下设耕地等级组。农业农村部部署全国9大区域耕地质量等级调查评价工作,截至2018年底,全国布设调查样点22.3万个,按《耕地质量调查监测与评价办法》,完成西北区耕地质量评价、长三角区耕地质量评价,启动西南区耕地质量区域评价,为发布《全国耕地质量等级》奠定了基础。

(三)**耕地质量保护与提升稳步开展** 2018年,针对土壤酸化、盐渍化及设施蔬菜土壤连作障碍等突出问题,在北方13个省区市开展土壤盐渍化治理示范16万公顷,集成推广灌水压盐、秸秆还田、深松整地、土壤调理等综合治理技术模式。在南方12省区市开展土壤酸化治理示范16万公顷,集成推广调酸控酸、培肥改良等综合治理技术模式。在河北、辽宁、山东等3省开展设施蔬菜土壤连作障碍治理示范1.2万公顷,集成推广轮作倒茬、深耕深松、调酸治盐、土壤消毒、污染防控等综合治理技术模式。通过示范,集成了一批土壤改良、地力培肥、治理修复技术模式。土壤盐渍化、酸化和连作障碍等耕地退化治理探索稳步推进。

(四)**高标准农田建设扎实推进** 2018年,中央加强农田建设职能与资金整合,农业农村部新设立农田建设管理司,履行高标准农田项目管理职责。统筹整合千亿斤粮食生产能力、农业综合开发、土地整治、小型农田水利等农田建设资金860亿元,统一推进高标准农田建设。据统计汇总,2018年全国共投入建设资金约1 300亿元，新增高标准农田约546.67多万公顷，新增高效节水灌溉面积133.33多万公顷。

（五）东北黑土地保护利用力度不断加大 2018年，中央财政安排8亿元资金，支持东北4省区扩大保护利用范围。在32个县（市、区、旗、农场）开展东北黑土地保护利用项目，其中在已有3年试点基础的县中遴选出8个县开展整建制推进试点，新增加24个基础条件好、技术成熟的项目县开展示范，示范区面积58.6万公顷。集成推广秸秆还田、有机肥施用、肥沃耕层构建、土壤侵蚀治理、深松深耕等技术模式。据统计，项目县已完成秸秆还田23万公顷，机械深松3.7万公顷，有机肥施用1万公顷。同时通过创新服务方式，引导种植大户、新型农业经营主体和社会化服务组织参与黑土地保护。推动黑土地用养结合的保护性利用，对遏制黑土退化发挥了积极作用。

（六）耕地质量保护监督与技术支撑体系得到强化 积极推进检测体系建设。启动耕地质量标准化验室考核工作，组织开展土壤检测技术能力验证，96家部省级质检机构合格率为88.5%，确保检测质量。启动国家土壤样品库建设工作。2018年，配合自然资源部等单位联合开展2016—2020年省级政府耕地保护责任目标期中检查，严格省级政府耕地保护责任目标考核，督促地方落实耕地保护共同责任，严格耕地质量保护责任监督考核。组建了第3届农业农村部耕地质量建设专家指导组，加强耕地质量技术指导。

（七）耕地保护管理工作更加完善 加强永久基本农田保护。会同自然资源部制修订永久基本农田管理法律法规和办法，共同下发《关于加强和改进永久基本农田保护工作的通知》。完善设施农用地管理。会同自然资源部修改完善《关于规范和加强设施农用地管理的通知》，通过完善设施农业用地政策，强化农用地用途监管，支持设施农业规范有序发展。研究起草设施农业用地分类标准的工作方案，启动相关专题研究工作。配合有关部门继续做好耕地占补平衡相关工作。会同自然资源部、财政部、国家发展改革委等部门，进一步细化完善跨省域补充耕地国家统筹管理办法。调度全国补充耕地质量验收评定工作，形成《2018年全国补充耕地质量验收评定工作报告》。

（八）国际交流顺利推进 利用国际组织平台，积极宣传中国耕地质量保护的有关做法，加强与有关国际组织在政策对话、技术交流、人才建设等领域方面的合作。积极参与粮农组织（FAO）全球土壤伙伴关系（GSP）有关活动，组织有关专家参加全球土壤伙伴关系第6次年会，与国际组织交流了中国耕地质量管理相关工作。支持全球土壤伙伴关系（GSP）在黑龙江省哈尔滨市召开国际黑土联盟第一次全会，推荐国内专家申报联合国粮农组织举办的"格林卡世界土壤奖"，不断扩大我国相关工作领域的工作影响力。

农业农村水利建设

2018年，水利部门积极践行"节水优先、空间均衡、系统治理、两手发力"的治水思路，认真落实"水利工程补短板、水利行业强监管"水利改革发展总基调，农业农村水利建设各项工作取得了显著成效。

（一）农村饮水安全巩固提升工程建设加快推进 加快推进农村饮水安全巩固提升工程建设，国家发展改革委、水利部下达中央资金76.3亿元，重点用于补助有脱贫攻坚任务的25个省份和新疆生产建设兵团建档立卡贫困人口农村饮水安全巩固提升工程建设。2018年全国完成农村饮水安全巩固提升工程建设投资523亿元，受益人口7 800多万人，推动解决了436万建档立卡贫困人口的饮水安全问题。截至2018年底，全国农村集中供水率达到86%，农村自来水普及率达到81%。安徽、湖北、甘肃等6个省已全面完成农村饮水安全脱贫攻坚任务。对全国农村饮用水水源地情况进行摸底调查，基本摸清1.2万多处农村万人以上供水工程水源地情况，联合生态环境部共同推进农村饮用水水源地保护工作。会同有关部委完成2017年度农村饮水安全巩固提升考核，通报29个省份考核结果。按照"水利行业强监管"要求，先后开展了两批次暗访检查和专项调研，随机暗访了26个省区75个县556个用水户，对206处工程的供水状况、运行管理、水价水费、用水户满意度进行了摸底。加大技术培训指导力度，围绕水源保护、净化消毒、水质检测和工程建设管理等方面进行技术培训，各地累计对8.6万名农村饮水工程建设管理人员进行了培训。

（二）灌区续建配套和农业节水取得新成效 持续加大灌排骨干工程节水改造力度，实施大中型灌区节水配套改造。2018年度中央预算内水利投资80亿元，支持21个省区及新疆生产建设兵团的221处大型灌区和新疆南疆24处中型灌区续建配套与节水改造，全年新增、恢复灌溉面积23.13万公顷，改善灌溉面积171.2万公顷，新增年节水能力11.5亿立方米。全力推进《政府工作报告》提出的新增133.33万公顷高效节水灌溉面积任务落实，组织各地开展喷灌、微灌、管灌等高效节水灌溉工程建设，全年落实高效节水灌溉建设资金307.7亿元，新增高效节水灌溉面积143.87万公顷，新增节水能力18.4亿立方米。2018年全国灌溉水有效利用系数达到了0.554，有效提高了农业灌溉用水效率和效益，促进了农业节水。四川

都江堰、广西灵渠、浙江姜席堰、湖北长渠4处灌溉工程成功入选世界灌溉工程遗产名录，截至2018年底，我国已有17处灌溉工程列入世界灌溉工程遗产名录，成为拥有世界灌溉工程遗产类型最丰富、效益最突出、分布最广泛的国家。

（三）水环境治理和水生态修复进一步强化 各地河长湖长体系进一步延伸到村，设立村级河长湖长（含巡河员、护河员）90多万名。部署开展全国河湖"清四乱"（乱占、乱采、乱堆、乱建）专项行动，全面摸清和清理整治"四乱"问题，持续改善河湖面貌。继续在水土流失严重区域实施国家水土保持重点工程，2018年，共下达水土保持中央资金61.8亿元，完成水土流失综合治理面积9 891平方千米。持续推进农村水电绿色改造，全年完成571条河流、1 191个生态改造项目和1 368座水电站的增效扩容改造，修复减脱水河段1 000多千米。以保障生态流量为重点，结合农村水电增效扩容改造和河流生态修复，实施绿色小水电站创建，121座水电站成功创建为绿色小水电站。

（四）农村水利水电扶贫力度不断加大 全力支持贫困地区农村水利基础设施建设，共安排15个省区贫困地区大型灌区续建配套与节水改造项目年度投资计划32.2亿元，其中中央投资25.2亿元；安排832个贫困县中央财政农田水利建设资金约89亿元，用于开展田间渠系配套、"五小水利"工程和高效节水灌溉等小型农田水利工程建设，改善贫困地区灌溉面积240多万公顷，有效解决了因水致贫的突出问题。着力实施好农村水电扶贫工程，2018年国家安排中央投资5亿元，落实项目36个；自2016年以来累计已投产项目60个，装机容量31.8万千瓦，累计上缴扶贫收益7 000多万元，已向3万多建档立卡贫困户兑现了扶贫收益。

农业资源环境保护

2018年，农业资源环境保护突出绿色导向，注重政府市场协同推动，坚持政策、技术、工作、考核措施"四位一体"，打好农业农村污染治理攻坚战，促进农业绿色发展。化肥农药用量双双实现负增长，全国畜禽粪污综合利用率不断提高，秸秆综合利用率达到85.5%，示范县农膜回收率近80%，农产品产地土壤环境监测网络初步建立，农业生物多样性保护工作稳步推进。

（一）政策引导得到强化

1. 加强法制建设。2018年，国家出台了《土壤污染防治法》，为耕地土壤环境管理提供根本保障。贯彻落实《水污染防治法》《大气污染防治法》《固体废物污染环境防治法》《野生植物保护条例》等现有法律法规有关要求，依法加强农业资源环境保护工作。加快制定《农膜管理办法》，明确生产、流通、使用、回收利用等各环节的监管责任，建立全程监管体系。

2. 加大政策创设力度。2018年，农业农村部印发了《关于深入推进生态环境保护工作的意见》，联合有关部门印发《农业农村污染治理攻坚战行动计划》《关于加快推进长江经济带农业面源污染治理的指导意见》等政策文件，落实《全国农业可持续发展规划（2015—2030年）》《重点流域农业面源污染综合治理示范工程建设规划（2016—2020年）》等重要规划，进一步完善农业农村生态环境保护制度体系。

3. 加强督导考核。把化肥减量、农业废弃物处理纳入对省级农业农村部门的延伸绩效考核。依托畜禽规模养殖场直联直报信息系统数据，对各省畜禽粪污资源化利用工作进行考核评价。加强地膜新国家标准宣贯，规范地膜生产企业行为，将地膜列入2018年全国农资打假和监管范围。将耕地土壤环境质量类别划分及土壤与农产品协同监测纳入粮食安全省长责任制考核。

（二）示范带动得到强化

1. 实施农业绿色发展重大行动。开展150个果菜茶有机肥替代化肥示范县建设，集成推广一批典型生产技术和生产运营模式。在300个畜牧大县开展畜禽粪污资源化利用整县治理，支持规模养殖场和第三方建设粪污处理设施，集成推广畜禽粪污资源化利用技术。在东北、华北地区150个县开展秸秆综合利用，大力推进秸秆肥料化、饲料化、燃料化、基料化、原料化。在西北地区100个用膜大县开展地膜回收行动，推进回收利用体系建设，防治"白色污染"。在长江流域332个水生生物保护区逐步实行禁捕，组织实施长江江豚、中华白海豚等物种拯救行动计划，强化珍稀濒危物种及栖息生境保护修复。

2. 推进耕地土壤污染治理修复。在江苏、河南、湖南3省6县开展耕地土壤环境类别划分试点，探索耕地土壤环境质量分类方法。研究制定轻中度污染耕地安全利用与治理修复推荐技术名录，涵盖农艺调控类、土壤改良类和生物修复类等技术模式，为各地落实安全利用提供技术支持。在湖南长株潭地区实施耕地重金属污染修复及种植结构调整试点，探索可借鉴、可复制、可推广的治理模式。

3. 开展农业面源污染综合治理示范。在洞庭湖、鄱阳湖、太湖等重点流域，新建25个综合示范区，加大源头控制，实施农田面源污染综合防控、畜禽养殖污染治理、水产养殖污染防治、农业废弃物循环利用四类工程，为全面实施农业面源污染治理提供示范样板和经验。

4. 抓好生态循环农业示范。在全国不同类型地区建设了13个现代生态农业基地，遴选了

100个以沼气为纽带的循环农业示范样板，凝练形成了6大生态农业模式和23项重点技术，推进"主体小循环、园区中循环、县域大循环"。

（三）调查监测得到强化

1. 第二次农业污染源普查全面开展。在全国300个种植业源监测点、180个畜禽养殖业源监测点开展原位监测，在100个县开展水产养殖污染原位监测和产排污系数测算。在全国30万个种植业源典型地块、6.4万个养殖户和所有规模化养殖场开展抽样调查，在260个县开展地膜使用和残留情况调查，在120个县开展秸秆产生和利用情况调查。

2. 耕地土壤环境监测网逐步完善。配合生态环境部开展土壤污染状况详查，基本查明农用地土壤污染的面积、分布及其对农产品质量的影响。在全国范围内布设4万个国控监测点位，建立农产品产地土壤环境监测国控网络，开展长期例行监测。

3. 农业生物多样性调查监测不断加强。完成2018年度野生稻、野生大豆等重要物种资源调查，新收集物种资源2 000余份，累计收集各类优异种质资源4.4万份。强化外来入侵物种监测预警，利用卫星遥感技术对南方11省20个重点水域外来入侵植物开展监测。

水生生物资源养护与水域生态修复

（一）资源养护制度进一步完善

1. 黄河禁渔期制度出台实施。2018年，农业农村部发布《关于实施黄河禁渔期制度的通告》，并在河南小浪底水库组织开展黄河禁渔期制度启动仪式，在《人民日报》刊发解读黄河禁渔期制度的文章，在《农民日报》、新闻联播、CCTV－7等媒体开展黄河禁渔期制度宣传，黄河禁渔期制度正式实施。

2. 重要经济鱼类最小可捕标准及幼鱼比例管理制度实施。农业农村部发布《关于实施带鱼等15种重要经济鱼类最小可捕标准及幼鱼比例管理规定的通告》，向沿海各省发放通告宣传页和宣传彩页。

3. 海洋伏季休渔制度进一步优化完善。连续两年对伏季休渔制度进行调整完善，2018年将定置作业休渔时间由各地自定不少于三个月，统一为5月1日休渔，时间不少于三个月，规定为捕捞渔船配套服务的捕捞辅助船休渔时间原则上执行所在海域的最长休渔时间规定，以进一步加强对产卵亲体和幼鱼的保护以及对捕捞辅助船的监管。

（二）海洋牧场建设和管理顺利推进

1. 海洋牧场可持续有序发展。农业农村部提出了支持海南海洋牧场建设的方案，联合国家发改委指导山东省制定《现代化海洋牧场建设综合试点方案》。召开全国海洋牧场建设工作现场会，传达中央领导同志关于海洋牧场的重要指示批示精神，展示海洋牧场建设成就，总结交流推广海洋牧场建设先进经验和成功模式，研究部署下一步海洋牧场建设工作。

2. 加强国家级海洋牧场示范区建设管理。组织各省创建第四批国家级海洋牧场示范区。新建国家级海洋牧场示范区22个，国家级海洋牧场示范区数量达到86个。加强国家级海洋牧场示范区管理，发布《国家级海洋牧场示范区年度评价及复查办法（试行）》。

3. 加强人工鱼礁建设项目监管。进一步加强人工鱼礁项目管理，发布《人工鱼礁建设项目管理细则》。及时调度人工鱼礁项目实施进展情况，组织开展项目督查，严把建设质量和效果。组织对申报2018年人工鱼礁项目的实施方案进行专家审查，提出项目安排建议。组织开发国家级海洋牧场示范区管理信息系统，将人工鱼礁项目实施纳入系统管理相关模块，实现项目申报、审核、进展汇报、验收的电子化。

（三）积极开展水生生物增殖放流

1. 组织实施好重大增殖放流活动。在江西鄱阳湖组织开展第四届"全国放鱼日"同步增殖放流活动。活动期间全国举办增殖放流活动300多场，增殖各类水生生物苗种近50亿尾。分别与河南省、中海油、辽宁省、福建省和青海省联合举办省部联办水生生物增殖放流活动。2018年全社会共投入增殖放流资金超过11亿元，开展增殖放流活动2 000余次，放流各类苗种超过374亿尾。

2. 进一步加强增殖放流规范管理。2018年，农业农村部以办公厅印发了《实施水生生物增殖放流供苗单位违规通报制度的通知》，进一步加强水生生物增殖放流苗种供应单位监管。发布第六批珍稀濒危水生野生动物增殖放流苗种供应单位。

（四）渔业资源环境保护其他方面工作

1. 加强国家级水产种质资源保护区管理。农业农村部组织对第十一批国家级水产种质资源保护区面积范围和功能分区进行了实地复核，公布了第十一批国家级水产种质资源保护区面积范围和功能分区。印发《国家级水产种质资源保护区调整申报材料编制指南》和《关于进一步明确涉渔工程水生生物资源保护和补偿有关事项的通知》，进一步加强对水产种质资源保护区的管理。

2. 组织开展渔业水域环境监测。农业农村部与环保部联合发布《中国渔业生态环境状况公报（2017）》。制订2018年渔业生态环境监测方案，组织全国渔业生态环境监测网成员单位，对海洋和内陆重要天然渔业水域和养殖水域环境状况进行监测。组织开展水产养殖业面源污染普查。

（五）加强水生野生动植物保护与管理

1. 扎实推进建章立制。发布《濒危野生动植物种国际贸易公约附录物种核准为国家重点保护水生野生动物名录》。加快推进《水生野生动物保护实施条例》《国家重点保护水生野生动物及其制品价值核算办法》《水生野生动物及其制品罚没管理办法》《水生野生动物收容救护管理办法》《水生野生动物利用特许办法》等配套法规规章制修订工作。参与最高法《关于审理破坏野生动物资源刑事案件具体应用法律若干问题的解释》起草工作。

2. 广泛开展保护宣传。组织制作中国水生野生动物保护宣传片，编制《水生野生动物保护 中国在行动》《中国珍稀濒危水生野生动物保护》《水生生物放生手册》等宣传材料。举办第九届水生野生动物保护宣传月。利用中华白海豚保护宣传日、世界海龟日、放鱼日等重要时间节点，开展大型宣传活动，各大主流媒体纷纷报道，其中央视网对世界海龟日主题宣传活动的现场直播点击率达500多万次。

3. 切实加强重点物种保护管理。开展海龟保护联合执法，联合海关、工商、海警、濒管办在全国开展了为期一个月的专项执法行动，共出动执法人员5万余人次、执法车（船）近1万辆（艘）次，共查获救助海龟28只、处理行政案件12起、移交司法案件3起、发放宣传材料10万余份、宣传教育30多万人次。组织海洋馆内在养海龟普查，为下一步制定管理措施提供基础。印发《海龟保护行动计划（2019—2033）》，对未来一个时期内的全国海龟保护工作做出部署。成立斑海豹保护联盟和海龟保护联盟，组织落实好斑海豹和中华白海豚保护行动计划。支持汕头大学等单位召开鲸豚物种保护国际研讨会。

4. 广泛开展对外交流和国际履约。参加第30届CITES动物委员会和第69届常委会，积极应对水生野生动物相关议题。加强与美国、德国、欧盟等国家和地区CITES履约交流，参加欧盟环境署野生动植物执法工作组会议，参与黄海大海洋生态系项目。加强与自然资源保护协会（NRDC）、世界自然保护联盟（IUCN）、保护国际基金会（CI）等非政府组织的交流合作，促进相互理解，推动保护工作的开展。组建新一届濒危水生野生动植物种科学委员会，提高履约能力。

5. 做好水生野生动物行政审批。农业农村部办公厅印发了《关于规范濒危野生动植物种国际贸易公约附录水生动物物种审批管理工作的通知》，进一步明确了相关物种的人工繁育、出售购买利用和进出口审批的管理要求。持续深化"放管服"改革部署要求，取消水生野生动物及其产品进出口初审，切实提高审批效率和便民服务水平。认真组织开展水生野生动物繁育研究、科普展示等特许活动的评估工作，进一步加强海洋馆、水族馆等展演场馆水生野生动物利用管理。

乡风文明建设

2019 中 国 农 业 农 村 发 展 报 告

乡风文明建设

总体状况

2018年，农业农村部会同中央宣传部、中央文明办、文化和旅游部等多个部门积极行动，按照中央乡村文化振兴相关部署要求，加大部门间协同配合，共同推动乡风文明建设，取得了积极成效。

（一）农村思想道德建设不断加强　农业农村部深入学习贯彻习近平新时代中国特色社会主义思想，面向农村教育引导广大党员加强理论武装，深入基层密切联系群众，加强宣传和舆论引导，为实施乡村振兴战略营造良好社会氛围。建设新时代文明实践中心试点工作顺利开展，乡村移风易俗积极推进。中宣部、中央文明办等组织开展全国学雷锋志愿服务"四个100"先进典型宣传推选活动，中央文明办评选出1 493个全国文明村镇。各地积极开展"星级文明户"创建，深化"五好家庭""最美家庭"创建，举办家庭文明建设巡礼活动，组织开展"家风评议"、网上家风交流展示活动，推动形成爱国爱家、相亲相爱、向上向善、共建共享的社会主义家庭文明新风尚。

（二）乡村优秀传统文化保护传承工作稳步推进　农业农村部以重要农业文化遗产为抓手，切实推动优秀农耕文化建设，开展第五批中国重要农业文化遗产申报，加强农业非物质文化遗产二十四节气保护传承，加大中国传统村落财政支持力度。2018年，山东夏津黄河故道古桑树群、南方山地水稻梯田系统入选全球重要农业文化遗产。

（三）农村公共文化事业持续发展　2018年，全国县及县以下文化单位文化事业费503.37亿元，农村文化事业投入力度进一步加大。乡村文化工作队伍更加健全，基础设施建设更加完善，文化服务供给水平不断提高。第七届中国农民歌会成功举办，多种形式的文化志愿服务、戏曲进乡村活动和文化科技卫生"三下乡"活动扎实开展，乡村文化产品和服务供给不断得到增强。

（四）农民精神文化生活日益丰富　牵头成功举办首届"中国农民丰收节"庆祝活动，习近平总书记代表党中央向全国亿万农民致以节日的问候和良好的祝愿，实现了农民节日农民办、农民节日农民乐、农民节日全民乐。推动全国艺术表扬团体赴农村演出，会同相关部门联合举办"我们的中国梦——文化进万家活动",指导推动农民体育健身活动在农村推广普及。

加强农村思想道德建设

（一）农业农村系统服务"三农"意识不断提高 农业农村部深入学习贯彻习近平新时代中国特色社会主义思想和"三农"工作重要论述,作为实施乡村振兴战略、做好新时代"三农"工作的行动指南。面向农村教育引导广大党员干部加强思想理论武装,努力当好党的强农惠农政策宣传员、讲解员,让普通农民群众听得懂、记得住、用得好。深入基层密切联系群众,继续开展"百乡万户"调查活动,120名农业农村部机关干部分赴30个省区市、60个村开展驻村调研,宣讲政策、察实情、出实招、求实效,为谋划乡村振兴战略提供了第一手资料。组织农业农村部机关18个业务司局和37个直属单位党组织与71个贫困村党组织开展结对帮扶,增强了基层党组织带领农民脱贫攻坚的战斗堡垒作用。围绕中央赋予新组建的农业农村部统筹实施乡村振兴战略的重要职责,加强与各方媒体沟通对接,加大宣传和舆论引导力度。通过农民日报"机构改革进行时"专栏、央视新闻联播、焦点访谈等重点栏目,连续报道中央关于乡村振兴战略的重大部署和要求,发布权威声音,唱响主旋律,为实施乡村振兴战略营造良好的社会氛围。

（二）农村基层思想道德建设步伐逐步加快 中共中央办公厅印发《关于建设新时代文明实践中心试点工作的指导意见》,在全国选择12个省的50个县（市、区）进行试点,以公益志愿服务为载体,整合文化馆、文化活动广场等阵地资源,改进农村基层宣传思想文化工作和精神文明建设,打通"宣传群众、教育群众、关心群众、服务群众"的"最后一公里"。以农村信息和农业技术公益服务为抓手,积极指导试点地区参与新时代文明实践中心建设。加大信息进村入户工程实施力度,新增天津、河北、福建、山东、湖南、广东、广西、云南8省区市开展整省推进示范。截至2018年底,全国共建成并运营益农信息社27.2万个,累计培训村级信息员78.6万人次,提供公益服务9 579万人次。加强农业技术推广和服务,建设集科学普及、示范展示、技术指导、农民培训等多功能、综合性的农业科技服务平台,通过互联网、移动通信、广播电视等渠道,组织先进适用农业技术推送,为广大农民和新型农业经营主体提供精准实时的指导服务。

（三）农村精神文明建设得到加强 农业农村部会同中央农办等单位研究起草《关于进一步推进移风易俗建设文明乡风的指导意见》。中宣部、中央文明办等牵头组织开展全国学雷锋志愿服务"四个100"先进典型宣传推选活动,包括100个最美志愿者、100个最佳志愿服务组织、100个最佳志愿服务项目和100个最美志愿服务社区。积极培育和践行社会主义核心价值观,大力弘扬奉献友爱互助进步的志愿精神。中央文明办推进文明城镇创建,围绕乡村振兴战略,细化"乡风文明"指标并增加权重。2018年中央文明办评选出1 493个全国文明村镇。指导各地开展"星级文明户"创建,深化"五好家庭""最美家庭"创建,举办家庭文明建设巡礼活动,组织开展"家风评议"、网上家风交流展示活动,推动形成爱国爱家、相亲相爱、向上向善、共建共享的社会主义家庭文明新风尚。

保护传承乡村优秀传统文化

2018年,中国重要农业文化遗产发掘保

护工作紧紧围绕党中央国务院关于加强中华传统优秀农耕文化保护传承的决策部署，不断深化挖掘保护、大力宣传推广，工作取得积极进展。截至2018年底，联合国粮农组织共认定了57项全球重要农业文化遗产，其中我国有15项，位居第一。

（一）政策支持力度持续加大 2018年中央1号文件提出："要切实保护好优秀农耕文化遗产，推动优秀农耕文化遗产合理适度利用。"中共中央、国务院印发的《乡村振兴战略规划（2018—2022）》明确指出："实施农耕文化传承保护工程。按照在发掘中保护、在利用中传承的思路，制定国家重要农业文化遗产保护传承指导意见。开展重要农业文化遗产展览展示。充分挖掘和弘扬中华优秀传统农耕文化，加大农业文化遗产宣传推介力度。"2018年中央国家机构改革，组建农业农村部，成立农村社会事业促进司，负责指导优秀农耕文化建设。各地也纷纷将重要农业文化遗产保护工作列为"三农"和实施乡村振兴战略的重点工作，出台相应政策措施，浙江省还首次将中国重要农业文化遗产纳入国民经济和社会统计公报，成为衡量经济社会发展的重要指标。

（二）理论研究成果不断增加 2018年，我国相关领域专家围绕中国重要农业文化遗产保护传承前沿问题开展深入研究，在国内外权威期刊发表论文百余篇，出版专著10余部，完成国家社科基金研究项目两项。中国农学会农业文化史分会组织召开全国农业文化遗产学术研讨会，并形成一大批研究成果。我国农业文化遗产研究方兴未艾，为推动农业文化遗产保护传承工作提供了有力的理论支撑。

（三）挖掘保护工作取得新进展 农业农村部启动第五批中国重要农业文化遗产申报认定工作。山东夏津黄河故道古桑树群、南方山地稻作梯田系统入选全球重要农业文化遗产保护名录。农业农村部组织中国重要农业文化遗产地结合自身特点开展丰富多彩的庆祝丰收节系列活动，彰显中华优秀农耕文化悠久厚重的独特魅力。福建、江苏等省深入开展农业文化遗产资源普查，发布普查成果，建立名录制度，遗产挖掘力度不断加强。江苏省兴化市开展重要农业文化遗产评估，全面评价垛田系统的经济、社会、文化、品牌价值，发布评估报告，为建立重要农业文化遗产评价体系提供有益参考。云南省普洱市颁布实施《古茶树资源保护条例》，浙江省绍兴市颁布实施《绍兴会稽山古香榧群保护条例》，地方立法相继启动，中国重要农业文化遗产保护进入法治化轨道。中国农业博物馆会同中国民俗学会、相关社区共同推进农业非物质文化遗产二十四节气保护传承。指导河南省登封市、湖南省花垣县、浙江省遂昌县等地方开展丰富多彩的民俗活动，促进传统节庆活态传承。组织编辑出版《二十四节气研究文集》，编纂完成《人类非物质文化遗产代表作——二十四节气》（中英文对照）丛书。举办"二十四节气摄影作品展"，展览展出了300余幅二十四节气优秀摄影作品，并走进学校社区进行巡展。

（四）传统村落保护继续加强 农业农村部会同住房和城乡建设部等6部委发布《关于公布2018年列入中央财政支持范围中国传统村落名单的通知》，将北京市门头沟区王平镇东石古岩村等444个中国传统村落技术文件备案并列入2018年第一批中央财政支持范围；将河北省石家庄市平山县杨家桥乡九里铺村等156个中国传统村落列入2018年第二批中央财政支持范围。

（五）社会影响力进一步提升 《世界遗产》《中国投资》《旅游与摄影》《农民日报》等报刊陆续推出农业文化遗产专刊，系统介绍中国和全球重要农业文化遗产相关情况。中央电视台多个栏目先后播出有关农业文化遗产的专题报道或专题纪录片。中国农业博物馆举办中国和全球重要农业文化遗产主题展，全面系统介绍中国和全球重要农业文化遗产的基本情况。内蒙古敖汉旗拍摄了我国首部以重要农业文化遗产为题材的微电影《谷香之恋》，荣获第五届亚洲微电影艺术节海棠奖，重要农业文化遗产的国内国际影响力不断提升。

（六）**国际交流合作持续加强** 中国是联合国粮农组织全球重要农业文化遗产工作的最早响应者、坚定支持者、成功实践者、重要推动者。粮农组织多次盛赞中国是全球农耕文明保护的"领军者"。多年来，中国农业农村部一直积极向其他国家分享经验做法。连续在华举办六期全球重要农业文化遗产高级别培训班，来自近80个国家的150名政府官员参加了培训，有效提升了发展中国家的农业文化遗产工作意识和能力，宣传了我国优秀农耕文化。

农村文化事业

2018年，农村文化工作坚持稳中求进的工作总基调，坚持以人民为中心的工作导向，推动农村文化事业不断前进。

（一）**农村文化事业投入力度进一步加大** 2018年，全国文化事业费928.33亿元，比上年增加72.53亿元，增长8.5%；全国人均文化事业费66.53元，比上年增加4.96元，增长8.1%。县及县以下文化单位文化事业费503.37亿元，占54.2%，比重比上年提高了0.7个百分点。

（二）**乡村文化公共服务体系更加健全** 2018年，进一步贯彻落实《中华人民共和国公共文化服务保障法》，开展乡镇综合文化站专项治理，完成第三批国家公共文化服务体系示范区（项目）验收、第四批国家公共文

化服务体系示范区（项目）创建持续提升公共文化服务效能。全国乡村文化工作队伍更加健全，基础设施建设更加完善，文化服务的整体供给水平不断提高。截至2018年底，全国共有乡镇综合文化站33 858个，农家书屋58.7万家，向广大农村配送图书突破11亿册，在增强农民文化自信、保障农民基本文化权益、加强农村公共文化服务体系和农村精神文明建设等方面发挥了重要作用，有力推动了精准扶贫和乡村振兴战略实施。2018年农家书屋重点出版物推荐目录，共推荐重点图书1 732种、报纸33种、期刊153种、音像制品和电子出版物136种、少数民族文字图书284种。

（三）**文化科技卫生"三下乡"活动有序开展** 中宣部、中央文明办等15部委联合组织开展2018年文化科技卫生"三下乡"活动，深入实施乡村振兴战略，助力精准扶贫，补齐"精神短板"。中宣部等中央部门牵头举办的集中示范活动中，共赠送、安排资金合计1.2亿元，涉及相关省、市两级配套安排资金超过14亿元。中宣部、共青团中央等部门联合组织开展全国大中专学生志愿者暑期文化科技卫生"三下乡"社会实践活动，组织广大青年学生以实际行动助力精准扶贫，服务乡村振兴战略，切身感受改革开放40年取得的伟大变革。通过形式多样的"三下乡"活动，助力补齐发展民生和精神短板，让亿万农民有更多实实在在的获得感、幸福感、安全感。

丰富农民群众精神文化生活

（一）**农村文化活动丰富多彩** 2018年，全年全国艺术表演团体共演出312.46万场，比上年增长6.4%，其中赴农村演出178.82万场，赴农村演出场次占总演出场次的57%。2018年元旦春节期间，中宣部、文化部、国家新闻出

版广电总局、中国文联等单位联合开展"我们的中国梦——文化进万家活动"。中宣部等组织了120支中央级文化文艺小分队，为开展好文化进万家活动作出示范。全国31个省区市和新疆生产建设兵团党委宣传部也精心安排、广泛组织，文化文艺小分队总量达9 000余支，形成了从中央到省、市、区、县全面联动的格局，极大地丰富了农村文化文艺活动。

（二）中国农民丰收节成功举办 经中央批准、国务院批复，将每年农历秋分设立为"中国农民丰收节"。按照中央要求牵头组织谋划，首届"中国农民丰收节"庆祝活动在各地成功举行。习近平总书记代表党中央，向全国亿万农民致以节日的问候和良好的祝愿。活动组委会举办了"1+6+N"的庆祝活动，在北京设立主会场，胡春华副总理出席主会场活动并致辞。全国设立6个分会场体现中国农耕文明的区域特点，同时策划了100多个系列活动。各地农民迎丰收、晒丰收、庆丰收，用秋收的累累硕果和农事竞赛、文艺汇演等精彩纷呈的活动，欢庆自己的节日，在社会各界大力支持下，在县乡村等基层共举办5 000多场庆祝活动，现场参与农民超过3 000万人，实现了农民节日农民办、农民节日农民乐、农民节日全民乐。

（三）农村体育活动蓬勃开展 中国农民体育协会不断创新活动形式，以第二届全国农民体育健身大赛为龙头，举办了全国乡村农耕趣味（种植业）健身交流活动暨陕西省第三届"休闲农业·大美田园"趣味运动会、全国农民赛羊邀请赛暨尚义县第十五届赛羊会、全国农民气排球邀请赛暨湖北省农民体协气排球业余联赛等全国性农民体育活动，丰富了基层农村精神文化生活。其中，第二届全国农民体育健身大赛将办赛地点设在农业园区和村屯，组织多项农耕趣味项目，得到了广大农民群众的欢迎，余欣荣副部长出席并宣布大赛开幕。在北京和四川组织举办2场全国农民广场舞（健身操舞）教练员、裁判员培训班，培训农村基层健身骨干，有效带动各地农民体育活动开展。同时，指导各地广泛开展各类农民文体活动，宁夏回族自治区农民体协实施"体育下乡、篮球进村"工程，重庆市每年连续举办全市农民水果采收运动会等，进一步推动了农民体育健身活动在农村推广普及，在全社会进一步营造崇尚健身、参与健身的良好氛围。

乡村治理

2019 中 国 农 业 农 村 发 展 报 告

乡村治理

总体状况

2018年，中央组织部、公安部、民政部、文化和旅游部、农业农村部等部门认真贯彻党中央、国务院对加强乡村治理体系建设的总要求，统筹安排，协调推进，取得预期成效。

（一）基层党组织建设取得新成绩　党的十八大以来，从严治党向下延伸，基层党组织建设全面推进。《中国共产党农村基层组织工作条例》的修订工作全部完成，农村基层党组织建设不断完善，队伍组成不断优化。农村基层党组织在村集体经济发展、乡村治理中发挥的作用更加明显，党建工作与业务工作结合更为紧密。2018年，建立党组织的行政村达到54.5万个，覆盖率超过99%。

（二）乡村治理体系不断健全　各级部门以乡村振兴战略为指引，对乡村治理办法进行了积极的实践和创新，出现了一系列好的做法和好的案例。各地方以制定乡村振兴规划为契机，对各自的乡村治理建设进行深入思考，提出了相应的发展目标。经过一年的发展，乡村自治、德治、法制水平进一步提升，农村社会治安环境继续改善，治理体系不断健全。

（三）人才队伍建设有序推进　农业农村部始终坚持以习近平新时代中国特色社会主义思想为指导，从机制创新、人才培养等多方面着手，培养了一支懂农业、爱农村、爱农民的农业农村人才队伍。在各级政府努力协调配合下，农业农村人才管理机制不断完善，农村人才培养环境持续优化。各部门积极开展农村实用人才带头人、大学生"村官"、高素质农民示范培训，加强农业科技推广人员队伍建设，农业农村人才队伍的整体实力不断壮大。

加强农村基层党组织建设

党的十九大提出实施乡村振兴战略，同时明确提出要以提升组织力为重点，突出政治功能，把基层党组织建设成为宣传党的主张、贯彻党的决定、领导基层治理、团结动员群众、推动改革发展的坚强战斗堡垒。习近平总书记在乡村振兴的"五个振兴"中明确提出"组织振兴"的要求，多次强调，办好农村的事，要靠好的带头人，靠一个好的基层党组织。2018年，中央组织部认真贯彻落实党的十九大精神和习近平总书记重要指示精神，扎实推进抓党建促乡村振兴，召开全国组织部长会议、基层党建工作重点任务推进会进行部署推动，充分发挥农村基层党组织的组织优势、组织功能、组织力量，为新时代乡村全面振兴提供坚强政治和组织保证。

（一）《中国共产党农村基层组织工作条例》的修订工作全部完成　按照党中央要求，中央组织部对《中国共产党农村基层组织工作条例》进行了全面修订，党中央于2018年12月28日印发。《条例》以习近平新时代中国特色社会主义思想为指导，贯彻党章和新时代党的建设总要求、新时代党的组织路线，把强化农村基层党组织领导地位作为一条红线贯穿始终，对农村基层党组织的总体定位、组织设置、职责任务、体制机制、议事决策、保障支持等作出一系列规定。《条例》从打赢脱贫攻坚战、实施乡村振兴战略的任务需要出发，明确了农村基层党组织在经济建设、精神文明建设和乡村治理等方面的重点工作，推动农村基层党组织和党员在抓乡村振兴重大任务落实中充分发挥作用。《条例》的颁布实施，为加强新时代党的农村基层组织建设提供了基本遵循，对于坚持和加强党对农村工作的全面领导、推动乡村全面振兴、巩固党在农村的执政基础，具有重要意义。

（二）农村党组织带头人队伍整体优化提升　全面落实村党组织书记县级党委备案管理制度，推动县委严把选任标准关、人选质量关、人员任免关，统筹教育培训、考核监督、激励保障等，建立县委主导、县乡联动、全程把关的工作机制，着力选优配强村党组织书记。拓宽选人渠道，推动各地加大从本村致富能手、外出务工经商返乡人员、本乡本土大学生、退役军人中选拔的力度。2018年进行村"两委"换届的10个省区市集中调整优化村党组织书记队伍，其中湖北省新调整村党组织书记10 877人，调整面达47.9%。结合扫黑除恶专项斗争对村"两委"成员进行县级联审，全面排查清理受过刑事处罚、存在"村霸"和涉黑涉恶等问题的村干部，净化村干部队伍；集中整顿软弱涣散村党组织5.1万个，着力解决黑恶势力和宗教势力干扰渗透、信访和矛盾突出等问题。目前，全国54.3万名村党组织书记中，大专及以上学历的占20.7%，致富带头人占60%。同时，选派23万名驻村第一书记，实现建档立卡贫困村和软弱涣散村全覆盖，其中中央单位选派415人到贫困村任第一书记，各地将1.8万名大学生"村官"安排到贫困村任职，助力打赢脱贫攻坚战这一乡村振兴的优先任务。在加强选配的基础上认真抓好村干部教育培训，计划用3年时间对全国11.6万名边疆民族地区和革命老区村党支部书记全员轮训，其中中央组织部直接培训1万名，普遍落实村党组织书记县级轮训要求。加强村干部日常管理监督，加强关心关爱，推动村干部想干事、干成事、不出事。组织拍摄《榜样》《第一书记扶贫》等电视片，宣传农村基层干部先进典型。

（三）党组织扶持村级集体经济持续壮大　中央组织部会同财政部、农业农村部联合印发《关于坚持和加强农村基层党组织领导扶持壮大村级集体经济的通知》，中央财政资金计划5年支持发展10万个左右行政村，示范带动各地加大政策支持、资金扶持和统筹推进力度。省市两级加强对村级集体经济工作的指导把关，县一级制定实施方案，乡镇具体抓好组织推进，村党组织发挥组织优势，把党员集合起来、把群众凝聚起来，因地制宜发展壮大村级集体经济。截至2018年底，全国经营性收入5万元以上的村有31.5万个，占57.8%，进一步夯实了村级组织办事服务的物质基础，党组织凝聚力战斗力进一步提升。

（四）党组织领导乡村治理机制继续完善 《中国共产党农村工作条例》《中国共产党农村基层组织工作条例》规定，村党组织书记应当通过法定程序担任村民委员会主任和村级集体经济组织、合作经济组织负责人，这是加强村党组织对各类组织统一领导，把党的领导、发扬民主、依法办事在农村基层有机统一起来的一项重要制度设计。各地在村"两委"换届、村干部日常调整中认真落实条例规定，全面推行村党组织书记兼任村委会主任、村级集体经济组织负责人。推动《关于做好村规民约和居民公约工作的指导意见》落实，加强乡镇、村党组织对村规民约制定实施的领导把关。健全村级重要事项、重大问题由村党组织研究讨论机制，全面落实村级重大事项决策"四议两公开"，加大党务村务财务公开力度。建立健全村务监督委员会，加强村务监督。通过新时代文明实践所（站）、农民夜校等，加强党组织对群众的教育引导，推动移风易俗。

（五）农村党员队伍建设不断加强 落实《中国共产党支部工作条例（试行）》，推动村党支部每月相对固定1天开展主题党日，把学习和议事结合起来，把党组织活动和村里中心工作结合起来，用好远程教育等多媒体平台，加强对党员的政治思想训练，每年定期召开组织生活会、开展民主评议党员，为乡村振兴作好思想和组织准备。通过发展党员指导性计划倾斜、领导干部挂点、县级党委组织部定期调度、乡镇建立青年人才党支部等方式，重点督促3年以上未发展党员的村和贫困村加大发展青年农民入党力度，2018年全国共发展35岁以下农牧渔民党员22万名，比上年增长3.7%。通过开展党员联系户、党员户挂牌、承诺践诺、设岗定责等活动，在贫困村组织有帮带能力党员每人至少结对帮扶1户贫困户，推动广

大农村党员在脱贫攻坚、产业发展、人居环境整治等乡村振兴重点任务中当先锋、作表率。

（六）农村基层党建的责任和保障得到强化 中央组织部将抓党建促乡村振兴情况作为市县乡党委书记抓基层党建述职评议考核的重要内容，压实各级党委特别是县级党委主体责任，推动县级党委抓乡促村，持续加强基本队伍、基本活动、基本阵地、基本制度、基本保障建设；实行省委书记带头走遍县，市委书记走遍乡镇，县委书记走遍行政村"三个走遍"，以真抓实干作风推动落实，力戒形式主义、官僚主义。全面落实以财政投入为主的稳定的村级组织运转经费保障制度，推动各地按照不低于9万元标准落实村级组织运转经费、不低于上年度所在县农村居民人均可支配收入2倍标准落实村党组织书记基本报酬，落实正常离任村干部生活补贴，建好管好用好村级组织活动场所，扎实推进乡镇"五小"建设，基层基础保障不断加强。

构建乡村治理体系

2018年，在乡村振兴战略指引下，各级部门以实现乡村"治理有效"为目标，上下一心、真抓实干，进行了积极的实践和创新，乡村治理体系进一步完善。

（一）自治水平稳步提升 2018年中央1号文件提出要坚持自治为基，加强农村群众性自治组织建设，健全和创新村党组织领导的充满活力的村民自治机制。各地方充分发挥自治章程、村规民约的积极作用，在坚持基本章程的基础上，积极探索和鼓励社会组织参与乡村治理，返乡能人参与乡村治理等创新形式。民政部启动第三批全国社区治理和服务创新实验区结项验收工作，经过实验区自我评估、省级部门审核、第三方验收组材料审核和实地验收

等工作程序，北京市西城区、海淀区，天津市河西区，河北省廊坊市广阳区等40个实验区圆满完成各项实验任务。

（二）德治工作持续深化 党的十九大报告将德治列为乡村自治的重要内容，要求加强自治、法治、德治相结合的乡村治理体系建设。2018年中央1号文件也强调要提升乡村德治水平，要求深入挖掘乡村熟人社会蕴含的道德规范，结合时代要求进行创新，强化道德教化作用，引导农民向上向善、孝老爱亲、重义守信、勤俭持家。在中央精神指引下，地方政府深入贯彻、积极落实农村德治建设不断深化。河南省构建乡村振兴"13616"战略框架，提出加强农村思想道德建设、弘扬中原优秀乡村文化、丰富乡村文化生活等重点任务。福建省印发《关于实施乡村振兴战略的实施意见》，要求加强农村思想道德建设，准备启动新一轮文明村镇、文明家庭创建活动，计划到2020年县级以上文明村、文明乡镇比例达50%以上。

（三）农村社会治安环境全面改善 2018年，全国各地深入开展乡村社会治安整治工作。湖南省在总结地区经验的基础上，提出了进一步深化农村新型警务机制改革的任务、目标和要求，部署全面铺开农村辅警队伍建设的要求。云南省牟定县创新推行"一村一警一助理"农村警务机制，全县刑案发案率明显下降，破案率大幅提高。湖北省荆州市改革农村道路交通安全管理办法，创新农村道路"两站两员"建设，农村交通安全面貌得到了明显改观。如今，中国已经成为命案发案率最低的国家之一，人民群众对社会治安和政法队伍的满意度也不断提高。

加强农业农村法治建设

2018年，农业农村部深入学习贯彻习近平新时代中国特色社会主义思想，坚持依法治农、依法兴农、依法护农，以提高依法行政能力和水平为主线，以加强立法协调、加强执法监督、加强普法宣传为重点，大力推进农业农村法治建设，为实施乡村振兴战略，促进农业全面升级、农村全面进步和农民全面发展，加快农业农村现代化提供了坚强有力的法治保障。

（一）农业农村立法工作扎实推进 农业农村部紧扣乡村振兴，加快土地制度改革、农业绿色发展、乡村建设治理等领域的立法建设，积极推进有关法律法规规章的制修订，努力构建科学完备的农业农村法律体系。一是推进法律法规制修订。推进将《渔业法》《农产品质量安全法》等14部涉农法律制修订列入全国人大常委会五年立法规划。做好《农村土地承包法》修改和审议工作，该法经十三届全国人大常委会第七次会议通过。推动《土壤污染防治法》制定工作，该法经十三届全国人大常委会第五次会议通过。二是开展立法协调。办理立法征求意见300多件，就有关法律法规立改废释等问题提出意见建议。研究提出机构改革涉及职责调整变化的法律法规条款修改意见，加强与有关部门协调，做好涉农法律法规修改工作。三是制定部门规章。颁布实施《拖拉机和联合收割机登记规定》《拖拉机和联合收割机驾驶证管理规定》《渔业捕捞许可管理规定》《农业机械试验鉴定办法》《关于修改部分规章的决定》等5部规章。四是开展法规文件清理。根据党中央国务院部署，组织开展法规专项清理，重点对涉及产权保护、"放管服"改革、机构改革、证明事项清理、军民融合发展、生态环境、"一网通办"等相关的农业法律法规和规章规范性文件进行全面梳理，修改或废止部分法规文件。

（二）农业综合行政执法改革取得重大突破 2018年，农业农村部以推进农业综合行政执法改革为重点，积极推动制定农业综合行政执法指导意见，加强农业综合执法规范化建设，不断提升农业执法能力水平。一是深化农业综合执法改革。研究起草并推动中办国办印发《关于深化农业综合行政执法改革的指导意见》。组织召开全国深化农业综合执法改革工作视频会议，全面部署深化改革工作。参与研究制定综合执法队伍着装方案，推进统一执法着装工作。二是认真办理行政复议案件。全年受理行政复议申请178件，办结171件，按时办结率100%。三是加强执法监督和规范化建设。组织农业行政处罚案卷评查，编写执法培训教材，举办地方法治骨干培训班，培训基层法治骨干，促进农业法治队伍业务能力有效提升。四是推进"双随机一公开"监管。根据国务院"双随机"监管全覆盖的要求，清理监督检查事项，修改发布新的随机抽查事项清单，实现随机监督检查事项全覆盖目标。

（三）农业农村普法宣传工作有效实施　以树立宪法权威、强化法治思维、推进依法行政为重点，积极组织机关干部学法用法，开展多种形式的法治宣传教育活动。一是广泛开展宪法学习宣传工作。按照中央要求，深入开展宪法学习宣传和贯彻实施活动，恪守宪法原则，弘扬宪法精神，履行宪法使命。二是利用多种载体进行普法宣传。认真总结改革开放四十年农业农村法治建设取得的成就和经验，利用多种载体进行宣传。加强对全国人大常委会审议新法和涉农法律法规执法检查情况进行跟踪报道，将普法工作贯穿立法执法中。按照普法清单要求，开展丰富多彩的法治宣传教育活动，推动法治进乡村。三是开展"七五"普法规划中期检查评估。坚持以查带促、问题导向，按照"谁执法谁普法"责任制要求，组织开展"七五"普法规划落实的自查自评。提炼各地好做法好经验，通过媒体、简报等进行宣传交流，将普法工作向基层延伸。

"一懂两爱"三农工作队伍建设

农业农村部始终坚持以习近平新时代中国特色社会主义思想为指导，紧紧围绕推动乡村人才振兴，创新体制机制，注重平台打造，抓好示范带动，着力培养一支懂农业、爱农村、爱农民的农业农村人才队伍。

（一）农业农村人才管理机制不断完善　适应机构改革后的新形势新要求，完善机制、深化改革，加强宣传，为农业农村人才发展提供基础保障。及时调整农业农村人才工作领导小组组成，进一步强化"一把手"抓"第一资源"的意识，落实"管行业就要管行业人才"的理念，推动形成全系统上下协调联动，全社会力量充分汇聚的农业农村人才工作格局。深化农业技术人员职称制度改革，进一步体现农业农村领域特点，注重考察农业技术人员的技术性、实践性和创新性，更加突出评价农业技术人员业绩水平和实际贡献，引导人才向艰苦边远地区和基层一线流动。加强舆论宣传引导，充分发挥各类媒体和网络媒介的作用，广泛宣传农业农村人才工作政策、各地农业农村人才工作的好经验、好做法，以及各类人才的成长历程和典型事迹，营造识才、爱才、敬才、用才的良好氛围。

（二）农村实用人才带头人队伍建设继续加强　继续开展农村实用人才带头人和大学生"村官"示范培训，完善"村庄是教室、村官是教师、现场是教材"的培训模式，示范带动各地大规模开展农村实用人才培育工作。聚焦精准扶贫，举办"三区三州"贫困村党组织书记村委会主任脱贫攻坚专题培训班、贫困村大学生"村官"创业富民专题研修班、农业农村部定点扶贫地区和联系地区产业发展带头人培训班和环京津贫困地区脱贫带头人培训班。2018年农业农村部共举办253期示范培训班，培训2.5万余人，为农村培养了一批留得住、用得上、干得好的带头人。完善农村实用人才评价制度，明确评价标准，改进评价方法，强化评价管理服务，促进农村实用人才更好的发展。实施2018年度"全国十佳农民"和"全国杰出农村实用人才"等资助项目，优秀农村实用人才创业兴业平台越来越完善。

（三）高素质农民培养工作加快推进　依托原有新型职业农民培育工程，重点实施新型农业经营主体带头人轮训、现代青年农场主培养和农业产业精准扶贫培训等计划，完善教育培训、规范管理、政策扶持"三位一体"的培育制度，健全"一主多元"教育培训体系，探索"一点两线、全程分段"培训模式。2018年共培训种养大户、家庭农场经营者、农民合作社骨干、农业社会化服务组织负责人等100余万人。鼓励各地开展学历教育试点，支持农民接受"弹性学制、农学交替"中高等职业教育，推进职业培训与职业教育衔接贯通，就地就近培养具有中高等学历的高素质农民。加强培育师资库建设，组织各地推荐优秀的师资入库，开展师资示范培训；加强培育基地建设，2018年遴选发布100个培育示范基地，规范管理集中培训、实训、创业孵化、农民田间学校等各类基地；加强培训标准建设，制定分层分类分模块培训规范和标准，遴选推介一批精品教材和精品课程，切实提升培育工作质量。

（四）农业科技推广人才队伍建设进一步推进　继续实施农业科研杰出人才培养计划，举办农业领域专家高级研修班，并组织资源环保领域部分科研杰出人才出国培训。依托现代农业产业技术体系、国家农业科技创新联盟等，构建协同创新机制，强化农业科研骨干队伍建设，带动全产业链科技人才培养。依托全国农业远程教育平台，大规模开展农业科技人员知识更新培训。实施万名农技推广骨干人才培养计划、农技推广服务特聘计划等，不断健全以国家农技推广机构为主导，农业科研教学单位、农民合作组织、涉农企业等多元主体广泛参与的农业技术推广体系。农业农村部开展了第六届"中华农业英才奖"评选，树立了尊重人才、崇尚创新的正确导向。统筹推进农业综合执法以及基层经管、基层动物防疫等队伍建设，为乡村振兴提供科技保障和技术支撑。

（五）农村专业服务型人才队伍建设得到强化　农业农村部、人力资源和社会保障部、全国总工会共同主办首届全国农业行业职业技能大赛，来自全国31个省区市和新疆生产建设兵团的450名选手参加了总决赛，10万多名技能人才参加了选拔赛，搭建了农业农村技能人才成长成才平台。农业农村部按照《国家职业资格目录清单》要求，制修订家畜繁殖员、农作物植保员等7项国家职业技能标准，编写完善了农业经理人、农机修理工等培训教材，农村专业服务型人才建设环境不断改善。

农村收入与生活状况

2019 中国农业农村发展报告

农村收入与生活状况

总体状况

2018年，面对错综复杂的国际环境和艰巨繁重的国内改革发展稳定任务，党中央、国务院团结带领各族人民，牢牢把握国内外发展大势，坚持稳中有进工作总基调，深入贯彻新发展理念，落实高质量发展要求，以供给侧结构性改革为主线，着力深化改革扩大开放，农村经济与农民生活状况呈现良好态势。

（一）乡村人口素质继续提高　随着城镇化进程的推进，我国乡村人口总量继续减少，但规模仍然庞大。2018年我国有乡村人口56 401万人，比2017年减少1 260万人，乡村人口在总人口中占比40.4%，下降1.1个百分点。乡村人口文化素质有所提高，15岁及以上人口平均受教育年限从2000年的6.85年提高到2018年的8.05年。但与城镇相比，乡村人口整体受教育程度仍然较低，主要从事农业和非农产业中的制造业、建筑业和批发零售等技术含量偏低的行业。

（二）城乡居民收入相对差距进一步缩小　2018年，全国农村居民人均可支配收入14 617元，比上年实际增长6.6%，快于城镇居民人均可支配收入实际增速1.0个百分点，城乡居民收入相对差距进一步缩小。在农村居民人均可支配收入中，经营净收入、工资性收入、财产净收入和转移净收入分别为5 358元、5 996元、342元和2 920元，占人均可支配收入的比重为36.7%、41.0%、2.3%和20.0%，对全年农民增收的贡献率为27.9%、42.0%、3.3%和26.8%。

（三）城乡居民人均消费水平差距进一步缩小　2018年，农村居民人均消费支出12 124元，比上年增加1 170元，实际增长8.4%，高于城镇居民3.8个百分点，城乡居民人均消费支出比率2.15，比上年下降0.08。农村居民消费结构继续优化，用于吃穿等基本生活消费支出增长相对较慢，同比增长6.6%。用于医疗保健、居住的人均支出增长速度最快，同比分别增长17.1%和13.0%。

（四）脱贫攻坚取得新进展　2018年，党中央、国务院印发《关于打赢脱贫攻坚战三年行动的指导意见》对今后三年工作作出全面部署。地方积极响应，中西部22个省区市都制定了打赢脱贫攻坚战三年行动实施方案。脱贫攻坚资金保障力度继续加大。中央财政专项扶贫资金投入1 061亿元，省级和市县级财政专项扶贫资金超过2 000亿元，贫困县财政涉农资金实际整合3 200亿元，扶贫小额信贷累计发放5 300多亿元。东西部扶贫协作和定点扶贫工作的力度和成效显著提升，东部地区9省市2018年共拨付财政援助资金177亿元，同比增加2倍。贫困地区特色种养业快速发展，电商、光伏、乡村旅游等产业扶贫模式成效显现，基础设施建设加快推进。2018年全国共减少贫困人口1 386万，实现283个贫困县脱贫摘帽，完成280万人易地扶贫搬迁建设任务，脱贫攻坚成绩斐然。

（五）**教育均等化取得新成就** 农村义务教育投入力度持续增加，全国99.8%的义务教育学校办学条件达到20条底线要求，农村义务教育学校办学条件明显改善。2018年，中共中央、国务院出台了《关于学前教育深化改革规范发展的若干意见》，要求大力发展农村学前教育，2010—2018年，农村地区幼儿园总数增加了61.6%，在园规模增加了26.6%。持续深入推进城乡义务教育均衡发展，到2018年全国累计有2 717个县（市、区）通过国家义务教育发展基本均衡督导评估，其中东部地区869个，中部地区861个，西部地区987个。开展优质数字教育资源共享、教育信息化应用服务、信息化教学设备捐赠等系列活动，全国中小学（含教学点）互联网接入率达到91.35%，多媒体教室比例达到84.69%。还针对中西部地区开展农村教师语言文字能力提升培训班，进一步缩小区域间师资差异。

（六）**农村居民生活保障水平稳步提高** 农村社会保障体系建设取得明显成效。社会保险覆盖面继续扩大，截至2018年底，全国参加城乡居民基本养老保险人数达到52 392万人，其中领取待遇人数达到15 898万人；农村社会保障标准和水平稳步提高，2018年1月1日起，国家将城乡居民基本养老保险基础养老金最低标准由每人每月70元提高到88元。农村基本医疗卫生服务体系和保障水平进一步提升，农村居民的医疗负担进一步减轻，农村居民健康水平显著提高。

乡村人口与就业

（一）**乡村人口规模占比持续下降** 改革开放以来，随着城镇化过程的推进，我国乡村人口比重不断降低，从1979年的81.0%下降到2018年的40.4%，人口占比下降40.6个百分点。分地区看，东、中、西部地区乡村人口规模相当，但占比上中部和西部地区乡村人口占比分别为44.4%和47.1%，而东部和东北地区乡村人口占比不足40%，分别为32.2%和37.3%。

（二）**少儿和老年人口比重高于城镇** 20世纪80年代以来，大量农村劳动力进入城市就业，受劳动年龄人口外出以及城乡不同的生育政策影响，乡村少儿和老年人口比重明显高于城镇，劳动年龄人口比重较低。2018年，乡村0～14岁人口占乡村总人口的19.4%，比城镇高4.3个百分点；60岁及65岁以上人口占乡村总人口的比重分别为20.5%、13.8%，比城镇老年人口比重分别高4.3、3.2个百分点，乡村人口的老龄化程度更高。此外，乡村少儿抚养比和老年抚养比均高于城镇，城镇人口总抚养比低于乡村15.2个百分点，城乡抚养比差异明显。

（三）**乡村人口文化素质有所提高** 与2000年相比，我国乡村人口文化素质有所提高，受高中及以上教育的人口比重上升，小学及文盲人口占比明显降低。2018年全国人口变动调查显示，我国15岁及以上乡村人口中，受高中及以上教育的占17.4%，比2000年提高9.7个百分点；未上过学或者仅接受过小学教育的人口占比从2000年的52.3%降至2018年的38.2%，下降14.1个百分点。

（四）一半以上就业人员从事农业 乡村就业人口中，一半以上从事农林牧渔业，15～64岁劳动年龄人口从事农业的人口比重与年龄呈现正相关关系。2018年全国人口变动调查显示，16～64岁乡村劳动年龄人口中，就业人口占76.0%，其中，从事农林牧渔业的人口比重为55.3%。年龄越大，从事农林牧渔业的比重越高，50～64岁各年龄乡村就业人口从事农林牧渔业的比重均在60%以上。非农产业方面，乡村人口主要从事制造业、建筑业和批发零售业，占比分别为12.7%、8.3%和6.1%。

农村居民收入与消费

2018年，农村居民收入和消费增长继续快于城镇居民，城乡居民人均收入与消费相对差距进一步缩小。

（一）人均收入继续较快增长 2018年，全国农村居民人均可支配收入比上年实际增长6.6%；城镇居民人均可支配收入比上年实际增长5.6%。

1.经营净收入继续增长。2018年农村居民人均经营净收入5 358元，比上年增长6.6%，增速比上年加快0.6个百分点，占人均可支配收入的比重为36.7%，对农村居民增收的贡献率为27.9%，比上年提高1.1个百分点。其中第一产业经营净收入3 489元，比上年增长2.9%，增速比上年回落0.8个百分点。全年粮食小幅减产，但玉米、蔬菜等农产品价格上升，农村居民人均种植业净收入2 608元，增长3.3%，继续保持稳定增长。生猪价格同比下降较多，但牛、羊、禽蛋等牧业产品价格同比上升，部分抵消了猪价下跌的损失，人均牧业净收入575元，下降1.9%。农村居民人均二三产业经营净收入1 869元，增长14.2%，

增速比上年加快3.0个百分点。

2.工资性收入保持较快增长。农村居民人均工资性收入5 996元，增长9.1%，增速比上年回落0.4个百分点，占人均可支配收入的比重为41.0%，对农村居民增收的贡献率为42.0%，比上年下降2.6个百分点。主要由于农民工就业形势保持稳定，就业人数小幅增长，转移农村劳动力工资水平提高。

3.财产净收入继续加快增长。农村居民人均财产净收入342元，增长12.9%，增速比上年加快1.5个百分点，占人均可支配收入比重2.3%，与上年持平，对农村居民增收的贡献率为3.3%，比上年提高0.4个百分点。主要是流转承包土地经营权租金净收入和出租房屋净收入增长较快，分别增长13.6%和19.4%。

4.转移净收入继续增长。农村居民人均转移净收入2 920元，增长12.2%，增速比上年提高0.4个百分点，占人均可支配收入的比重为20.0%，对农村居民增收的贡献率为26.8%，比上年提高1.1个百分点。主要是各地继续加大精准扶贫和社会救助力度，人均社会救助和补助收入增长39.6%；城乡居民医保并轨继续推进，人均报销医疗费增长26.1%。

（二）人均消费支出增长较快 2018年，全国居民人均消费支出实际增长6.2%。其中，城镇居民人均消费支出26 112元，比上年增加1 667元，实际增长4.6%；农村居民人均消费支出12 124元，比上年增加1 170元，实际增长8.4%；农村居民人均消费增速高于城镇居民3.8个百分点，城乡居民人均消费支出之比为2.15，比上年下降0.08，消费水平的相对差距继续缩小（图20）。

（三）消费结构继续优化 农村居民迫切提高生活质量，追求更好发展，消费需求呈现旺盛态势，消费结构升级加快。用于吃穿等基本生活消费支出金额最高，但增速明显低于全

部消费支出。人均食品烟酒及衣着消费支出 4 294元，增长6.6%，占生活消费支出的比重降低1.4个百分点。居住条件进一步改善，居住消费支出增量最大，增速继续加快。人均居住支出2 661元，增长13.0%，增速提高3.4个百分点，占生活消费支出的比重上升了0.4个百分点。交通通信和教育文化娱乐消费支出加速增长。交通通信消费支出人均1 690元，增长12.0%，教育文化娱乐消费支出人均1 302元，增长11.1%，增速分别提高1.0个百分点和1.7个百分点，占生活消费支出的比重分别上升0.1个百分点和基本持平。医疗保健消费支出增长最快。人均医疗保健消费支出1 240元，增长17.1%，增速提高3.2个百分点，占生活消费支

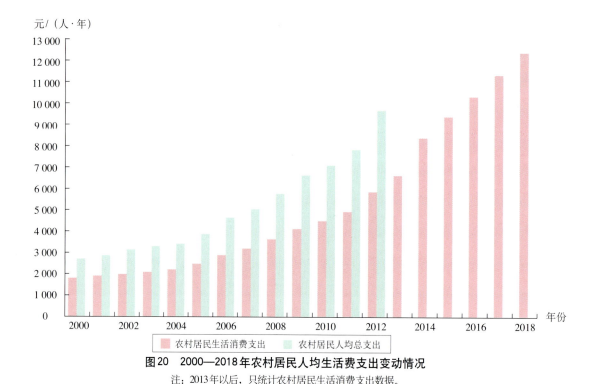

图20　2000—2018年农村居民人均生活费支出变动情况

注：2013年以后，只统计农村居民生活消费支出数据。

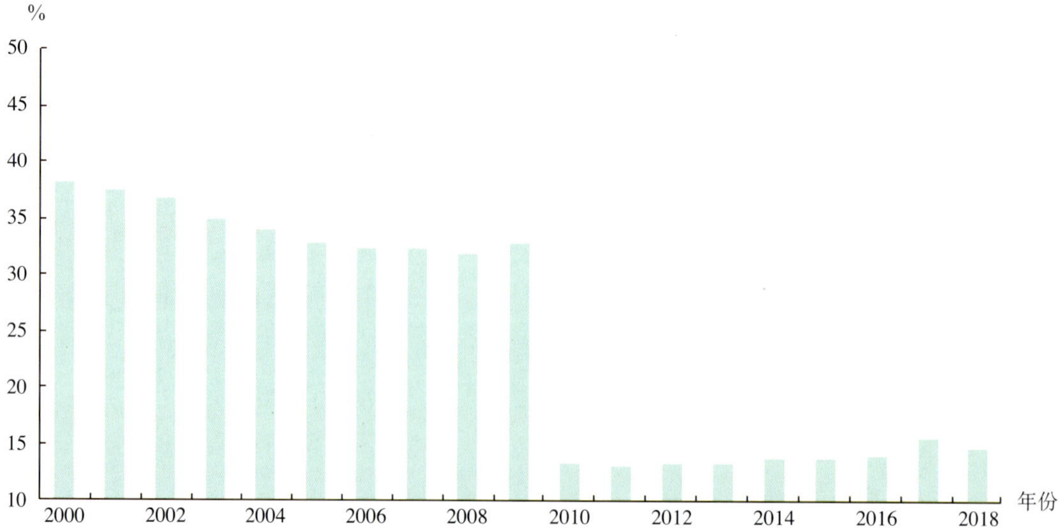

图21　2000—2018年农村消费品零售额占社会消费品零售额比重变动情况

注：根据新颁布的《统计上划分城乡的规定》，2010年及以后农村消费品零售额的统计范围由原来的"市、县、县以下"调整为"乡及乡以下"。

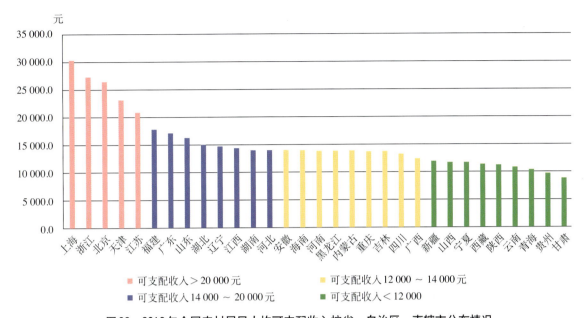

元

可支配收入 > 20 000元
可支配收入 12 000 ~ 14 000元
可支配收入 14 000 ~ 20 000元
可支配收入 < 12 000

图22　2018年全国农村居民人均可支配收入按省、自治区、直辖市分布情况

出的比重上升了0.5个百分点（图21、图22）。

农村扶贫开发

2018年是全面贯彻党的十九大精神开局之年，是打赢脱贫攻坚战三年行动起步之年。党中央、国务院持续高位推动，各地区各部门齐心协力密切配合，社会各界大力支持积极参与，贫困地区广大干部群众奋力攻坚，各项工作扎实推进。2018年减少贫困人口1386万，实现283个贫困县脱贫摘帽，完成280万人易地扶贫搬迁建设任务，脱贫攻坚取得新进展。

（一）脱贫攻坚三年行动组织实施　党中央、国务院印发《关于打赢脱贫攻坚战三年行动的指导意见》（以下简称《指导意见》），对今后三年工作作出全面部署。中共中央办公厅、国务院办公厅印发贯彻落实《指导意见》重要政策分工方案，将128项任务落实到71个部门。国务院扶贫开发领导小组（以下简称领导小组）召开打赢脱贫攻坚战三年行动电视电话会议，对落实《指导意见》作出具体安排。

各部门积极出台支持政策，中西部22个省区市都制定了打赢脱贫攻坚战三年行动实施方案。脱贫攻坚顶层设计进一步完善，政策措施进一步强化，组织领导进一步加强，三年攻坚行动开局良好。

（二）深度贫困地区攻坚扎实推进　2018年新增中央财政专项扶贫资金120亿元用于"三区三州"。各相关省份在"三区三州"内确定了135个深度贫困县，在"三区三州"外确定了199个深度贫困县。各地各部门加大政策倾斜支持力度，新增资金、新增项目、新增举措主要用于深度贫困地区，着力解决产业就业、基础设施、公共服务等突出问题。26个中央部门出台了27个政策文件，倾斜支持力度大幅提升。"三区三州"脱贫攻坚实施方案顺利推进，年度任务全面完成。"三区三州"全年共减少建档立卡贫困人口133万，贫困发生率下降6.4个百分点，高于西部平均水平3.4个百分点。334个深度贫困县减贫480万，占全国脱贫人口的31.5%。

（三）东西部扶贫协作和定点扶贫工作持

续深化 组织实施东西部扶贫协作21年来、中央单位定点扶贫31年来的首次考核，进一步压实帮扶责任。东西部省市签订扶贫协作协议书、中央单位签订定点扶贫责任书，把党中央的部署要求变为可量化可考核的刚性任务，各项帮扶工作质量和成效显著提升。东部地区9省市2018年共拨付财政援助资金177亿元，是2017年的3倍；动员社会帮扶资金48亿元，是2017年的1.3倍；互派挂职干部和专业技术人员2.85万名，是2017年的1.4倍；帮助贫困人口实现就业144万人，是2017年的7.2倍。中央单位进一步加大对定点扶贫县投入和帮扶力度，直接投入资金55.6亿元，引进帮扶资金115.2亿元，培训基层干部和技术人员49万名。军队积极参与脱贫攻坚，定点帮扶4 100个贫困村，帮助43.7万贫困人口脱贫。香港、澳门主动承担协作任务，分别帮扶四川南江县和贵州从江县。民营企业、社会组织、公民个人参与扶贫的热情高涨，社会动员更加积极有效。

（四）精准扶贫举措落实落地工作有效推进 贫困地区特色种养业快速发展，电商、光伏、乡村旅游等产业扶贫模式成效显现。易地扶贫搬迁扎实推进，已累计完成约870万贫困人口的搬迁建设任务。就业扶贫新增360万贫困劳动力就业，扶贫车间达到3万多个，带动77万贫困人口实现就地就近就业。健康扶贫工程深入实施，累计救治1 200多万贫困人口，贫困患者个人自付比例进一步下降。教育扶贫迈出新步伐，贫困地区薄弱学校基本办学条件不断改善，控辍保学力度明显加大，少数民族儿童"学前学会普通话"试点取得积极进展。生态扶贫深入开展，累计选聘生态护林员50万人。扶贫与低保两项制度衔接进一步加强。

（五）贫困地区生产生活环境继续改善 贫困地区基础设施建设加快推进，解决50个乡镇、3 386个建制村通硬化路，新建改建贫困地区农村公路20.8万千米。投资832个贫困县水利建设1 050亿元，加快实施贫困地区水利基础设施建设，解决436万贫困人口饮水安全问题。贫困地区电网改造升级取得阶段性进展，完成4.3万个贫困村通光纤，部署建设4G基站新覆盖3 600个贫困村，贫困村宽带覆盖率超过94%。向贫困地区选派科技人员18 000多名，为"三区三州"培训创业带头人1 200多名，实现科技特派员对近5万个贫困村科技服务和创业带动全覆盖。贫困群众生产生活条件明显改善，获得感显著增强。

（六）精准扶贫基础工作不断夯实 完善建档立卡动态调整机制，优化指标体系，认真开展年度动态调整和信息采集工作，确保贫困人口"应纳尽纳、应退尽退"。加强数据共享和分析应用。开展建档立卡专项评估检查，提高数据精准度。选优派强驻村干部和驻村工作队，坚持严格管理，强化表彰激励，加强关心爱护。继续向贫困地区选派优秀干部，全国县级以上机关、国有企事业单位共选派驻村工作队24.2万个、驻村干部90.6万人，其中第一书记20.6万人；乡镇扶贫干部197.4万人。各地对表现优秀的驻村干部及时表彰奖励或提拔重用，对不能胜任的及时召回更换。

（七）脱贫攻坚资金保障力度进一步加大 中央财政专项扶贫资金投入达1 061亿元，省级和市县级财政专项扶贫资金超过2 000亿元，贫困县财政涉农资金实际整合3 200亿元，扶贫小额信贷新增1 000多亿元、累计发放5 300多亿元，金融扶贫政策支持力度明显加大。强化扶贫资金项目监管，加快资金拨付进度，建立县级脱贫攻坚项目库，健全扶贫资金公告公示制度，违纪违规问题明显减少。审计查出问题资金占抽查资金比例由2013年的36.3%下降到2018年的6%，其中违纪违规金额由15.7%下降到1%。

（八）考核评估督查巡查更加严格　将省级党委和政府2017年扶贫开发工作成效考核、东西部扶贫协作考核和中央单位定点扶贫考核整合为脱贫攻坚成效考核，着力减轻基层负担，根据考核结果，中央对4个省区党政负责同志进行约谈。十九届中央第一轮巡视将脱贫攻坚作为重要内容，开展脱贫攻坚专项巡视，各省区市认真开展巡视指出问题整改工作。领导小组组织实施脱贫攻坚督查巡查，各民主党派中央持续推进脱贫攻坚民主监督，纪检监察、检察、审计、媒体等都加大了监督力度。建立脱贫攻坚常态化约谈机制，经中央领导同志批准，对9个省区的10个县党政主要负责同志、3个省区扶贫小额信贷主管部门和扶贫办主要负责同志进行约谈并公开曝光，有力促进工作落实。

（九）扶贫领域作风问题专项治理和干部培训顺利开展　落实脱贫攻坚作风建设年要求，着力解决"四个意识"不强、责任落实不到位、工作措施不精准、资金管理使用不规范、工作作风不扎实、考核监督从严要求不够等六个方面的25个问题。国务院扶贫办成立作风治理工作专班，加强督促落实，委托第三方分别到20个省78个贫困县开展暗访。层层评估检查、频繁填表报数得到一定程度遏制，扶贫领域作风建设进一步加强。组织扶贫干部分级分类轮训，全年培训779万人，其中县乡村三级干部达到94.2%以上。通过培训，扶贫干部转变了观念方式，树立了正确政绩观，精准扶贫能力得到提高。

（十）脱贫攻坚总结宣传得到加强　广泛宣传脱贫攻坚典型和成就，推出系列深度报道。总结宣传典型经验，加强政策引导、典型引导，激发贫困群众内生动力。增加脱贫攻坚奖表彰奖项和名额，2018年共表彰了139个先进个人和集体、2个脱贫攻坚模范。组织25名获奖者组成4个报告团，到21个省区市开展先进事迹巡回报告，进一步发挥榜样的力量。开展扶贫日系列活动，举办"决胜2020力脱贫攻坚展"，制作播出"庄严的承诺"特别节目。积极开展扶贫外宣，举办改革开放和中国扶贫国际论坛，讲好中国减贫故事。

农村教育

2018年，教育部门以习近平新时代中国特色社会主义思想为指导，深入学习贯彻习近平总书记关于教育的重要论述和全国教育大会精神。农村学校办学条件持续改善，农村公共教育服务水平进一步提升，人民群众对教育的获得感和满意度切实提高，教育在乡村振兴战略和脱贫攻坚战中发挥了积极作用。

（一）打赢打好教育脱贫攻坚战　逐步完善教育脱贫攻坚制度体系，聚焦深度贫困，印发《深度贫困地区教育脱贫攻坚实施方案（2018—2020年）》《推普脱贫攻坚行动计划（2018—2020年）》；聚焦三年攻坚，印发《贯彻实施〈中共中央 国务院关于打赢脱贫攻坚战三年行动的指导意见〉重要政策措施部内分工方案》，出台新时期直属高校定点扶贫工作指导意见；聚焦作风建设，印发《教育系统扶贫领域作风问题专项治理实施方案》，建立教育系统扶贫领域作风问题定点报告制度。广泛汇聚教育脱贫攻坚合力，统筹推进滇西扶贫、定点扶贫、干部援派、直属高校定点扶贫等工作。在滇西示范实施职业教育东西协作行动，累计招生3 611人。创新开展"青年红色筑梦之旅"活动，2018年累计有2 238所高校大学生创新创业项目对接农户24.9万户、企业6 109家，签订合作协议4 200余项，产生直接经济效益近40亿元。实施了网络扶智工程攻坚行动，开展优质数字教育资源共享、教育信息化应用服务、信息化教学设备捐赠等系列活动，全国中小学（含教学点）互联网接入率达到91.35%，多媒体教室比例达到84.69%。举办民族地区双语教师普通话国培班和委培班、中西部地区农村教师语言文字能力提升培训班、地方语委干部工作能力提升培训班，指导支持地方组织开展国家通用语言文字培训，开展"推普脱贫攻坚"大学生暑期社会实践活动、全国推普宣传周活动，多种形式提高干部、教师、青壮年农牧民普通话水平。稳步推进农校对接精准扶贫，签署"农校对接精准扶贫窗口"建设协议210个，覆盖12个省市近180余所高校。协调中国教育发展基金会、中国教师发展基金会2018年投入款物10.6亿元，支持教育脱贫攻坚工作。

（二）农村义务教育投入力度持续加大 全面改善农村义务教育薄弱学校基本办学条件，2018年，中央财政下达农村义务教育薄弱学校改造计划资金363亿元，累计投入专项资金1 600多亿元，带动地方投入3 700多亿元，全国新建改扩建校舍2.21亿平方米，购置价值999.7亿元的设施设备。全国99.8%的义务教育学校办学条件达到20条底线要求，农村义务教育学校办学条件明显改善。继续实施农村义务教育学生营养改善计划，2018年，中央财政下达农村义务教育学生营养改善计划资金200.92亿元，覆盖全国29个省区市1 642个县、13.8万所学校、3 700万农村学生，农村学生营养健康状况得到显著改善，身体素质得到明显提升。

（三）城乡义务教育均衡发展加快推进 持续深入推进城乡义务教育均衡发展，实现了县域内城乡义务教育学校建设标准统一、教师编制标准统一、生均公用经费基准定额统一、基本装备配置标准统一。2018年共有338个县（市、区）通过国家义务教育发展基本均

衡督导评估，全国累计数量达到2 717个，占全国总数的92.7%。其中东部地区869个，中部地区861个，西部地区987个。继2014—2017年的北京、天津、吉林、上海、江苏、浙江、安徽、福建、山东、湖北、广东11省市后，2018年又有山西、江西、贵州、宁夏、新疆兵团等5个省区整体通过国家督导评估认定。

（四）农村学前教育资源得到有效扩充 2018年，中共中央、国务院出台了《关于学前教育深化改革规范发展的若干意见》，要求大力发展农村学前教育，每个乡镇原则上至少办好一所公办中心园，大村独立建园或设分园，小村联合办园，人口分散地区根据实际情况举办流动幼儿园、季节班等，配备专职巡回教师。目前，全国约87%左右的乡镇建有中心幼儿园。加大农村学前教育投入，2018年中央财政下达支持学前教育发展专项资金149亿元，其中90%以上投向中西部农村、边远贫困地区。幼儿园数量和在园规模大幅增长，2010—2018年，农村地区幼儿园总数增加了61.6%，在园规模增加了26.6%。

（五）现代农业人才培养扎实推进 继续推进国家级农村职业教育和成人教育示范县创建工作，目前已经遴选了五批261个县（市、区）入围创建名单，确定创建合格共三批159个县（市、区）。2018年9月，教育部、农业农村部、国家林业和草原局联合印发《关于加强农科教结合实施卓越农林人才教育培养计划2.0的意见》，对加快培养懂农业、爱农村、爱农民的一流农林人才作出部署。整合涉农类职业教育资源，支持建设21个农业职教集团，推动涉农职业教育多元主体协同发展。依托39所高校新农村发展研究院，探索农、科、教相结合的综合服务模式，引导组织高校积极开展乡村振兴人才培养、农业技术人员培训和新型职业农民培训。支持农业类职业院校开展涉农类

专业教学资源库建设，截至2018年底，共建设线上优质资源57 261条，惠及61 309师生用户，累计访问604万人次，为现代职业农民和现代农业人才提供了免费、优质、丰富、实用的学习资源。扎实推进重点高校招收农村和贫困地区学生专项计划，2018年专项计划共录取农村和贫困地区学生10.38万人。

（六）乡村教师职业环境不断优化　2018年，中央致力于推动教师队伍深化改革振兴发展，出台了系列加强教师队伍建设的政策文件。2018年1月出台《中共中央　国务院关于全面深化新时代教师队伍建设改革的意见》，提升乡村教师待遇作为重要内容在文件中得到体现。2018年2月，教育部等5部门印发《教师教育振兴行动计划（2018—2022年）》，将乡村教师队伍建设作为今后五年教师教育振兴发展五项任务之一进行部署。2018年7月，人力资源社会保障部、教育部印发《关于做好2018年度中小学教师职称评审工作的通知》，要求中小学教师职称评审继续向农村和艰苦边远地区倾斜，同等条件下中高级教师职称评审向"三区三州"等深度贫困地区倾斜、向农村教师倾斜，有条件的地区可组织对农村和艰苦边远地区中小学教师职称进行单独评审。加大乡村教师培养补充支持力度，2018年农村义务教育阶段教师特设岗位计划招聘9万人，"银龄讲学计划"首批招募1 800名优秀退休教师，中小学幼儿园教师国家级培训计划中西部和幼师国培项目资金20亿元。全面落实乡村教师生活补助政策，2018年，中央财政安排奖补资金45.1亿元，惠及8万多所学校127万名教师。

农村医疗卫生

农村是医疗卫生工作的重点，历来受到党中央和国务院的关注和关心。2018年，在各级党委政府的坚强领导下，广大农村卫生工作者敢担当、重作为、抓落实，农村卫生工作取得了积极的进展。

（一）建立健全县乡村三级医疗卫生服务网，让老百姓"看得上病"　按照"县级强、乡级稳、村级活、上下联、信息通"总体思路，进一步优化农村卫生资源配置。截至2018年底，全国共有15 474所医院、36 461所乡镇卫生院、62.2万个村卫生室，基本实现每个县都有县医院（含中医院），每个乡镇都有1所乡镇卫生院，每个行政村都有1个村卫生室。启动优质服务基层行、县域医共体和社区医院建设试点，开展"互联网+医疗服务"，不断推动优质服务和资源向基层、向农村下沉，94.7%的城市和93.8%的县（市、区）开展分级诊疗试点，"大病不出县、常见病多发病在乡村"的就医新秩序正在形成。

（二）持续提升农村医疗卫生服务能力，让老百姓"看得好病"　农村卫生人才队伍不断壮大，结构不断优化，2018年底，乡镇卫生院有医务人员139.1万人，其中执业（助理）医师占比近35%，全科医生数量达13.5万人；村卫生室从业人员145.5万人，执业（助理）医师占比近15%。国家免费培养全科医学本科生9 000余人已充实到中西部地区的乡镇卫生院；全科医生特岗计划扩大到19个省份，中央财政补助标准从每人每年3万元提高到5万元。出台改革和完善全科医生培养与使用激励机制的意见、完善基层医疗卫生机构绩效工资政策等文件，大力推广基层医疗卫生机构实行"公益一类保障、公益二类绩效"的创新做法，进一步激发基层运行活力。2018年，乡镇卫生院诊疗量11.2亿人次，村卫生室诊疗量16.7亿人次；乡镇卫生院出院3 980万人次。

（三）实施公共卫生服务，让老百姓"少生病，晚得病"　公共卫生服务体系进一步完善，截至2018年底，全国共有专业公共卫生机构1.8万个，人员87.2万人。启动重大疾病防控专项行动，实施地方病防治专项行动，艾滋病、结核病、疟疾、血吸虫病等疾病得到有效控制。国家基本公共卫生服务项目提质增效，人均基本公共卫生服务经费补助标准从2009年的15元提高到2018年的55元，服务内容逐步增加，服务内涵不断丰富，基金管理、绩效考核和服务日益规范。做实做细家庭医生签约服务，群众获得感进一步提高。组织实施国民营养计划，开展食品安全风险评估，发布36项食品安全国家标准。积极推进农村妇女"两癌（宫颈癌和乳腺癌）"检查，贫困地区新生儿疾病筛查和贫困地区儿童营养改善项目覆盖所有贫困县，免费营养包惠及580多万婴幼儿。实施母婴安全和健康儿童行动计划，儿童和孕产妇死亡率持续下降，2018年农村地区婴儿死亡率下降到7.3‰，5岁以下儿童死亡率下降到10.2‰，孕产妇死亡率下降至19.9/10万，优于中高收入国家平均水平。

（四）开展爱国卫生运动，持续改善乡村人居环境 实施健康中国战略，持续开展环境卫生整洁行动，以农村垃圾、污水处理和农村改厕为重点，完善环境卫生基础设施和长效管理机制，加大环境卫生基础设施建设力度，集中开展生活垃圾清运、污水处理、农贸市场改造等工作。截至2018年底，全国累计命名288个国家卫生城市、49个国家卫生区和1 452个国家卫生县城（乡镇），农村卫生面貌得到较大改善。

（五）深入开展健康扶贫，坚决打赢脱贫攻坚战 多层次兜底保障体系日益巩固，构建农村贫困人口基本医保、大病保险、医疗救助、补充保障措施"四重保障线"，建档立卡贫困患者个人自付比例进一步下降。精准实施"三个一批"（大病集中救治一批、慢病签约服务管理一批、重病兜底保障一批）行动计划，大病集中救治病种由9种扩大到21种，累计救治患者54.8万人。建立健康扶贫动态监测信息平台，实现因病致贫、返贫人口的动态纳入和退出。对建档立卡贫困人口实现家庭医生应签尽签，签约一人，履约一人，做实一人。深入实施对口帮扶工作，超过3万人次的城市三级医院医务人员派驻到贫困县县级医院。先后选派1 200名医疗人才"组团式"援疆援藏，累计诊疗3 000多万人次。

农村社会保障

2018年，我国农村社会保障体系建设取得明显成效，农村社会保障制度建设加快推进和完善，实现了社会保障制度全覆盖，参保人数持续增加，待遇水平稳步提高，广大农民通过享有社会保障得到更多的实惠。

（一）社会保险覆盖面继续扩大 鼓励和引导农村居民参加城乡居民基本养老保险，落实对贫困人员代缴城乡居民养老保险费政策，将年满60周岁、未领取国家规定的基本养老保险待遇的贫困人员纳入城乡居民基本养老保险，按月发放养老金。积极推动农民工参加工伤保险、失业保险。加大被征地农民社会保险费用筹集，落实被征地农民社会保险政策。截至2018年底，全国参加城乡居民基本养老保险人数达到52 392万人，其中领取待遇人数达到15 898万人；60周岁以上享受城乡居民基本养老保险待遇的贫困老人2 195万人，实际享受代缴保费的贫困人员2 741万人；参加工伤保险和失业保险的农民工人数分别达到8 085万和4 853万；5 559.6万人纳入被征地农民社会保障范围。

（二）农村社会保障标准和水平稳步提高 城乡居民基本养老保险缴费与待遇水平稳

步提高，基金收支规模进一步扩大。2018年1月1日起，国家将城乡居民基本养老保险基础养老金最低标准由每人每月70元提高到88元，并决定建立激励约束有效、筹资权责清晰、保障水平适度的城乡居民基本养老保险待遇确定和基础养老金正常调整机制。截至2018年底，全国城乡居民基本养老保险年人均缴费水平约300元；实际月人均待遇水平达到150元，其中基础养老金约为134元，比上年分别增长了20.5%和21%。2018年城乡居民基本养老保险基金收入3 870亿元，基金支出2 938亿元，年末基金累计结存7 274亿元。社会救助水平适度提高，城乡低保投入持续增加，2018年全国城市、农村低保月人均标准分别达到541元、358元，较上年增长1.3%、2.0%。城乡医疗救助稳步推进，临时救助力度加大，困难群众基本生活切实改善。

（三）农村社保经办管理服务能力不断增强 农村各级社会保险经办管理服务机构服务内容不断丰富，规范化、标准化、信息化水平显著提升。城乡居民基本养老保险参保登记、个人缴费、待遇领取、权益查询"四个不出村"服务在各地推广，"五险合一""一单征收""一站式服务""柜员制"等经办服务模式广泛应用，农村居民办理各项社会保险业务更加便利。社保卡在农村得到广泛使用，305个地市实现通过社保卡领取养老金。城乡居民基本养老保险在保障老年农民基本生活、助力脱贫攻坚、维护社会稳定方面发挥了积极作用。

"三农"政策执行情况

"三农"政策执行情况

总体评价

2018年，面对复杂严峻的国内外经济形势，党中央、国务院在农业转方式、调结构、促改革等方面积极探索，准确把握农产品供求结构失衡、要素配置不合理、资源环境压力大、农民收入持续增长乏力的态势，把改革作为根本动力，立足国情农情，顺应时代要求，加大农村改革力度、政策扶持力度、科技驱动力度，加快构建集约化、专业化、组织化、社会化相结合的新型农业经营体系，进一步健全农业支持保护制度，持之以恒强化农业、惠及农村、富裕农民。

（一）强农惠农富农政策力度不断加大 2018年，农业农村部与财政部共管的中央财政转移支付安排资金2 550亿元。农业农村部部门预算资金297.2亿元，主要在质量兴农、绿色兴农、科技兴农等方面，促进农业发展。财政部与农业农村部、银保监会，切实履行全国农业信贷担保工作指导委员会职责，研究出台政策文件，强化信息调度，加强宣传督导，推动全国农业信贷担保体系逐步进入业务加速

发展阶段。

（二）农村改革进一步深化 农村基本经营制度不断完善。截至2018年底，共有2 838个县（市、区）和开发区开展了农村承包地确权登记颁证工作，涉及2亿多农户，基本理清了全国农村承包地权属，完善签订了承包合同，确权给农户承包地面积9 866.67万公顷。实现所有权、承包权、经营权三权分置，引导土地经营权有序流转，发展多种形式农业适度规模经营，推进农村土地制度和农业经营制度创新。围绕健全农村金融服务体系、拓宽有效担保物范围、建立农村信用体系、开展农民合作社内部信用合作、完善农业保险制度等开展探索，着力建立现代农村金融制度。围绕农村集体资产清产核资和股权量化、新型集体经济组织经营管理和农村产权流转交易等方面开展探索，着力深化农村集体产权制度改革。围绕农村土地征收、集体经营性建设用地入市、宅基地制度改革等方面开展试点，推进农村土地制度改革。围绕统筹城乡发展规划、推动户籍制度改革、促进城乡公共服务均等化、建立"以工促农"机制、完善农业支持保护制度等方面开展探索，着力健全城乡发展一体化体制

机制。全面推进农业水价综合改革，落实地方政府主体责任，加快建立合理水价形成机制和节水激励机制。农村改革试验区联席会议各成员单位通力合作、全力推动，58个农村改革试验区锐意改革、大胆探索，形成了一批各具特色的改革成果，农村改革试验取得明显成效。

（三）农村一二三产业融合继续向好发展 农业农村部深入实施农村一二三产业融合发展推进工程，积极培育融合多元化主体，完善利益联结机制，打造农业全产业链全价值链。截至2018年，融合主体大量涌现，农业产业化龙头企业8.7万家，其中国家重点龙头企业1 243家。注册登记农民合作社217万家，家庭农场60万个。融合业态多元呈现，发展综合种养等循环型农业，稻渔综合种养面积超过200万公顷；发展中央厨房、直供直销等延伸型农业，2018年主食加工业营业收入达2万亿元；"农业+"文化、教育、旅游、康养、信息等产业快速发展。融合载体丰富多样，建设国家现代农业产业园62个、国家农业科技园32个、农产品加工园1 600个，创建农村产业融合示范园148个、农业产业强镇254个，各类乡村产业园1万多个。

（四）农产品市场调控机制进一步健全 继续执行稻谷、小麦最低收购价政策，2018年稻谷最低收购价全面下调，早籼稻、中晚籼稻、粳稻每500克比上年分别下调0.1元、0.1元、0.2元，为1.20元、1.26元、1.30元，同步建立补贴机制；小麦最低收购价每500克下调0.03元，为1.15元。继续在东北地区深化玉米大豆市场定价、价补分离改革，统筹玉米大豆生产者补贴，为鼓励发展大豆生产，大豆每亩补贴标准高于玉米。继续执行新疆棉花目标价格政策，进一步完善内地棉区补贴政策。

（五）农民工就业形势基本稳定 2018年，全国就业形势良好，全年城镇新增就业1 361万人，再创历史新高，连续6年保持在1 300万人以上。我国农民工规模持续扩大，农民工总量为28 836万人，比上年增加184万人，增长0.6%；农民工月均收入3 721元，比上年增加236元，增长6.8%，增速比上年提高0.4个百分点，农民工就业创业持续推进。

财政支农政策

（一）财政支农专项转移支付 2018年，农业农村部与财政部共管的中央财政转移支付安排资金2 550亿元，包括农业生产发展资金、农业资源及生态保护补助资金、农业生产救灾及特大防汛抗旱补助资金、动物防疫等补助经费、农村土地承包经营权确权登记颁证补助资金、渔业发展与船舶报废拆解更新补助资金、产粮大县（制种大县）奖励等7大专项。

1.农业生产发展资金1 944亿元。一是耕地地力保护补贴，引导农民自觉提升耕地地力。二是农机购置补贴。实行补贴范围内机具敞开补贴，优先保证粮食等主要农产品生产所需机具和深松整地、免耕播种、高效植保、节水灌溉、高效施肥、秸秆还田离田、残膜回收、畜禽粪污资源化利用、病死畜禽无害化处理等支持农业绿色发展机具的补贴需要。三是支持粮食适度规模经营。支持建立完善全国农业信贷担保体系，大力推进农业生产社会化服务，支持家庭农场发展。四是支持国家现代农业产业园建设。突出产业兴旺和联农增收机制创新两大任务，继续支持创建一批国家现代农业产业园，着力改善产业园基础设施条件和提升公共服务能力。五是支持优势特色主导产业发展。围绕具有区域优势、地方特色等条件的农业主导产业，推进集约化、标准化和规模化生产，做大做优做强优势特色产业，提高现代农业生产的示范引导效应。六是支持培育新型农业经营主体。全面建立职业农民制度，深入实施高素质农民培育工程；支持制度健全、管理规范、带动力强的国家农民合作社示范社及农民合作社联合社；组织做好农村集体资产清产核资工作，中央财政予以适当补助，支持吉林、江苏、山东等3个省开展整省试点，鼓励其他省份选择部分地市和县开展整市整县试点。七是支持农业结构调整。继续在东北四省区实施粮豆轮作试点，同时鼓励长江流域开展稻油、稻菜、稻肥轮作；在地下水漏斗区、重金属污染区、西南石漠化区、西北生态严重退化地区开展耕地休耕试点；在"镰刀弯"地区和黄淮海玉米主产区开展粮改饲试点。八是支持绿色高效技术推广服务。开展绿色高产高效创建，深化基层农技推广体系改革与建设，支持农机深松整地作业，推广旱作农业和地膜清洁生产技术，继续推进果菜茶有机肥替代化肥试点。九是支持农村一二三产业融合发展。整县制推进农村一二三产业融合发展，实施农产品初加工补助政策，推进马铃薯主食开发，支持吉林、黑龙江等5个省份实施信息进村入户整省推进示范。十是支持畜牧业转型升级。支持养殖大县开展畜禽粪污资源化利用，支持高产优质苜蓿示范基地建设，发展南方现代草地畜牧业，支持牧区畜牧良种推广，支持蜂业质量提升。十一是以河北省黑龙港流域为重点，支持开展地下水超采区农业种植结构调整。

2.农业资源及生态保护补助资金245亿元。一是耕地质量提升，以北方土壤盐渍化退化、南方土壤酸化贫瘠化和设施蔬菜土壤连作障碍等区域为重点，集中连片开展耕地质量提升示范，在东北四省区继续推进黑土地保护利用，继续在农作物秸秆总体产量大的省份和环京津地区开展农作物秸秆综合利用试点，支持实行整县推进。二是实施新一轮草原生态保护补助奖励政策，对按照有关规定实施草原禁牧和草畜平衡的农牧民予以补助奖励，支持草原生态保护建设和草牧业发展。三是渔业资源保护支出，主要支持渔业增殖放流。四是支持长江流域水生生物保护区开展禁捕试点。

3.动物防疫等补助经费61亿元。一是强制免疫补助，主要用于国家和省级确定的重点动物疫病开展强制免疫、免疫效果监测评价、人员防护等相关防控措施，以及实施强制免疫计划、购买防疫服务等方面。二是强制扑杀补助，主要用于预防、控制和扑灭国家重点动物疫病过程中被强制扑杀动物的补助等方面，补助对象为被依法强制扑杀动物的养殖者。三是养殖环节无害化处理补助，主要用于养殖环节病死猪无害化处理等方面。按照"谁处理、补给谁"的原则，补助对象为承担无害化处理任务的实施者。

4.农业生产救灾及特大防汛抗旱补助资金36亿元。对各地农业重大自然灾害及生物灾害的预防控制、应急救灾和灾后恢复生产工作给予适当补助。

5.农村土地承包经营权确权登记颁证补助资金19亿元。支持推进农村土地承包经营权确权登记颁证和农垦国有土地使用权确权登记发证工作。

6.渔业发展与船舶报废拆解更新补助资金240亿元。支持渔业油价补贴，推动海洋捕捞减船转产工作，支持渔船更新改造、渔船拆解、人工鱼礁、深水网箱、渔港及通信导航等设施建设。

7.产粮大县（制种大县）奖励资金5亿元，对39个制种大县实施奖励政策。

此外，还推动安排农业保险保费补贴资金210.7亿元、目标价格补贴和生产者补贴930亿元、产粮（油）大县奖励426亿元、生猪（牛羊）调出大县奖励30亿元。

（二）农业农村部部门预算资金用途 2018年，农业农村部部门预算资金297.2亿元，主要是用于三个方面。

一是质量兴农方面，持续加快推进国家农兽药残留限量标准体系建设，实施农产品质量安全国家风险评估与风险监测计划，构建农产品质量安全信用体系，开展农资打假和专项整治行动；加强农业转基因安全管理；启动农药生产企业监督抽查计划、农药安全风险监测评价和药物饲料添加剂专项监测；加大动物源细菌耐药性监测，开展非洲猪瘟疫情监测等。

二是绿色兴农方面，贯彻落实"一控两减三基本"要求，调整完善农业面源污染和产地土壤环境国控监测网络布局，持续支持化肥农药减量增效、畜禽废弃物和农业氮磷污染综合防治等技术模式示范推广，强化农业物种资源保护与利用，新增启动了第二次全国农业污染源普查、全国土壤污染详查、长江流域水生生物资源调查、白洋淀水域资源调查和生态修复等重点项目，加强休耕轮作、撂荒耕地等遥感监测，支持长江流域禁捕后渔政执法管理等。

三是科技兴农方面，组织实施了现代农业产业技术体系建设、转基因生物新品种培育、粮食丰产增效科技创新、化肥农药减施增效综合技术研发、农业面源和重金属污染农田综合防治与修复技术研发、科技创新工程等重大项目，新增启动了主要经济作物优质高产与产业提质增效科技创新重点专项，推动农业生物育种、污染防治等关键技术研发攻关和集成创新。

（三）农业政策性信贷担保体系建设 2018年，财政部与农业农村部、银保监会，切实履行全国农业信贷担保工作指导委员会职责，研究出台政策文件，强化信息调度，加强宣传督导，推动全国农业信贷担保体系逐步进入业务加速发展阶段。

一是召开推进全国农业信贷担保工作视频会议，进一步统一思想，提高认识，严明纪律，明晰责任，部署相关工作，加快推进农业信贷担保业务开展。二是加强信息调度，督促各省进一步推进分支机构向基层延伸，严格按照政策性业务范围加快开展农业信贷担保业务。三是开展对国家农业信贷担保绩效考核，指导各省开展对省级农业信贷担保公司绩效考核，并根据绩效考核情况测算下达中央财政担保费补助和业务奖补资金。

自2015年全国农业信贷担保体系开始组建至2018年末，各省级农业信贷担保公司累计担保项目32万个，金额1 144.2亿元，对资本金累计放大倍数达到2.4倍。2018年末在保项目21.3万个，在保余额684.7亿元，其中符合"双控"标准（聚焦服务从事农业生产及直接相关的产业融合发展项目的适度规模经营主体，且单户在保余额控制在10万～300万元）的在保项目余额占78.9%。2018年全年各省级农担公司共新增担保项目19.19万个、金额640.6亿元，同比增长147%、120%。2018年整体平均代偿率1.98%，低于全国融资担保行业平均代偿率水平。据统计，全国农业信贷担保体系平均担保费率1.16%，低于2%～3%的担保行业平均水平，新型农业经营主体综合融资成本控制在8%以下。从分省业务开展情况来看，北京、四川、重庆、广东、江西、甘肃、青海、云南、青岛等9家省级农业信贷担保公司资本金放大倍数已超过2倍，高于全国融资担保行业平均水平。

深入实施藏粮于地、藏粮于技战略

（一）绿色高质高效创建 2018年是实施乡村振兴战略的开局之年，也是农业农村部确定的"农业质量年"。农业农村部把开展绿色高质高效创建作为推动绿色兴农、质量兴农、品牌强农的重要抓手,积极拓展创建内涵,提升创建层次,助力农业转型升级和高质量发展,取得了积极进展和成效。

1.实施成效。一是集成了"全环节"绿色高效技术。围绕整地、播种、管理、收获等各环节,坚持把绿色、优质、高效要求贯穿于创建全过程,提升科技含量和种植效益。集成示范新品种新技术。全国共集成589套绿色高效技术模式。内蒙古重点推广玉米无膜浅埋滴灌水肥一体、高蛋白大豆绿色高质高效、单种小麦两改三防绿色栽培等6套技术模式,示范推广面积30万公顷。江苏省突出优良食味水稻、特色蔬菜、鲜食玉米等优新品种的筛选应用,建立绿色优质安全生产技术示范基地11个,特色粮经作物品种比例较上年提高10个百分点。推广应用绿色防控技术。大力推广科学肥水管理、绿色综合防控等高质高效生产技术,推进轻简绿色化生产。贵州省无公害栽培技术、配方肥、绿色防控技术等覆盖率达100%;灌溉水有效利用系数达到0.6,地膜回收率达到100%;创建区化肥使用量较上年减少2%,化学农药使用量较上年减少2%。广东省将绿色创建与农业面源污染治理相结合,创建区农户平均每亩减施化肥23.5千克、减幅33.6%、减施农药1~2次、减幅29.4%。促进全程农机农艺融合。全国创建区综合机械化水平较非创建区平均提高6.6个百分点。湖南省积极推广新型高效机械,以及与其相适应、相配套的高质高效农艺技术,创建区农机综合水平提升10%,省工节本20%以上。青海省推广应用小麦机械沟播技术、马铃薯全程机械化作业技术等,创建区机械化率提高5个百分点。

二是带动了"全过程"社会化服务。各地根据当地生产实际,创新社会化服务方式,推动农业社会化服务组织规模化、标准化建设。突出关键环节,推进社会化服务。宁夏依托69家农业社会化服务组织,选择1~2个关键环节,点面结合,整乡整村推进,实现社会化服务全覆盖。创建区绿色高效技术到位率达到100%、综合机械化率达到88%、亩均节约物化成本40元。浙江省重点推进蔬菜育苗、整地、防病等环节的社会化服务,开展代育苗、代机械翻耕整地、代病虫防治的"三代"服务。创新服务方式,壮大社会化服务组织。安徽省成立全国首家省级农业社会化服务产业联盟,创建区共建立各类农业生产托管服务组织1.9万个,服务农户200多万户,完成生产托管面积133.33万公顷。北京市相关种植业社会化服务组织达到21家,年服务能力6667公顷以上。探索应用"互联网+",推广现代种植技术。黑龙江省以绿色有机食品生产为切入点,在18个创建县建设"互联网+农业"高标准示范基地381个,落实绿色有机种植面积8.49万公顷。江苏省按照智慧农业"123+N"模式,在创建县建立粮油生产、病虫害实时监测服务平台,实现作物生长、病虫害发生等实时采集和上传,提高生产智能化水平。

三是促进了"全链条"产业融合。全国大力推广"龙头企业+创建区""合作社+创建区"等经营模式,推进订单种植和产销衔接,显著提高了综合效益。推广优质专用品种。河南省推进优质专用小麦区域化布局,2018年夏收优质专用小麦面积达到56万公顷,占全省小麦面积的1/10,优质专用小麦订单率达88.2%。黑龙江省推广种植高赖氨酸、高淀粉、鲜食玉米和高蛋白食用型大豆等专用型品种,提升产品竞争力。推进企业订单生产。云南省共组织871家新型经营主体参与创建,创建面积3.4万公顷,其中农业龙头企业53家。江苏省支持产业化龙头企业、粮食产业园区、行业协会、产业联盟等合作,建设水稻产业化基地约2000个。注重精品名牌打造。湖南省依托省稻米协会和优势企业，重点打造了"常德香米""南洲虾稻米""松柏大米"等区域公用品牌，带动区域内优质稻生产整体平衡增效。浙江省通过申报"临海蜜橘"证明商标和原产地标志，采用"子母商标"的设计，统一打"企业名称+临海蜜橘"的品牌标识，提高产品知名度。拓展农业多种功能。重庆市发展稻田美化栽培，打造稻香旅游环线，丰富田园造型，拓展休闲项目，举办油菜花节等展会，吸引游客休闲观光，提升了农业综合效益。贵州省发展"绿色稻+""苦荞+蜜蜂"种养、桑园茶园套种、蚕桑资源综合开发利用等模式，实现"一田多用"，提升产业融合水平。

四是探索了绿色生态种养模式。以绿色理念为引领，创新发展了形式多样的绿色种养模式。推进种植养殖结合。贵州省推广"稻+鸭""稻+鱼"等生态种养模式，实行绿板和黄板灭虫，使用高效低残留农药，提高农产品品质。安徽省建立稻渔综合种养千亩示范片210个、万亩示范区83个，总面积超过10.67万公顷，其中稻虾共作模式亩产稻谷500千克、小龙虾130千克，亩利润2 500元以上。推进种地养地结合。上海市推进以"绿肥—稻""冬耕晒垡—稻"为重点的绿色茬口模式，创建区应用面积达72.5%。江苏省示范推广水旱轮作、菜（菌）菜轮（共）作、菌渣循环利用、"猪—沼—菜"等10多种绿色高效新模式。

2.主要做法。一是强化组织领导，责任落实到位。各地按照省市县三级联创、以县为主的原则，积极推进绿色高质高效创建工作。领导小组抓落实。各地成立由省级政府或农业主管部门负责同志任组长的领导小组，项目县成立以政府负责同志为组长的绿色高质高效创建协调小组，统筹各方力量，加大投入力度，确保项目顺利实施。黑龙江、青海成立由分管副省长任组长的领导小组，有关厅局负责同志为

成员，为创建工作提供有力组织保障。专家指导组抓服务。各地依托国家和省级农业产业技术体系，组建专家技术团队，开展技术指导服务。有关市县也参照省里做法，成立由当地首席专家为组长的专家指导组，开展关键技术示范推广、共性技术瓶颈攻关、技术模式集成组装等工作。山东省聚集农业各领域专家，成立小麦、玉米、大豆、棉花四大作物专家指导组，每组均由栽培、种子、植保、土肥等方面专家组成，为绿色高质高效创建提供技术支撑。浙江省依托"三农六方"（省农业厅、省农科院、浙江大学、中国水稻所、中国茶科所、浙江农林大学）农业科技协作体系，以政府购买服务方式，为创建区提供优质高效的技术指导服务。

二是强化指导服务，技术措施到位。各级农业农村部门加强对绿色高质高效创建指导服务，制定发布技术指导方案，加强技术协作攻关，开展巡回指导服务，提高绿色高质高效技术到位率。全国各地共组织省级专家巡回技术指导2 300余次。开展培训指导。各地组织专家对有关市县技术骨干开展技术培训，市县技术骨干也采取多种形式，对创建区农户开展技术培训。关键农时季节，省市县各级专家深入田间地头，帮助农民因时、因墒、因苗落实田管措施，实现科技人员直接入户、技术要领直接到人、良种良法直接到田。云南省开展专题培训412期，培训技术骨干2 512人、示范户47 170人，组织现场观摩71期，观摩人数9 175人。加强信息服务。不少地区充分发挥信息引导作用，利用网络平台、手机APP等新方式，及时发布品种、价格、供求信息，让创建区农户知道种什么、怎么种，让合作社能够卖得出、销得畅。内蒙古组织开展"三级联创"科技人员下乡蹲点服务活动，选聘玉米、大豆、马铃薯等6大作物全产业链首席分析师，

开展生产技术、供需形势、产品销路等信息服务，引导农民合理安排生产，促进产销衔接。

三是强化项目执行，规范管理到位。创建县建立健全资金使用台账和工作档案，加强资金监管，做好日常管理，将相关文件和影像资料归档立卷，以备查阅。加强资金管理。明确支出范围，将补助资金主要用于物化投入、社会化服务、技术推广服务补助。一些地方的农业农村、财政、审计等部门组成联合工作组，对年度资金使用情况进行核查，确保资金使用安全。规范档案管理。严格建立项目档案，将省市县有关文件和实施方案、培训观摩现场、示范标牌照片等文字和图片材料分类建档，做到有章可循、有据可查。

四是强化考核评价，监管约束到位。在项目实施过程中，加强跟踪调度，突出从立项到总结的全过程监管，及时掌握实施进展，确保各项工作有力有序推进。加强工作督导。各省创新督导方式，确保创建措施落实到位，取得实效。新疆将创建列入自治区农业项目稽查专项，开展专项督查，对督查中发现的问题进行通报，并对部分创建县下发整改通知书，确保创建工作不走样。辽宁省建立"月调度季汇报"制度，定期了解各地创建工作开展情况，并结合调度结果，在关键环节、关键时期，通过全省巡回、市县交叉、重点抽查等形式，先后开展3次督导检查，加强过程管理。突出绩效评价。开展绩效评价，推动创建工作规范有序开展。江苏省制定绿色高质高效示范创建绩效评价办法，把创建作为粮食安全责任制考核的内容，列入对市级政府考核指标，分值3.5分，占整个农业农村部门考核分数的10%。上海市结合各阶段检查评比结果及总体创建成效，每年度评选出一定数量的市级优秀示范点，并按照创建后奖补给予一定支持。

五是强化宣传引导，辐射带动到位。各地注重舆论引导，为创建工作提供助力。搞好媒体宣传。及时交流各地推进绿色高质高效创建的好做法、好经验，树立典型、扩大影响。抓好宣传报道，大力宣传创建工作的政策措施、成功经验、先进典型和实施效果。全国各地在省级以上媒体开展宣传600多次。统一标识标牌。在创建区设立统一、醒目的标识牌，明确创建作物、创建目标、技术模式、行政及技术负责人，让农户看得到、学得会、用得上，扩大宣传效应，接受群众监督。吉林省18个创建县共落实核心展示地块512块、示范区地块2.3万块，向周边农户宣传推广关键技术要点，很好发挥了示范片的引导带动作用。

（二）耕地轮作休耕制度试点 探索实行耕地轮作休耕制度试点是中央作出的一项重大部署，也是深化农村改革的一项重点任务。2016年以来，试点省及有关部门以绿色发展理念为引领，以资源约束紧和生态保护压力大的地区为重点，以促进农业可持续发展和平衡粮食供求矛盾为目标，稳妥有序推进耕地轮作休耕制度试点顺利开展。试点规模不断扩大。2016年耕地轮作休耕制度试点面积41.07万公顷，中央财政安排补助资金14.36亿元；2017年试点面积80万公顷，补助资金25.6亿元；2018年试点面积达到193.33万公顷，补助资金58.4亿元，均比上年增加了1倍多。区域不断拓展。2018年，在东北冷凉区、北方农牧交错区、河北地下水漏斗区、湖南重金属污染区、西南西北生态严重退化地区5个试点区域的基础上，新增了黑龙江寒地井灌稻区、长江流域稻谷小麦低质低效区、黄淮海玉米大豆轮作区、新疆塔里木河流域地下水超采区4个试点区域。试点省份由2016年的9个增加到2018年的15个。

1.实施成效。一是探索轮作休耕模式，丰富了绿色种植制度内涵。试点省立足资源禀赋，积极探索各具特色、符合当地实际的轮作休耕模式，为绿色种植制度构建提供了助力。生态修复模式。河北开展"一季雨养一季休耕"，冬春季休耕需地下水灌溉的小麦，夏季种植雨热同季的玉米等作物，减少地下水开采。湖南重金属污染区休耕期间撒石灰、深翻耕、种绿肥，做到"治理、培肥、管护"同步推进。地力提升模式。东北四省区按照试点地块一定三年的原则，推行"玉米+大豆+其他作物"的"三三轮作"，或"玉米+大豆""大豆+薯类"等的"二二轮作"，减轻连作障碍，提高地力水平。供求调节模式。江苏、江西发展稻油、稻肥轮作，减少低质低效的稻谷和赤霉病发生较重的小麦种植。黑龙江选择部分地下水超采压力大的地区，开展井灌稻休耕，缓解了稻谷库存压力。

二是注重生产生态协调，促进了农业高质量发展。通过轮作休耕，实行用地养地结合，提升了农业发展质量和综合效益。生态效益显现。实行玉米与大豆等作物轮作，大豆根瘤固氮减少了化肥用量，倒茬种植减轻了病虫害发生。3年来黑龙江化肥用量减少近30万吨。河北地下水漏斗区13.33万公顷季节性休耕，年压减地下水开采3亿立方米。甘肃休耕区397个固定监测点土壤有机质含量提高9%。经济效益显现。河北实行冬小麦休耕后，将夏玉米改为春玉米或早夏玉米，生育期延长10～15天，亩产提高10%以上。社会效益显现。内蒙古阿荣旗探索"轮作+扶贫农场"模式，将1 952个贫困户的6 667多公顷耕地纳入轮作试点，由扶贫农场统一经营，贫困户人均收入从2 200元增加到3 700多元，增幅达68%，带动了脱贫攻坚。江苏、江西、贵州、甘肃将轮作休耕与有机农业生产、生态旅游观光结合，带动地方特色产业发展。

三是调整优化作物结构，改善了农产品供求关系。耕地轮作休耕制度试点，也是农业供给侧结构性改革的一大举措，对调整优化种植结构发挥了促进作用。品种结构趋于优化。在轮作休耕试点带动下，3年来调减"镰刀弯"等非优势区籽粒玉米333.33多万公顷，调减低质低效区稻谷和小麦近66.67万公顷，市场短缺的大豆增加66.67多万公顷，杂粮杂豆也呈增加趋势。区域布局更加合理。黑龙江、内蒙古东部立足资源禀赋，坚持适区种植，主动调减四五积温带品质较差的籽粒玉米，发展高蛋白食用大豆、优质强筋小麦、特色杂粮等，改变了玉米"一粮独大"局面，作物类型更加丰富。

2. 主要做法。一是加强试点工作的组织实施。2018年初，制定下发年度工作方案，下达试点任务。在关键农时季节，召开专门会议进行安排部署。15个试点省均成立了由政府分管负责同志或农业农村部门主要负责同志任组长的省级协调指导组，将试点任务分解到302个县（市）及10个农场管局，逐级落实到乡到村、到户到田。试点省与试点县、试点县与试点乡镇签订轮作休耕责任书，试点乡镇或县级农业部门与试点农户签订轮作休耕协议书，明确各方权利、责任和义务。鼓励试点地区加工企业与试点农户签订收购合同，搞好产销衔接，增加种植收益。

二是加大政策资金的支持力度。为保障试点政策有效落实，在财政收支矛盾突出的情况下，财政部按照年度试点任务据实测算安排资金，持续加大支持力度。各试点省在落实中央财政补助资金的同时，也积极出台相关政策，形成支持合力。初步统计，2018年各试点省共安排资金7 000万元，支持开展耕地轮作休耕制度试点。江苏将苏南地区轮作补助标准每亩提高至200元。安徽蒙城对试点农户每亩给予50元的购种补助。山东、安徽、河南、吉林、江西等省将绿色高质高效创建、有机肥替代化肥、优质稻米产业工程等项目优先安排在轮作试点区，推进规模化种植、标准化生产，提升轮作休耕政策实施效果。

三是强化对试点工作的督促指导。各级农业农村、财政部门采取多种形式，推动试点任务落实。农业农村部、财政部每年派出工作组，对试点任务落实情况进行督导；2次联合召开新闻发布会，并在央视《新闻联播》《焦点访谈》等栏目宣传轮作休耕的政策内容及重要意义。各试点省和试点县均成立专家指导组，通过分片包干、巡回指导、集中培训等方式，指导农户抓好关键技术落实。2018年，各试点省共举办省级技术培训班30余期，培训人数4 500多人。部分试点省和试点县还成立由农业农村、财政、审计等部门组成的联合工作组，对试点地块落实、协议签订、档案台账、资金使用等进行检查。

（三）高标准农田建设 农田是保障国家粮食安全、实施乡村振兴战略的物质基础。2018年，农田建设管理司认真落实中央机构改革精神，深入贯彻中央1号文件、中央农村工作会议精神，按照部党组的部署和要求，大力实施"藏粮于地、藏粮于技"战略，夯实乡村振兴基础，切实履行农田建设管理职责，坚持把高标准农田建设摆在突出位置，稳步推进建设任务落实，加快完善农田建设管理新机制，补齐农田基础设施短板，为确保"中国饭碗"主要装"中国粮"提供基础支撑。

1.认真抓好农田建设职能与资金整合。以往高标准农田建设资金渠道多、建设标准不统一、项目管理政策各异，"五牛下田"的管理模式让地方政府在资金安排和项目实施中面临不少困扰，也影响了农田建设资金和项目建设成效。2018年党和国家机构改革方案决定，农业农村部新设立农田建设管理司，履行高标准农田项目管理职责，重点开展了以下几方面工作：一是顺利完成职能整合。认真落实中央机构改革要求，整合财政、国土资源、水利和农业四部门的农田水利建设相关力量，新组建农田建设管理司，加强部门协调和工作对接，2018年如期平稳实现各部门职能有序承接。二是加强资金整合。落实中央要求，初步统筹整合了千亿斤粮食生产能力、农业综合开发、土地整治、小型农田水利等农田建设资金860亿元，为统一推进高标准农田建设打好坚实基础。三是加快构建新体制。努力构建集中统一高效的农田建设管理新体制，推动健全农田建设管理体系，强化县级工作力量配备，加强制度建设，规范项目管理流程。

2.筹备召开全国冬春农田水利基本建设电视电话会议。2018年11月14日，全国冬春农田水利基本建设电视电话会议在北京召开，李克强总理作出重要批示，胡春华副总理出席会议并讲话。各省区市人民政府，国务院有关部门负责同志参加会议。李克强总理批示要求，"加强农田水利基本建设，藏粮于地藏粮于技，是保障国家粮食安全、推动现代农业发展的重要举措。各地区各相关部门要以习近平新时代中国特色社会主义思想为指导，认真贯彻党中央、国务院决策部署，围绕实施乡村振兴战略，结合促进补短板领域有效投资，强化规划布局，突出提升防灾抗灾减灾能力，进一步推进农田水利和重大水利工程建设。要压实各级政府责任，深化相关改革，加快构建集中统一高效的农田建设管理新体制。要建立投入稳定增长机制，加强建设资金源头整合，大力吸引社会资金投入，千方百计调动广大农民参与农田水利基本建设和日常管护的积极性，为夯实我国农业生产能力基础、更好保障粮食安全和主要农产品有效供给、促进农民增收和农村现代化建设作出新贡献。"

3.大力推进高标准农田和高效节水灌溉建

设。2018年，农田建设管理司按照新的职能定位，积极履职尽责，稳步推进工作，全国高标准农田建设取得新进展。为确保2018年年度建设任务有效落实，组织相关部委召开农业投资项目管理座谈会，商定2018年仍按原定渠道和方式组织实施农田建设项目，各渠道在6月中旬完成中央资金下达任务。协调有关部门加强督导，指导地方加快推进当前建设任务，推动各地加快项目实施。农业农村部常务会多次研究部署高标准农田建设工作，部领导也多次亲自开展专题调研，积极探索统筹整合资金推进高标准农田建设新路径。在江西组织召开全国农田建设现场会，印发加强农田建设管理的通知，做到平稳过渡、统筹衔接，为2018年顺利完成年度建设任务提供了政策保障，也为2019年农业农村部门全面承接高标准农田建设职责奠定了扎实基础。据统计汇总，2018年全国共投入建设资金约1 300亿元，新增高标准农田546.67多万公顷，新增高效节水灌溉面积133.33多万公顷，顺利完成年度目标任务。

4.积极构建农田建设管理制度体系。制度建设是推进农田建设管理工作的基础保障，也是依法行政、依法履职的重要依据。2018年，农田建设管理司根据机构改革后的实际情况，系统研究梳理以往各部门开展高标准农田建设的有益做法，做好顶层制度设计，按照工作需要和解决实际问题的原则，加快推进分层次制度体系建设。有序推进构建农田建设制度体系，研究制定农田建设项目管理办法，分区域制定高标准农田建设标准及定额。大力开展调查研究，征求中央有关部门、地方政府、农业农村部门和农民群众对农田建设的意见建议，将有关成果吸收采纳到农田建设项目管理办法的研究制定过程中。努力增强制度建设的科学性，通过课题研究、专家咨询等方式，广泛动员各领域专家参与农田建设制度办法的研究制定，提高管理制度体系建设的规范性和科学性。

5.统筹做好综合开发相关工作。2018年，农田建设管理司利用国际组织贷款和财政资金，继续组织开展了一系列试点工作，不但推动了相关试点地区农业转型升级发展，而且积累了宝贵的改革创新经验，形成了一批可复制、可借鉴的示范典型。一是争取外资开展农业综合开发。加强与亚洲开发银行合作，争取3亿美元低息优惠贷款支持长江绿色生态廊道项目建设。加强与国际农发基金的协调，争取8 000万美元低息优惠贷款支持宁夏、四川两省份贫困地区农业扶贫发展项目。深入研究外资项目管理有关制度规定，配合亚行和国际农发基金北京代表处有关负责人员，从管理经验和能力、人员素质和技能、财务机构设置、审计监督和信息系统建设等全面审核评估，评估结果得到外方充分认可。二是及时总结田园综合体试点工作。督促项目建设涉及的10个省市及时报送有关材料，汇总有关数据，总结项目建设经验和成效，督促地方加快项目建设进度，争取早日发挥应有效益。

6.积极推进监督评价工作。一是加强督查考核工作，将高标准农田建设纳入国务院督查激励范围。《国务院办公厅关于对真抓实干成效明显地方进一步加大激励支持力度的通知》（国办发〔2018〕117号）明确提出，"对按时完成高标准农田建设任务且成效显著的省（区、市），根据高标准农田建设考核结果，在分配年度中央财政资金时予以适当倾斜。"凸显了国务院及部党组对高标准农田建设的高度重视。二是积极研究制定《高标准农田建设评价激励实施办法（试行）》，作为高标准农田建设评价激励的重要依据。同时，加强信息化建设组织领导，推动监管平台建设，不断提高项目管理的信息化和精细化水平。

专栏9

建好管好宝贵农田

习近平总书记强调,"抓农业农村工作,首先要抓好粮食生产""保障国家粮食安全是一个永恒课题,任何时候这根弦都不能放松"。粮食安全是党中央、国务院高度重视的重大战略问题之一,直接关系到国民经济健康发展、社会和谐稳定。农田是确保国家粮食安全最重要的物质基础,我国现有1.35亿公顷(以下简称20亿亩)耕地,是推进农业农村现代化主阵地;建好管好用好20亿亩耕地,既是实现乡村振兴主战场,农业农村部门负有重大政治责任,这也为农田建设管理事业发展提供了广阔舞台。

新时代,粮食安全面临的现实风险日益突出,必须充分认识到这一问题的极端重要性、艰巨性和长期性。经过多年努力,全国已建设的高标准农田仅4 266.67万公顷,占全国耕地面积不到1/3,总体看,农田基础设施薄弱的局面没有改变。此外,耕地数量质量领域还面临诸多新挑战。一方面,冲击耕地资源数量的因素增多,工业化、城镇化对耕地资源占用持续增加,保障粮食数量安全面临风险持续加大。据专家测算,2011—2017年全国净减少耕地面积40.93万公顷,流转土地"非粮化"、产业发展中"非粮化"的情况逐步凸显。另一方面,耕地质量下降和土壤污染问题不容乐观,保障粮食质量安全的风险持续加大,2014年《全国土壤污染状况调查公报》数据表明,我国土壤点位超标率达到16.1%,叠加灌溉水资源污染、荒漠化、沙化、水土流失、重金属污染、农业面源污染等诸多不利因素,耕地资源污染问题短期难以解决。值得重视的是,已建设的高标准农田还面临着"建设底数不清、建在哪里不清、建得好坏不清"等潜在风险。

总书记强调,"确保重要农产品特别是粮食供给,是实施乡村振兴战略的首要任务""保障粮食安全,关键是要保粮食生产能力,……,这就要求我们守住耕地红线,把高标准农田建设好,把农田水利搞上去,……,真正把藏粮于地、藏粮于技战略落到实处"。目前,无田间基础设施、无耕地质量底数、无良种良法配套的"三无"农田仍占大多数,"看天气吃饭,凭经验种田"的传统生产模式没改变。庄稼长在农田里,农业农村部门只有把20亿亩耕地管好建好,将良种、良法等软硬件措施在良田上组装配套,完成中央交给的粮食安全硬任务也才能更有底气。中央已明确要求,到2022年要建成6 666.67万公顷高标准农田;同时提出,"耕地是我国最为宝贵的资源""要实行最严格的耕地保护制度,……像保护大熊猫一样保护耕地""坚决防止耕地占补平衡中出现的补充数量不到位、补充质量不到位的问题"。

深入实施藏粮于地、藏粮于技战略,关键是要立足20亿亩耕地这个最大的国情、农情,统筹全局、突出重点,采取有效措施统筹加强农田建设、管理、监测和保护。要以提升粮食产能为核心,以改善耕地质量为基础,以增强防灾抗灾减灾能力为主攻方向,以提高水土资源利用效率和促进农业可持续发展为重点,加快建设步伐,确保到2020年建成5 333.33万公顷、到2022年建成6 666.67万公顷旱涝保收、稳产高产、绿色生态、节水高效的高标准农田。同时,要尽快补齐农田常态化管理、监测和保护短板,将工作覆盖面拓展到全国20亿亩耕地。完善工作机制,结合东北黑土地保护、耕地轮作休耕制度试点等项目，扩大耕地质量监测点建设规模，健全国家耕地质量监测网络，发布年度耕地质量监测结果。开展耕地质量等级调查评价，加快建立耕地质量数据平台。

农田建设是"三农"工作中一项打基础、利长远的重大举措，建好管好20亿亩农田，在良田的基础上集成聚合良种、良法等其他软件硬件措施，才能让我们在粮食安全上有底气，也才能为调整农业种植结构、提升产业整体效益、促进高质量发展留下空间。我国人多地少的基本国情，决定了我们必须把关系十几亿人吃饭大事的耕地建设好、管理好、保护好，持之以恒、久久为功，为我们这代人、为子孙后代端稳中国饭碗筑牢根基。

（四）农业科技支撑

1.政策措施。一是大力实施基层农技推广体系改革与建设补助项目，在全国2 436个农业县（市、区、场）继续加强基层农技推广体系改革建设，支持基层农技推广机构及时高效的提供农业公共服务，推广应用了一大批农业重大品种、关键技术和重要模式，为支撑藏粮于地、藏粮于技战略提供了有力保障。二是以转基因生物新品种培育重大专项等项目为载体，不断提升自主创新能力和转化应用水平。推动实施中国农业科学院农业科技创新工程，稳定支持科研团队开展持续科技攻关和技术集成模式创建。加快基层农技推广体系改革与建设步伐，推动粮食生产科技成果的转化应用。三是推动基层农技推广体系改革创新。探索公益性与经营性农技推广融合发展、基层农技人员提供增值服务合理取酬和加强贫困地区基层农技推广服务供给的有效机制，激发人员活力、提升服务效能。

2.主要做法和成效。一是强化现代农业产业技术体系建设，以农产品为单元，以产业为主线，引导和支持了农业科技创新要素向我国农业生产实践需要集中，使农业科研力量得到了优化整合，提升了农业科技整合力。二是育成了一批高产优质抗逆和适应于机械化的粮食作物新品种并获得大面积示范推广，攻克了粮食作物优质高效生产关键技术，重大病虫草害防控技术水平得到了显著提升，开发了高效实用的粮食作物机械化技术体系，粮食作物加工科技含量不断提升，质量安全检测技术不断强化。三是创制出了一批具有重要应用前景的抗虫、耐除草剂、抗旱节水和营养功能型的玉米、大豆、水稻等转基因新品系，具备与国外同类产品抗衡和竞争能力。2018年，主要农作物审定品种3 249个，其中国审品种902个、省审品种2 347个，截至2018年，29种非主要农作物登记品种数量达10 325个。植物新品种保护申请量突破2万件，授权总量达到11 168件，申请量居世界第一。水稻、小麦、大豆、油菜等大宗作物生产用种，100%为我国自主选育的品种。玉米自主研发品种面积比重由85%增长到90%。蔬菜自主研发品种面积比重由80%提高到87%。这些为保障粮食和主要农产品的持续稳定供应提供了有效支撑。四是推动机制创新，通过建设一批国家农业科技创新联盟，通过推动企业、高校、科研院所开展协同攻关，解决了农业发展和粮食生产等方面行业性区域性公共性的一系列技术问题，为产业发展和保障粮食生产提供了有力的支撑。五是开展农技推广服务特聘计划试点。从新毕业大学生、农业乡土专家、种养能手、新型农业经营主体技术骨干、科研教学单位一线服务人员中招募160余名特聘农技人员，帮助贫困地区农户科学发展特色产业，开展技术指导服务，宣传脱贫攻坚政策，提升基层农技推广体系的服务效能和活力。

实施质量兴农战略

习近平总书记指出，实施乡村振兴战略，必须深化农业供给侧结构性改革，走质量兴农之路。2018年中央1号文件提出，实施质量兴农战略，制定和实施国家质量兴农战略规划。《乡村振兴战略规划（2018—2022年）》强调，要坚持质量兴农、品牌强农。为贯彻落实党中央、国务院决策部署，农业农村部会同发展改革委、科技部、财政部、商务部、市场监管总局、粮食和储备局印发《国家质量兴农战略规划（2018—2022年）》（以下简称《规划》），明确了未来五年实施质量兴农战略的总体思路、发展目标和重点任务，部署了若干重大工程、重大行动、重大计划，为推进质量兴农制定清晰的"时间表""路线图"。

当前，我国农业正处在转变发展方式、优化产业结构、转换增长动力的攻关期。实施质量兴农战略，实现农业由总量扩张向质量提升转变，对实现乡村全面振兴和加快农业农村现代化具有重要意义。《规划》坚持目标导向，紧紧围绕农业高质量发展，坚持绿色化、优质化、特色化、品牌化基本路径，分阶段性提出了质量兴农的总体目标。到2022年，要基本建立质量兴农制度框架，初步实现产品质量高、产业效益高、生产效率高、经营者素质高、国际竞争力强，推动农业高质量发展取得显著成效。《规划》还着眼远景谋划，按照两步走的总体安排，明确了到基本实现现代化阶段质量兴农的目标。到2035年，质量兴农制度体系更加完善，现代农业产业体系、生产体系、经营体系全面建立，农业质量效益和竞争力大幅提升，农业高质量发展取得决定性进展，农业农村现代化基本实现。

针对质量兴农工作存在的突出问题和关键制约，《规划》研究提出一系列有力措施，部署了七方面重点任务：

1.加快推进农业绿色发展。立足水土资源匹配，调整完善农业生产力布局，推进保供给和保生态有机统一。严守耕地红线，加强节水灌溉工程建设和节水改造，促进水土资源节约高效利用。深入推进化肥减量增效行动，加快实施化学农药减量替代计划，着力推进绿色防控，强化兽药和饲料添加剂使用管理，逐步提高农业投入品科学使用水平。加强土壤污染防治，持续推进秸秆综合利用和农膜回收，切实抓好畜禽粪污资源化利用，全面加强产地环境保护与治理。

2.推进农业全程标准化。加快建立与农业高质量发展相适应的农业标准及技术规范，健全完善农业全产业链标准体系。引进转化国际先进农业标准，推进"一带一路"农业标准互认协同，加快与国外先进标准全面接轨。建立生产记录台账制度，实施农产品质量全程控制生产基地创建工程，在"菜篮子"大县、畜牧大县和现代农业产业园全面推行全程标准化生产。

3.促进农业全产业链融合。开展农村一二三产业融合发展推进行动，建设一批现代农业产业园和农村产业融合发展先导区，促进农产品加工就地就近转化增值。强化产地市场体系建设，加快建设布局合理、分工明确、优势互补的全国性、区域性和田头三级产地市场体系。加快完善农村物流基础设施网络，创新农产品流通方式，推进电子商务进农村综合示范，大力发展农产品电子商务。建设一批美丽休闲乡村、乡村民宿等精品线路和农村创新创业园区，培育农村新产业新业态。

4.培育提升农业品牌。实施农业品牌提升行动，培育一批叫得响、过得硬、有影响力的农产品区域公用品牌、企业品牌、农产品品牌。加快建立农业品牌目录制度，全面加强农业品牌监管，构建农业品牌保护体系。创新品牌营销方式，讲好农业品牌故事，加强农业品牌宣传推介。加强市场潜力大、具有出口竞争优势的农业品牌建设，打造国际知名农业品牌。

5.提高农产品质量安全水平。保障农产品质量安全，是质量兴农的底线。进一步加强农产品质量安全监测，改进监测方法，扩大监测范围，深化例行监测和监督抽查。健全省、市、县、乡、村五级农产品质量安全监管体系，充实基层监管机构条件和手段，切实提高执法监管能力。建设国家农产品质量安全追溯管理信息平台，推动建立食用农产品合格证制度，继续开展国家农产品质量安全县创建。深入推进农产品质量安全风险评估，建立农产品质量安全风险预警机制。

6.强化农业科技创新。开展质量导向型科技攻关，强化农业创新驱动。组织实施良种联合攻关，培育和推广口感好、品质佳、营养丰、多抗广适新品种，加强特色畜禽水产良种资源保护。着力提升农机装备质量水平，大力推进主要农作物生产全程机械化，积极推进农作物品种、栽培技术和机械装备集成配套，促进农机农艺融合创新发展。加快发展信息化，深入实施信息进村入户工程，组织实施"互联网+"农产品出村进城工程，开展数字农业建设，完善重要农业资源数据库和台账，推进重要农产品全产业链大数据建设。

7.建设高素质农业人才队伍。实施新型农业经营主体培育工程，支持家庭农场、农民合作社、产业化龙头企业提升质量控制能力。加强新型职业农民培育，每年培训新型职业农民100万人以上，推动全面建立职业农民制度。支持建设区域性农业社会化服务综合平台，推进农业生产全程社会化服务。支持农垦率先建立农产品质量等级评价标准体系和农产品全面质量管理平台，打造质量兴农的农垦国家队。

专栏10

深入推进农业质量年行动

2018年，农业农村部部长韩长赋宣布启动2018农业质量年，农业农村部第一时间部署农业质量年相关工作，并实施"八大行动"。以乡村振兴战略为总抓手，以农业供给侧结构性改革为主线，在部党组统一部署下，部内各相关司局积极配合，各地农业农村部门积极响应，媒体、专家、公众、社会组织等各方面积极参与。在全国范围内全面推进农业高质量发展，全面唱响质量兴农、绿色兴农、品牌强农的主旋律，全面提升农业质量效益竞争力，农业绿色化、优质化、特色化、品牌化发展不断开创新局面，农产品质量安全水平实现了新提升，质量安全监管能力取得了新突破，农业绿色发展取得了新进展，农业质量效益迈上了新台阶，质量兴农理念成为了新共识。

一是农业生产标准化水平不断提高。推进标准制修订，废止了与农业绿色发展不相适应的标准，新制定了一批国家和农业行业标准。强化农业标准化推广示范，推进了种植业、畜牧业和水产养殖业绿色化、标准化发展。开展水产养殖用药减量行动试点工作，启动实施全国兽用抗菌药使用减量化行动。

二是农产品质量安全监测有序开展。调整完善国家农产品质量安全例行监测计划，农产品质量安全水平继续保持稳中向好发展态势。加强质检体系建设管理，组织392家检测机构参加检测技术能力验证工作。围绕粮油、蔬菜、果品、畜禽、水产等15大类农产品或风险因子深入开展农产品质量安全风险评估。加快国家农产品质量安全追溯平台推广运用，推动国家追溯平台在全国范围内推广应用。

三是农产品质量安全执法更加严格。积极推动《农产品质量安全法》及配套法律法规修订，部署开展了农药、"瘦肉精"、兽用抗生素等7个专项整治行动，严防、严管、严控农产品质量安全风险。积极推进农兽药追溯体系建设，完善了中国农药数字监督管理平台产品追溯功能，完成了兽药二维码追溯系统升级重构工作。加快建立农产品质量安全信用档案，积极推动信用信息公开共享。

四是农产品质量安全县创建亮点纷呈。加强了国家农产品质量安全县考核培训指导，强化县域间的学习和交流，推动创建水平不断提升，支持北京、江苏创建农产品质量安全省市。大力支持国家现代农业示范区、产业园建设。积极构建农垦绿色发展先行示范区。

五是产地环境质量逐步改善。深入实施化肥农药减量使用和绿色防控，推动实施化肥农药减量实施和绿色防控技术加快推广应用。组织实施畜禽废物资源化利用项目，协同推进生产发展和环境保护，推进秸秆综合利用试点和农膜回收行动。加强耕地质量保护，开展重金属污染耕地修复及农作物种植结构调整，加强东北黑土地保护。

六是农业品牌影响力有效提升。印发《农业农村部关于加快推进品牌强农的意见》，强化农业品牌顶层设计。开展特色农产品优势区创建，积极开展农业品牌营销推介，持续加强农业品牌宣传。

七是质量兴农科技支撑越发强劲。编制《农业绿色发展技术导则（2018—2030）》，加快农业绿色发展技术体系构建和示范推广。在北京召开2018年国家良种重大科研联合攻关部署会，深化作物良种联合攻关。支持引导农业机械化全面高质高效发展，打造152个基本实现全程机械化的示范县。

八是农业生产经营主体能力明显提高。落实财政扶持政策，重点支持有序流转土地、健全管理制度、应用先进技术、加强基础设施建设等。强化调查研究，分析2017年家庭农场生产经营数据，形成了监测报告。开展了制度探索和政策创新，为全面建立职业农民制度奠定了实践基础。开展多种形式培训，壮大了新型职业农民队伍。

农村一二三产业融合发展

乡村产业是根植于县域，以农业农村资源为依托，以农民为主体，以一二三产业融合发展为路径，地域特色鲜明、创新创业活跃、业态类型丰富、利益联结紧密的产业体系。近年来，各地区、各有关部门深入贯彻党的十九大精神，认真落实党中央、国务院决策部署，以农业农村现代化为总目标，以农业供给侧结构性改革为主线,采取了一系列有力措施,全力推进乡村产业发展。加大政策扶持,围绕促进农村一二三产业融合、农产品加工业、乡村旅游、农村创新创业等,制定实施一系列涉及财政税收、金融保险、用地用电、科技创新、人才保障等方面的支持政策措施。推进农村改革,深化农产品收储制度、农村土地制度、农村集体产权制度以及"放管服"等改革,激活要素、市场和主体,促进乡村产业发展。营造创业氛围,加强乡村基础设施建设,推进公共服务向乡村延伸,每年举行全国大众创业万众创新活动周及全国新农民新技术创业创新博览会,引导各类人才到乡村投资兴业。

（一）现代农业加快推进 坚持把保障国家粮食安全作为发展现代农业的首要任务,守住国家粮食安全底线,促进农业高质量发展。粮食产能巩固提升,累计建成高标准农田4 266.67万公顷,完成6 466.67万公顷粮食生产功能区和重要农产品生产保护区划定任务。2018年粮食产量6.58亿吨,连续7年保持在6亿吨以上。棉油糖、果菜鱼、肉蛋奶等生产稳定、供应充足。绿色发展有力推进,化肥、农药使用量实现负增长,畜禽粪污综合利用率达到70%,秸秆综合利用率达到84%,农用地膜回收率达到60%,耕地轮作休耕试点超过200万公顷。技术装备水平稳步提升,农业科技进步贡献率达到58.3%,主要农作物耕种收全程综合机械化率达到67%。新一代信息技术向农业生产、经营、管理、服务拓展。农业供给侧结构性改革不断深化,2016—2018年累计调减非优势区籽粒玉米面积333.33多万公顷,调减低质低效区水稻面积53.33多万公顷,增加大豆面积133.33多万公顷,粮改饲面积达到93.33多万公顷。畜禽养殖规模化率达到58%,奶业振兴扎实推进。

（二）乡村产业形态不断丰富 各地依托

乡村资源,发掘新功能新价值,培育新产业新业态。特色产业快速发展,形成一批特色鲜明的小宗类、多样化乡土产业,创响特色品牌约10万余个,认定"一村一品"示范村镇2 400个。农产品加工深入推进,引导加工产能向粮食等主产区布局,促进就地加工转化。2018年规模以上农产品加工企业7.9万家、营业收入14.9万亿元。休闲农业和乡村旅游蓬勃发展,实施休闲农业和乡村旅游精品工程,建设一批休闲观光、乡村民宿、健康养生等园区景点,2018年接待游客30亿人次、营业收入超过8 000亿元。乡村服务业创新发展,2018年农村生产性服务业营业收入超过2 000亿元,农村网络销售额突破1.3万亿元,其中农产品网络销售额达3 000亿元。

（三）乡村产业融合渐成趋势 跨界配置农业和现代产业元素,促进产业深度交叉融合,形成"农业+"多业态发展态势。截至2018年,融合主体大量涌现,农业产业化龙头企业8.7万家,其中国家重点龙头企业1 243家。注册登记农民合作社217万家,家庭农场60万个。融合业态多元呈现,发展综合种养等循环型农业,稻渔综合种养面积超过200万公顷;发展中央厨房、直供直销等延伸型农业,2018年主食加工业营业收入达2万亿元;"农业+"文化、教育、旅游、康养、信息等产业快速发展。融合载体丰富多样,建设国家现代农业产业园62个、国家农业科技园32个、农产品加工园1 600个,创建农村产业融合示范园148个、农业产业强镇254个,各类乡村产业园1万多个。

（四）利益联结机制逐步构建 各地发展企农契约型合作模式,已有1亿农户与农业产业化龙头企业签订订单,签约农户经营收入超过未签约农户50%以上。推广利益分红型模式,通过"订单收购+分红""保底收益+按股分红""土地租金+务工工资+返利分红"等方式,促进农民持续增收。探索股份合作型模式,形成分工明确、优势互补、风险共担、利益共享的农业产业化联合体。

(五)农村创新创业日渐活跃 制定并落实支持返乡入乡人员创新创业政策,吸引农民工、大中专毕业生、退役军人、科技人员等到乡村创新创业。截至2018年,各类返乡入乡创新创业人员累计达780万,"田秀才""土专家""乡创客"等本乡创新创业人员达3 100多万。领域不断拓宽,由种养向纵向延伸、横向拓展,创办的实体87%在乡镇以下,80%以上发展产业融合项目。层次不断提升,返乡入乡人员50%以上利用信息技术创新创业,近90%是联合创业。载体不断增多,认定农村创新创业园区和实训孵化基地1 096个,益农信息社覆盖1/3以上行政村。

(六)产业扶贫扎实推进 发展优势特色产业,在贫困地区培育农业产业化龙头企业1.4万家、农民合作社61万个,有力带动建档立卡贫困户脱贫致富。建成甘肃定西马铃薯、江西赣南脐橙、陕西洛川苹果、湖北潜江小龙虾、重庆涪陵榨菜等一批特色产业集群。积极促进产销对接,2018年农业农村部举办的各类产销对接活动,带动贫困地区销售农产品超过500亿元,促成签约项目300亿元。加强人才培育,在22个脱贫任务重的省份实施农技推广服务特聘计划,组建科技服务团,培训带头人和大学生"村官"2万余人。

推进农业绿色发展

(一)完善制度框架,构建长效机制

1.建立工作推进机制。农业农村部印发贯彻落实中共中央办公厅国务院办公厅《关于创新体制机制推进农业绿色发展的意见》重点工作部门分工方案和部内实施方案,明确中组部、中宣部、国家发展改革委等32个部门,以及农业农村部相关司局任务分工,建立定期调度机制,形成农业农村部牵头、其他部门协调配合的农业绿色发展工作机制。

2.构建科技创新体系。印发《农业绿色发展技术导则(2018—2030年)》,部署绿色投入品、绿色生产技术、绿色产后增值技术、绿色乡村综合发展技术与模式等研究任务,着力构建支撑农业绿色发展创新体系。成立农产品产地重金属污染综合防控、畜禽养殖废弃物资源化利用、乡村环境治理等国家农业科技创新联盟,推动与相关试点、示范区进行技术对接,强化对农业绿色发展的科技支撑作用。

3.建立绿色标准体系。组织清理与农业绿色发展不适应的标准和行业规范,共废止、终止强制性标准634项,转化为推荐性标准813项;废止推荐性国家标准47项,终止国家标准制定计划168项。制修订《畜禽粪便无害化处理技术规范》《饲料中沙门氏菌的测定》等饲料卫生安全、冷链物流、畜禽粪污资源化利用方面国家标准8项,启动实施《聚乙烯吹塑农用地面覆盖薄膜》(GB12725—2017)新国家标准。

4.完善法律法规体系。推动出台《土壤污染防治法》,起草《农药包装废弃物回收处理管理办法》《农膜管理办法》《肥料管理条例》《外来物种管理条例》《水生野生动物保护实施条例》,组织修订《农产品质量安全法》,推进《固体废物污染环境防治法》(修订)《农作物病虫害防治条例》《生猪屠宰管理条例》(修正)等法律法规的审查办理,农业绿色发展的法律法规体系逐步完善。

5.建立资源环境监测预警体系。制定《国家重要农业资源台账建设操作指南(试行)》,组织172个市、县(区)编制重要农业资源台账，全面反映土地、水、气候、生物、废弃物等重要农业资源状况及动态变化。在全国布设4万余个国控监测点，开展土壤与农产品协同监测。发射"中国农业一号卫星"，构建天空地数字农业管理系统，实现对作物和农田环境的快速监测。

（二）优化空间布局，推动高质量发展

1.优化主体功能布局。联合国家发改委印发《关于加快划定粮食生产功能区和重要农产品生产保护区的通知》，截至2018年底完成6亿亩水稻、小麦生产功能区和1亿亩大豆生产保护区划定工作。聚焦特色粮经作物、特色园艺产品、特色畜产品、特色水产品、林特产品五大类29个重点品种（类），创建并认定随州香菇等86个特色农产品优势区。

2.调整优势农产品布局。调减"镰刀弯"地区等非优势产区籽粒玉米种植面积，增加优质食用大豆、薯类、杂粮杂豆等品种的种植面积。大力发展设施高效农业和牛羊等草食畜牧业，扩大青贮玉米、苜蓿等优质牧草生产，加快构建"粮经饲"协调发展三元结构。推进贫困地区绿色发展。

3.推进农业绿色发展先行区建设。印发《关于编制农业绿色发展先行先试工作方案（2018—2020年）的通知》《国家农业可持续发展试验示范区（农业绿色发展先行区）管理办法（试行）》，组织编制先行先试工作方案，规范先行区建设管理。开展模式总结与提炼，遴选形成10个典型范例。建立部属单位与先行区联系指导工作机制，为先行区建设提供指导。

（三）节约利用资源，促进永续利用

1.加强耕地质量保护。实施耕地质量保护与提升行动，推广秸秆还田、绿肥种植、增施有机肥、地力培肥土壤改良等综合配套技术，提升耕地地力水平。在东北地区开展黑土地保护利用试点，在15个省份实施耕地轮作休耕制度试点200万公顷，在东北冷凉区建立玉米与大豆、杂粮、饲草等"轮作倒茬"模式，在重金属污染区和生态严重退化地区建立"控害养地培肥"模式，在地下水漏斗区建立一季休耕一季雨养"单季高产高效"模式，提升耕地质量。

2.加强农业用水管理。在华北、西北和西南等地建设11个高标准节水农业示范区，集中展示膜下滴灌水肥一体化、集雨补灌水肥一体化和喷滴灌水肥一体化模式。指导各地发展高效节水灌溉，2018年全国新增高效节水灌溉面积133.33多万公顷，农业用水比重下降到62%左右。

3.加大渔业资源保护。完善休渔禁渔制度，继长江、珠江等流域之后，首次在黄河流域实施禁渔，要求每年4月1日至6月30日，在黄河干流、3个主要通江湖泊和13个主要支流的干流河段禁止捕捞作业。启动以长江为重点的水生生物保护行动，率先在长江流域水生生物保护区实现全面禁捕。调整完善海洋伏季休渔制度，将定置作业休渔时间统一为5月1日开始、不少于三个月。

（四）治理面源污染，保护产地环境

1.开展耕地污染治理。印发《国家土壤环境监测网农产品产地土壤环境监测工作方案（试行）》，在全国布设4万多个国控监测点，覆盖了全部产粮大县和主要土壤类型，开展土壤与农产品协同监测。出台《农用地土壤环境质量类别划分技术指南（试行）》，在江苏、河南、湖南3省6县开展耕地土壤环境类别划分试点，继续指导湖南实施重金属污染修复及农作物种植结构调整试点。

2.推进化肥农药减施增效。在300个县开展化肥减量增效示范，示范县测土配方施肥技术覆盖率达到95%以上。在175个县开展果菜茶有机肥替代化肥试点，有机肥施用比例达到20%以上。建立600个统防统治与绿色防控融合示范基地，在22个省150个重点县开展果菜

茶病虫全程绿色防控试点。在10个省蔬菜、水果、茶叶生产基地示范推广低毒化学农药和生物农药。

3.推进畜禽粪污资源化利用。制定《畜禽养殖废弃物资源化利用工作考核办法（试行）》，以畜牧大县和规模养殖场为重点，压实属地管理责任。印发《畜禽规模养殖场粪污资源化利用设施建设规范（试行）》，指导规模养殖场配套建设设施设备，切实履行主体责任。印发《畜禽粪污土地承载力测算技术指南》，修订《饲料添加剂安全使用规范》，促进种养匹配、源头控制污染。支持300个畜牧大县、4个省和5个市整体推进畜禽粪污资源化利用。组织成立科技创新联盟，凝练推广典型技术模式，指导各地提高粪污资源化利用水平。健全信息化监管制度，规模养殖场全部纳入直联直报信息系统监管范围，实现监测监管一体化。

4.推进秸秆综合利用。提炼形成整县推进秸秆综合利用模式、重点链条产业化利用模式，指导各地科学谋划和布局秸秆综合利用产业发展。继续实施"东北地区秸秆处理行动"，整县推进秸秆处理。

5.推进地膜回收利用。2018年5月1日起，实施《聚乙烯吹塑农用地面覆盖薄膜》（GB13735—2017），从源头保障地膜的可回收性。继续支持内蒙古、甘肃和新疆3省区100个县开展农膜回收，把残膜回收装备列入农机补贴目录，加大补贴力度。开展生产者责任延伸机制试点，由企业统一铺膜、统一回收。完善地膜回收网点，加大回收利用企业扶持力度，推广"交旧领新""废旧农膜兑换超市"等模式。依托产业技术体系和地方创新团队，开发出一批残膜捡拾机、秸秆还田及残地膜回收联合作业机等新机型，推动废旧农膜高效捡拾和专业化回收。

（五）保护农业生态，提升服务功能 一是完善生态补贴制度。与财政部、国家发展改革委联合印发《完善粮食主产区利益补偿机制改革督察工作方案》，建立健全粮食主产区利益补偿机制。实施流域生态补偿，对长江经济带11个省实行生态保护修复奖励，指导江西、云南等省份出台生态补偿文件。二是建设田园生态系统。整治田园生态环境，修复农田生态景观，通过山水林田路综合治理、农业清洁生产、用养结合、种养结合等措施，打造环境优美的田园生态系统，提高田园绿化、生态化、景观化水平。三是保护治理草原生态。2018年，继续实施草原生态保护补助奖励政策，在13个省区和新疆兵团、黑龙江农垦落实草原禁牧面积8 066.671万公顷、草畜平衡面积1.73亿公顷，集中治理严重退化和生态脆弱草原，草原生态环境明显改善。

农村承包地确权登记颁证

开展农村承包地确权登记颁证工作，是党中央作出的一项重大决策部署。党的十七届三中全会、十八届三中全会都明确要求，要搞好农村土地确权登记颁证，依法维护农民土地承包经营权。习近平总书记在2013年中央农村工作会议上明确提出，建立土地承包经营权登记制度，是实现土地承包关系稳定的保证，要把这项工作抓紧抓实，真正让农民吃上"定心丸"。李克强总理在2014年政府工作报告中要求，抓紧土地承包经营权确权登记颁证工作。2014年中央明确提出用5年时间基本完成农村土地承包经营权确权登记颁证工作。2018年中央1号文件要求"全面完成土地承包经营权确权登记颁证工作"。

在党中央、国务院的坚强领导下，经过各地各部门不懈努力，全国农村承包地确权登记颁证工作基本完成，30个省份（新疆除外）均提交了完成报告。截至2018年底，共有2 838个县（市、区）和开发区开展了农村承包地确权登记颁证工作，涉及2亿多农户，基本理清了全国农村承包地权属，完善签订了承包合同，确权给农户承包地面积9 866.67万公顷。按照一户一簿的原则，给确权农户建立了土地承包经营权登记簿，登记了农民家庭的成员、所承包地块的面积、四至，完整记载了农户的承包经营权利。按照一户一证的原则，给确权农户颁发了土地承包经营权证书，让农民吃上了"定心丸"。妥善解决了约54万起土地承包纠纷，化解了大量久拖未决历史遗留问题。按照一户一档原则，为每个承包户单独建立了包括确权申请、身份信息、确认权属、实地勘界、界限图表、登记和权证审核发放等文件材料的档案。建成国家级承包地确权数据库，初步建成国家级农村土地承包经营权信息应用平台并上线测试，为建立健全土地承包经营权登记制度奠定了基础。

通过开展农村承包地确权登记颁证工作，有效解决了农村土地承包长期存在的地块面积不准、四至不清、空间位置不明、登记簿不健全、档案管理不规范等问题，将农村承包地管理纳入制度化、规范化、信息化的轨道。

（一）推行精准确权，夯实了家庭承包经营基础性地位　通过确权，清查整理2亿多户原始土地承包档案资料，对11亿多个地块进行精准测量和编码，达到了搞准、搞清、搞实农户承包地的目标要求。同时，将边界清晰、面积准确的集体耕地承包经营权确认给承包农户，进一步稳固了农村土地承包关系，从根本上强化了家庭承包经营的基础性地位，为巩固和完善农村基本经营制度打下了坚实基础。

（二）实施规范登记，强化了对农村土地承包经营权的物权保护　通过确权，完善和规范了承包合同，统一了土地承包经营权登记标准和内容，建立了发包方、承包方、承包地块及承包合同等权属信息的登记簿，依法对承包农户的土地承包经营权进行了完整的记载和确认，实现了承包经营权合同取得权利、登记记载权利的制度规范，强化了对农户承包经营权利的依法保护，为进一步做好承包地管理与改革奠定了制度基础。

（三）颁发权利证书，稳定了农村土地承包关系　通过颁发权属证书，承包农户行使占有、使用、流转、收益等权利以及维护合法权益有了法定凭证，保证了土地承包关系的稳定，让农民真正体会到"确实权、颁铁证"带来的实实在在好处。

（四）激活土地要素，促进了城乡资源互动　通过确权，明晰了承包地产权关系，让农民吃上了"定心丸"，有力促进了农村土地规范流转。土地要素的活化，一方面，有利于多种形式适度规模经营的发展和农业转型升级；另一方面，有利于农民从土地中解放出来，更加安心进城，促进新型城镇化发展。同时，也有利于城镇资本、人才等要素下乡，发展新产业新业态。城乡之间的要素得到合理流动和优化配置，为实施乡村振兴战略提供了动力基础和要素保障。

（五）化解土地纠纷，促进了农村社会和谐稳定　通过确权登记颁证，采取"一村一策"和"一事一议"的办法，依托协商、调解、仲裁和诉讼等渠道，解决了大量历史遗留问题。充分依靠农民群众和乡村干部的广泛参与，确权成果公开、公平、公示，得到广大农民群众的认可，发挥了"定纷止争"的作用。农民群众切实体会到了党中央保护农民权益的决心，党在农村的执政基础更加坚实稳固。

农村土地征收、集体经营性建设用地入市和宅基地制度改革

2018年，各试点地区认真落实党中央、国务院决策部署，在坚守底线的前提下大胆探索，农村土地征收、集体经营性建设用地入市、宅基地制度改革试点工作取得了明显成效，符合预期。

（一）试点进展

1.土地征收制度改革试点稳妥推进。试点地区按照"程序规范、补偿合理、保障多元"的要求，在缩小征地范围、规范征收程序、完善多元保障机制、建立土地增值收益分配机制等方面进行了积极探索。截至2018年底，33个试点县（市、区）按新办法实施征地1 521宗、1.27万公顷。

2.农村集体经营性建设用地入市改革试点积极推进。试点地区按照"同权同价、流转顺畅、收益共享"的目标要求，建立了比较完整的制度体系，推进集体经营性建设用地与国有土地同等入市、同权同价。截至2018年底，集体经营性建设用地已入市地块11 183宗，面积7 066.67公顷，总价款约290亿元，收取调节金30.4亿元，办理集体经营性建设用地抵押贷款330宗、79亿元。

3.农村宅基地制度改革试点扎实推进。试点地区按照"依法公平取得、节约集约使用、自愿有偿退出"的目标要求，围绕保障农户住有所居、建立宅基地有偿使用和退出机制、下放宅基地审批权限、完善宅基地管理制度等进行了积极探索。截至2018年底，各试点地区共腾退出零星、闲置的宅基地约18万户、7 866.67公顷，办理农房抵押贷款7.4万宗、161亿元。

（二）取得的主要成效

1.推动了城乡统一的建设用地市场建设。赋予集体建设用地与国有建设用地同等权能，将集体经营性建设用地纳入国有建设用地市场进行公开交易，充分发挥了市场在土地资源配置中的决定性作用，实现了城乡土地平等入市、公平竞争。集体经营性建设用地入市培植了市场信心，激发了农村土地资源活力，社会和市场对于入市集体土地的接受程度逐步提高。

2.增强了农村产业发展用地保障能力。通过将存量集体建设用地盘活后优先在农村配置，促进了农村产业兴旺。浙江德清、河南长垣、山东禹城、山西泽州、辽宁海城等地通过集体建设用地调整入市建设乡（镇）工业园区，为促进乡村产业集聚、转型发展提供了有效平台。

3.增加了农民土地财产收入。土地征收制度改革通过合理分配土地增值收益、完善多元保障机制，被征地农民所得补偿和分享的增值收益明显增加。集体经营性建设用地入市进一步显化了集体土地价值，试点地区共获得入市收益259.6亿元。宅基地制度改革通过解决历史遗留问题，保障了农民土地权益，形成了多样的农民住房保障形式，有效满足了农民的多元化居住需求。农房抵押、有偿退出、流转等制度设计，增加了农民财产性收入。

4.提升了农村土地利用和治理水平。通过集体土地权属调查、登记发证，完善村庄规划，夯实了农村土地管理基础。违法用地大幅减少，耕地得到更好保护，农村土地节约集约利用水平明显提升。试点地区多项改革措施协同发力，在确保试点任务有序推进的同时，也健全了集体经济组织，增强了基层组织的凝聚力，调动了农民参与集体资产管理和乡村公共事务管理的积极性。

5.促进了乡村振兴、脱贫攻坚和经济社会发展。试点地区通过统筹推进三项改革试点、

相关改革与经济社会发展，改革成效在政策叠加中不断放大，为乡村振兴增添了动力。充分发挥三项改革试点对农村综合改革的引领作用，有力推动了试点地区经济社会发展。河北定州统筹推进三项改革试点取得明显成效，作为国务院第五次大督查发现的典型经验被国务院办公厅通报表扬。

6.有力支撑了《土地管理法》修改。在总结试点经验基础上，形成了《土地管理法（修正案草案）》。2018年11月28日，国务院第32次常务会议审议通过了《土地管理法（修正案草案）》。2018年12月10日，中央政治局常委会审议通过《土地管理法（修正案草案）》。2018年12月23日，十三届全国人大常委会第七次会议初次审议了《土地管理法（修正案草案）》。

2018年12月12日，中央深改委批准将农村土地制度改革三项试点延期至2019年底。2018年12月29日，第十三届全国人大常委会第七次会议决定将试点法律调整实施的期限延长至2019年12月31日。农村土地制度改革三项试点成果将进一步巩固、深化、拓展。

推进农村集体产权制度改革

（一）政策背景及主要措施 深入推进农村集体产权制度改革，是以习近平同志为核心的党中央作出的重大决策，是保障农民财产权益、发展壮大集体经济的重要举措，也是扎实推进乡村振兴战略实施的重要任务。2018年，农业农村部会同有关部门，认真贯彻落实中央决策部署，聚焦清产核资、股份合作制改革两项硬任务，纵深推进、多点突破，推动改革取得实质性进展。

1.全面部署农村集体资产清产核资。以国务院名义在河北省正定县召开全国清产核资工作推进会议，胡春华副总理作动员部署，要求各地把清产核资搞实、权属关系理清、集体资产管好。联合自然资源部印发通知，指导地方实施清产核资工作。召开农业农村部新闻发布会，全面介绍清产核资工作部署等情况。举办6期专题培训，培训地方业务骨干1 500多人，进一步提高业务水平和操作能力。加快全国农村集体资产监督管理平台建设，协调列入农业农村部相关规划。开发全国农村集体资产清产核资管理系统，规范清产核资数据报送。2018年，已有24个省、265个地市、2 782个县成立清产核资工作机构，165.3万个组、37.7万个村、5 891个乡镇完成清产核资工作。

2.扩大农村集体产权制度改革试点。确定在3个省、50个地市、150个县开展整建制试点，2018年中央试点单位已涉及1 000个左右县，约占全国总数的1/3。组织召开全国农村集体产权制度改革试点推进会议，对改革工作进行再动员、再部署，30个试点地市、70个试点县的党政主要负责同志参加会议。建立农村集体产权制度改革重点工作定期报告制度，及时掌握和督促各地改革进展。联合全国农村集体产权制度改革部际联席会议成员单位，组成6个督察组，赴12个省份开展实地督察，形成7篇督察分报告，督察总报告报送中央改革办。到2018年底，已有超过15万个村完成股份合作制改革，共确认集体成员3亿多人。

3.建立健全农村集体经济组织注册登记制度。联合人民银行、市场监管总局印发《关于开展农村集体经济组织登记赋码工作的通知》，明确县级农业农村管理部门负责向本辖区集体经济组织发放登记证书，并赋统一社会信用代码。正式启用农村集体经济组织登记证式样，首次为农村集体经济组织颁发登记证书，指导完成改革的集体经济组织办理注册登记，赋予集体经济组织市场主体地位。开发农村集体经济组织登记赋码管理系统，在线办理登记赋码。北京、上海80%以上的农村集体经济组织完成登记赋码工作。

4.积极指导发展壮大农村集体经济。中央组织部、财政部、农业农村部联合印发《关于坚持和加强农村基层党组织领导扶持壮大村级集体经济的通知》，明确提出用5年时间在全国范围内扶持10万个左右行政村发展壮大集体经济。收集整理地方出台的农村集体产权制度改革及发展集体经济的文件方案，编印相关文件汇编，供各地参考借鉴。筛选一批农村集体产权制度改革及发展集体经济的典型案例，在中央电视台、农民日报等新闻媒体广泛宣传，发挥以点带面示范引领作用。编印26期《农村集体产权制度改革情况》简报，推广基层创新做法，营造良好改革氛围。

（二）取得的主要成效　在各级党委政府的领导支持下，在农业农村等相关部门的共同努力下，农村集体产权制度改革取得了明显效果，改革给集体和农民带来了实实在在的好处。

1.保障了农民集体成员权利。改革摸清了集体家底、厘清了成员边界，通过资产确权到户、成员民主决策，使广大农民群众在物质利益和民主权利两方面都有了更多获得感。2018年底，湖北省已有1 534个集体经济组织完成改革，共确认集体成员785.5万人，改革后集体经济组织通过建立股权台账、颁发股权证书、实行按股分红，落实了成员对集体资产股份的占有权、收益权。山东省74.3%的涉农村居已经完成集体成员身份确认工作，村集体重大事项均召开成员大会或者代表大会民主决策，保障了成员对集体经营管理的知情权、参与权、监督权。

2.提升了集体经济发展活力。改革明晰了农村产权关系，盘活了农村集体资产，激活了农村各类要素，促进了集体经济不断发展壮大。到2017年底，全国农村集体经济组织总收入4 627.6亿元，比上年增长了7.8%；年经营收益在5万元以上的村接近30%，比上年提高了4.2个百分点。浙江省总结推广飞地抱团、村企结对、农旅结合、服务创收等八种发展模式，2017年全省村级集体经济组织总收入达到423.5亿元，比上年增长10.4%，年经营收益5万元以上的村占比已接近50%。山东省沂水县探索出了光伏发电扶贫、边角土地开发、小微项目引进等集体经济增收"十法"，有效提升了村集体的自我造血能力。

3.释放了产权制度改革红利。改革密切了集体与农民的利益联结，拓宽了农民增收渠道，使集体成员既看得见集体资产，又摸得着改革红利。广东省佛山市南海区作为第一批改革试点县，2017年村组两级集体经济组织股东人均分红5 473元，占当地农民人均可支配收入的18%。北京市昌平区北店嘉园社区利用集体土地的征地补偿款，投资兴建了北店时代广场，集体成员可以到商场工作，在按月领取工资收入的同时，每人每年还有近2万元的商场租金分红，改革给当地农民增收注入了双引擎。

4.提升了基层组织战斗力。改革让农民真正成为集体资产的管理者、受益者，改革后群众对集体家底更清楚了，对基层干部更信任了，农村干群关系也更和谐了。安徽省通过农村集体产权制度改革，有效化解了多起因集体产权不清、管理混乱、分配不公引发的党群、干群矛盾，完成改革的429个试点村中，没有发生一起因改革引发的农民上访事件。山西省太原市晋源区提倡有成员身份的村党支部书记为集体经济组织理事长候选人，引导其通过合法程序兼任集体经济组织负责人，进一步巩固了党的领导地位。基层干部普遍反映，改革后集体的凝聚力和向心力增强，以前"散"的农民又重新"聚"起来，党在农村的执政基础进一步夯实。

培育发展家庭农场

2018年，全国家庭农场快速发展，取得初步成效。各地各有关部门认真贯彻中央要求，积极作为、多措并举，推动我国家庭农场健康发展。总体看，家庭农场生产组织化、集约化程度不断提高，经营效益稳步提升，在保障重要农产品有效供给、提高农业综合效益、促进现代农业发展等方面发挥着越来越重要的作用。

从工作推进看，一是家庭农场的扶持政策框架初步构建。目前，全国已有30个省区市下发了支持家庭农场发展的相关政策文件，对纳入名录、登记注册、指导扶持等作出了制度安排。二是支持力度逐步加大。2017年中央财政首次安排专项资金支持家庭农场发展，2018年进一步扩大规模，并带动地方不断加大投入力度。三是指导服务能力不断加强。农业农村部开发运行家庭农场名录系统，积极指导各地分级建立家庭农场名录制度；建立家庭农场全面统计制度，连续4年开展家庭农场典型监测。不少地方创新举措，加大家庭农场指导服务力度。四是示范创建体系初步形成。目前全国已有28个省区、市开展了示范家庭农场创建，评定的县级以上示范家庭农场超过8万家，初步形成了省市县三级示范创建体系。

从发展成效看，一是全国家庭农场数量达到一定规模。截至2018年底，全国纳入农业农村部门家庭农场名录的家庭农场近60万家，比2013年增长了4倍多。二是劳动力结构较合理。家庭农场平均拥有劳动力6.6人，常年雇工1.9人。三是经营耕地以租赁为主。家庭农场经营土地面积1 066.67万公顷，其中耕地71.7%靠租赁。四是产业类型多元。种植业、畜牧业、渔业和种养结合家庭农场的比例分别

是62.7%、17.8%、5.3%和11.6%；在种植业家庭农场中，63.4%从事粮食生产。五是经营状况总体较好。截至2018年底，全国家庭农场年销售农产品总值1 946.2亿元。

推进农民合作社发展

2018年是农民合作社由数量增长向质量提升转型的关键之年。全国农民合作社发展部际联席会议九部门和单位牢固树立新发展理念，认真贯彻落实党中央、国务院决策部署，充分发挥职能作用，协调配合、部门联动、齐抓共管，共同促进农民合作社高质量发展。

（一）农民合作社快速发展　2018年，全国新登记注册农民合作社15.6万家，截至2018年12月底，全国依法登记的农民合作社达到217.3万家，辐射带动全国近一半农户。

1.加强农民合作社规范化建设，提升发展质量。农业农村召开全国农民专业合作社质量提升整县推进试点工作现场会，明确整县提升农民合作社发展质量的思路和重点。围绕农民合作社规范发展举办6期农民合作社带头人培训班，培训641人次。市场监管总局要求各地认真落实年报制度，不断提高农民合作社登记管理工作效率和服务质量。

2.推进农民合作社示范社创建，树立典型样板。农业农村部会同发展改革委、财政部等九部门联合开展示范社建设行动，把示范社作为政策扶持重点。根据《国家农民专业合作社示范社评定及监测暂行办法》继续开展国家农民合作社示范社评定，在各省申报的基础上，经专家评审和社会公示、会签各相关部门和单位等程序，新评定2 082家国家农民合作社示范社和104家全国农民用水合作示范组织。同时，指导各地采取多种方式，广泛开展示范社创建行动。目前，县级以上示范社已超过18万

家,国家示范社近8 500家。

3.强化农民合作社扶持政策,发挥导向作用。农业农村部研究起草促进农民合作社规范发展的政策文件,明确农民合作社规范发展质量提升的总体要求和工作任务。发展改革委会同农业农村部等有关部门编制了乡村振兴战略规划,明确鼓励农民合作社发展的相关举措,鼓励农民以土地、林权、资金、劳动、技术、产品为纽带,开展多种形式的联合与合作,依法组建农民合作社联合社。以农民合作社等为载体,利用线下孵化载体和线上网络平台,建设3 000个"星创天地"。国家税务总局进一步推进"放管服"改革,加强政策宣传,优化对农民合作社的纳税服务。市场监管总局扎实推进农民合作社"多证合一""证照分离"改革,推进农民合作社电子营业执照应用,登记注册便利化。银保监会明确要求银行业金融机构将金融业务覆盖到农民合作社等适度规模经营主体,推动银行业加大对农民合作社的信贷支持力度。印发《关于做好2018年银行业三农和扶贫金融服务工作的通知》,明确要大力支持农业规模化生产和集约化经营,为不同类型和规模的新型农业经营主体提供差别化的融资方案,其中单列了"普惠性农民专业合作社贷款"。截至2018年11月,该项贷款余额为300.39亿元,户数为1.21万户。国家林业和草原局印发《关于进一步放活集体林经营权的意见》,引导具有经济实力和经营特长的农户领办林业专业合作社,形成规模化、集约化、商品化经营。水利部把农民用水合作组织作为农业水价综合改革产权承接、水费计收、精准补贴和节水奖励的重要载体。

4.推动项目资金投向农民合作社,形成支持合力。财政部创新财政支农体制机制,从2017年起中央财政对农业生产发展等补助资金实行"大专项+任务清单",下放资金使用管理权限。2018年,中央财政安排资金重点支持农民合作社、联合社发展绿色生态农业、开展标准化生产,突出农产品初加工、产品包装、市场营销等关键环节,积极发展生产、供销、信用"三位一体"综合合作,进一步提升自身管理能力、市场竞争能力和服务带动能力。中央财政还在优势特色主导产业发展、绿色高效技术服务、农业生产托管、农村一二三产业融合发展等农业生产发展资金中,将农民合作社作为财政项目的重点扶持对象,鼓励地方将财政补助资金形成的资产量化到农民合作社成员,创新完善项目形成资产移交、占有、使用和管护机制,支持符合条件的农民合作社开展造林和森林抚育。

5.鼓励农民合作社创新实践,拓宽发展空间。银保监会组织有关部门在"一省三县"开展信用合作试点,深入调查、研究未来发展路径。在试点开展情况的基础上,建立和完善规范发展农民合作社开展信用合作的有关方案。农业农村部举办全国新农民新技术创业创新博览会,163家农民合作社的农产品参展,为农民合作社与市场的衔接搭建了平台。

6.开展重点问题研究,推动完成《农民专业合作社法》修改。《农民专业合作社法》由全国人大常委会第三十一次会议于2017年12月27日审议通过,于2018年7月1日正式实施。修改后的法律充分体现了规范组织和行为的新导向,规定农民合作社享有与其他市场主体平等的法律地位,丰富了农民合作社的服务类型,确立了联合社的法人地位,明确了国家对革命老区、民族地区、边疆地区和贫困地区的农民合作社给予优先扶助,新增了互助保险、用地用电等扶持措施。农业农村部开展联合社、内部信用合作、股份合作等课题研究,配合起草法律释义和导读。

(二)农民合作社成效显著 改革开放以

来，我国农民合作社发展成效斐然，特别是农民专业合作社法颁布实施以来，农民合作社进入了规范发展、质量提升的新阶段。农民合作社产业分布广泛，涵盖粮棉油、肉蛋奶、果蔬茶等主要产品生产，并扩展到农机、植保、民间工艺、旅游休闲农业等多领域。农民合作社已成为重要的新型农业经营主体和现代农业建设的中坚力量，在加快构建现代农业经营体系、促进乡村振兴战略实施等方面发挥着越来越重要的作用。

1.农民合作社是农民群众的组织者。纵观世界发达国家发展经验，都把农民合作社作为组织农民的最重要的组织形式。为体现农民合作社组织带动农民群众的特性，我国农民专业合作社法明确规定：农民合作社以农民为主体，以服务成员为宗旨，且农民成员不低于成员总数的80%。从实践发展看，全国200多万家农民合作社组织带动农户超过1亿户，有效提高了农业生产经营组织化程度，促进了小农户和现代农业发展的有机衔接。

2.农民合作社是资源要素的激活者。一方面，农民合作社立足农业、植根农村，通过"人合"的方式，聚集了土地、农机、闲置农房等资源资产；另一方面，农民合作社为大学毕业生、返乡农民工、工商企业家等各类人士进入农业农村搭建了有效平台，通过开放办社，聚集了城镇的人才、资金、技术和先进管理理念，形成资源要素聚集效应，为乡村发展注入了活力。

3.农民合作社是乡村产业的引领者。一是农民合作社积极运用新技术新装备，推动标准化生产、品牌化经营，促进了种植、养殖等传统产业转型升级；二是农民合作社挖掘农业多重功能，积极发展观光农业、乡村旅游等新产业，广泛应用电子商务、互联网等现代信息技术，发展定制农业、网上农庄等新业态；三是农民

合作社通过自办加工，或与其他经营主体对接，推动一二三产业融合发展，延长了产业链、改善了供应链、提升了价值链，成为促进乡村产业集聚、推动产业发展、带动产业升级的重要力量。目前，有10万家农民合作社实施标准化生产，8.7万家农民合作社拥有注册商标，4.6万家合作社通过"三品一标"农产品质量认证。

4.农民合作社是农民经济利益的维护者。一方面，农民合作社组织农户共同发展生产，提高了农民的经营性收入；通过吸收农村劳动力就业，让农民有持续稳定的工资性收入来源；通过组建土地股份合作社、乡村旅游合作社等盘活农村闲置资产，提高了农民的财产性收入；通过承担财政扶持项目，增加了农民的转移性收入；通过可分配盈余主要按交易量（额）返还，确保农民成员共享发展成果。另一方面，合作社通过"一人一票"治理机制，实现农民成员地位平等，在乡村治理中推进农村民主管理。全国有385.1万个建档立卡贫困户加入农民合作社，约10%的国家示范社位于国家级贫困县中，带动成员22.8万户。农民合作社为每个成员平均二次返还盈余1 402元。

发展多种形式适度规模经营

（一）土地集中型规模经营

1.政策内容。2018年中央1号文件提出，完善农村承包地"三权分置"制度，在依法保护集体土地所有权和农户承包权前提下，平等保护土地经营权。农村承包土地经营权可以依法向金融机构融资担保、入股从事农业产业化经营。2018年12月29日，第十三届全国人大常委会审议通过了关于修改农村土地承包法的决定。这次法律修改，从法律上明确了"三权"分置制度，并专节对农村土地经营权作了具体规定。包括：国家保护承包方依法、自

愿、有偿流转土地经营权，保护土地经营权人的合法权益，任何组织和个人不得侵犯；承包方可以自主决定依法采取出租（转包）、入股或者其他方式向他人流转土地经营权，并向发包方备案；流转期限不得超过承包期的剩余期限；土地经营权流转的价款，应当由当事人双方协商确定；流转的收益归承包方所有，任何组织和个人不得擅自截留、扣缴；土地经营权流转，当事人双方应当签订书面流转合同等内容。承包方可以用承包地的土地经营权向金融机构融资担保，并向发包方备案。受让方通过流转取得的土地经营权，经承包方书面同意并向发包方备案，可以向金融机构融资担保。

2.政策执行情况。第一，引导农村土地经营权有序流转。各地健全土地经营权流转市场，研究建立土地经营权流转合同网签备案制度，初步建立起工商企业等社会资本流转土地经营权的资格审查、项目审核和风险防范制度。目前，已有21个省份出台农村产权流转交易市场建设的指导性文件，1 239个县（市、区）、18 731个乡镇建立农村土地经营权流转服务中心。23个省区市出台了具体政策文件，初步探索建立了工商资本租赁农户承包地上限控制、分级备案、审查审核、风险保障金和事中、事后监督等"五项制度"，强化对工商资本流转土地的监管和风险防范。截至2018年底，全国家庭承包耕地流转面积3 593.33万公顷，比上年增长5.3%。流转出承包耕地的农户达7 235.2万户，比上年增加2.3%，3.33公顷以上规模经营农户数量达到413.8万户。耕地流转双方签订流转合同5 677.6万份，涉及流转耕地面积为2 433.33万公顷，流转合同签订率达到67.7%。

第二，开展承包土地经营权入股发展农业产业化经营试点。土地经营权入股发展农业产业化经营，是深化农村土地制度改革的一项重要举措，也是促进农业适度规模经营、实现小

农户和现代农业发展有机衔接的重要途径。近年来，农业农村部组织黑龙江、江苏、浙江等省开展试点，探索了土地经营权入股的组织载体、运行机制和配套政策。在总结试点经验，特别是对土地经营权作价入股、注册登记等具体问题进行深入研究的基础上，2018年12月，农业农村部等6部门联合出台《关于开展土地经营权入股发展农业产业化经营试点的指导意见》，进一步明确了土地经营权入股发展农业产业化经营的重点任务和政策保障。

（二）服务集中型规模经营

服务集中型规模经营是在不流转土地经营权的前提下，农户将农业生产的全部或部分作业环节委托给农业社会化服务组织，农业生产环节的部分或全部实现农业规模经营。这是在小农户作为农业基本面条件下对规模经营方式的重大创新。从实践看，发展农业生产性服务业，为农户提供社会化服务，是发展农业适度规模经营、提高农业规模效益的重要途径。当前条件下，农业生产托管是农业生产性服务业直接服务农户和农业生产的主要实现形式，是农业生产性服务业与小农户的主要链接机制，通过推动农业生产托管引领促进农业生产性服务业发展具有重要意义。

1.政策内容。农业农村部会同有关部门，着力健全农业社会化服务体系，加快发展农业生产性服务业，大力推进农业生产托管，为农户提供农业社会化服务，促进小农户和现代农业发展有机衔接，不断扩大服务规模经营。一是加快发展农业生产性服务业。2017年8月，农业部、发展改革委、财政部联合印发《关于加快发展农业生产性服务业的指导意见》（农经发〔2017〕6号），立足于当前的国情农情，对发展面向广大农户的农业生产性服务业作出全面部署。强调以小农户为主的家庭经营是我国农业的基本经营方式，大力发展面向广大农

户的农业生产性服务是推进现代农业建设的历史任务。要根据小农户和新型经营主体的经营需要，围绕农业产前、产中、产后全过程，大力发展市场信息、农资供应、绿色技术、废弃物资源化利用、农机作业、初加工、市场营销等多元化多层次多类型农业生产性服务，带动更多小农户进入现代农业发展轨道。2018年5月，农业农村部办公厅印发《关于认真做好〈关于加快发展农业生产性服务业的指导意见〉宣传和贯彻工作的通知》（农办经〔2018〕8号），要求各级农业农村部门要把宣传和培训作为一项重要任务抓紧、抓实、抓到位，建立协同推进机制，加强行业监督管理，努力营造支持农业生产性服务业发展的良好氛围。

二是大力推进农业生产托管。农业生产托管是农业生产性服务业服务于农业生产和农户的主推服务方式，是服务规模经营的主要形式。为推进农业生产托管加快发展，先后印发《农业部办公厅 财政部办公厅关于支持农业生产社会化服务工作的通知》《农业部办公厅关于大力推进农业生产托管的指导意见》，明确农业生产托管的发展思路、重点任务和当前工作，对加快发展农业生产托管进行了全面部署。2018年，中央财政农业生产发展专项中安排资金40亿元用于发展农业生产托管，要求各地坚持因地制宜原则，重点支持小农户开展粮油棉糖等大宗农产品的生产托管；重点支持小农户开展现代农业建设短板环节和农户群众欢迎环节的农业生产托管，不断提升农业生产托管对小农户的覆盖率。

2.政策执行情况。在政策的扶持下，农业生产托管发展迅速。截至2018年底，全国以综合托管系数计算的农业生产托管面积为2 426.67万公顷，比上年增加50.05%。接受农业生产托管服务的服务对象数为4 630.17万个（户），较上年增长23.33%，其中小农户数为

4 194.37万户，占服务对象总数的90.59%。从事农业生产托管的服务组织数量达到37万个，各类服务组织中合作社数量稳居首位，是提供生产托管服务的主力军；提供专业服务的农业企业数量增速最快，社会资本投入生产托管服务态势强劲；农机专业大户等其他主体也开始进军托管服务领域。农业生产托管在带动小农户发展现代农业、发展壮大集体经济、促进粮食生产节本增效、推进农业绿色发展等方面发挥了显著作用，有效促进了粮食生产、带动了农户就业增收、推动了现代农业发展，取得了良好的经济、社会和生态效益。一是有力带动了小农户发展现代农业。当前，我国农村存在着大量想种地但无力种地或不愿全程种地的农户。服务组织为小农户开展单环节、多环节或全程托管服务，可以适应不同生产发展水平农户的需求，既满足了农户参与生产的愿望，又通过统一服务，将先进适用的品种、技术、装备等引入农业生产，带动农户发展现代农业。二是发展壮大了集体经济。各地积极探索村党支部通过依托集体经济组织举办合作社、联系社会化服务组织等方式为农户提供生产托管服务，充分发挥了集体经济组织为家庭经营提供社会化服务的功能，又通过统一经营壮大了集体经济。在37万个从事托管的服务组织中，村集体经济组织有7.78万个，占11.8%。三是有力促进了粮食生产节本增效。服务组织通过集中采购农业生产资料，集中连片开展农机作业，显著降低农业生产各环节的生产成本，提高了农产品单产和品质，实现了粮食生产节本增效。据辽宁、江苏、浙江、山东4省的抽样调查，通过开展农业生产托管，产中环节和产前环节每年每亩分别节约成本105.10元和85.62元，产后环节每年每亩可节约成本50.52元，其他环节每年每亩可节约成本20.54元；同时，每年亩均增加粮食产量40.39千克，每

千克售价平均提高0.1元，由此实现每亩增收223.5元。四是有力推进了农业绿色发展。服务组织为小农户开展绿色生产服务，减少了农药、化肥用量，提高了病虫害防控水平和土壤肥力，促进了农业绿色发展。据辽宁、江苏、浙江、山东4省的抽样调查显示，小农户通过农业生产托管，采用测土配方施肥、统防统治、绿色防控等先进生产技术，化肥施用量可以降低40%，农药施用量可以降低50%以上。五是推动了农业生产性服务业发展。在实践中涌现了一些通过生产托管实现农业生产性服务业落地取得成功的市场主体，通过整合农资、农机、营销、金融等资源，实现服务链条纵向延伸、横向拓展，推动农业生产的高效化集约化，多元化、多层次、多类型的农业生产性服务体系逐步形成。

农村劳动力转移

（一）农民工就业创业加快推进 2018年，是我国决胜全面建成小康社会的关键之年，我国经济较好地抵御了前所未有的外部风险挑战，保持总体平稳、稳中有进的发展态势。全国就业形势良好，全年城镇新增就业1 361万人，再创历史新高，连续6年保持在1 300万人以上。农民工就业总量保持稳定。一年来，各级各部门认真贯彻落实党中央国务院关于农民工工作的政策要求，不断推进农民工就业创业，做好农民工工作。

1.继续做好就业服务。以"促进转移就业，支持返乡创业，助力增收脱贫"为主题，继续开展"春风行动"。通过开设专场招聘、加强服务、培训、维权等方式，将有就业创业意愿的农村劳动力、农村建档立卡贫困劳动力和有用工需求的单位，作为重点服务对象。强化创业服务和培训，落实返乡下乡创业政策，帮助农村劳动力提升就业创业能力。重点提高农村劳动力的法律意识和权益保护意识。

2.大力实施农民工培训计划。国务院印发了《关于推行终身职业技能培训制度的意见》（国发〔2018〕11号），构建以公共实训机构、职业院校、职业培训机构和行业企业为主要载体，以就业技能培训、岗位技能提升培训和创业创新培训为主要形式的培训组织实施体系；并对农民工等重点群体实施专项职业技能培训行动计划，符合条件的农民工等人员参加岗前培训、新招用和转岗人员参加企业新型学徒制培训、失业保险参保职工参加培训获得初中高级职业资格证书或职业技能等级证书、企业职工参加技师和高级技师培训，都可以按规定享受职业培训补贴。继续实施农民工职业技能提升计划——"春潮行动"和农民工等人员返乡创业培训五年行动计划（2016—2020年），全面推进农民工的培训工作。

3.逐步建立农民工工资支付保障机制。2017年末，国务院办公厅下发了《保障农民工工资支付工作考核办法》，把农民工工资支付纳入了对地方政府的考核，通过考核，进一步强化各级地方政府的属地监管责任，确保实现到2020年基本无拖欠的目标。2018年1月1日起，《拖欠农民工工资"黑名单"管理暂行办法》开始实施。"黑名单"管理制度的建立运行，能够通过多部门联合惩戒和社会信用体系评价，使得用人单位"一处违法、处处受限"，对用人单位形成震慑，让其形成"不敢违法、不愿违法"的自觉守法意识，从源头上杜绝企业拖欠工资的行为。2018年春节前，人社部联合发改委等十几个部门联合开展了治理拖欠农民工工资专项行动。全面开展欠薪排查，限时解决欠薪特别是政府投资工程的欠薪问题。

4.加快农民工市民化进程。全面放宽城市落户条件。继续落实1亿非户籍人口在城市落户方案，加快户籍制度改革落地步伐，促进有能力在城镇稳定就业生活的新生代农民工、在城镇就业居住5年以上和举家迁徙的农业转移人口、农村学生升学和参军进入城镇人口在城市举家落户。强化常住人口基本公共服务。实现居住证制度覆盖城镇全部未落户常住人口，以居住证为载体向未落户人口提供城镇基本公共服务及办事便利，鼓励城市群及都市圈内居住证互认。落实"两为主、两纳入"要求，实现公办学校普遍向随迁子女开放。整合城乡居民基本医保制度，深入推进城乡居民异地就医直接结算。

（二）农民工收入和保障水平不断提升 2018年，我国农民工规模持续扩大，农民工总量为28 836万人，比上年增加184万人，增长0.6%。其中，在乡内就地就近就业的本地农民工11 570万人，比上年增加103万人，增长0.9%；到乡外就业的外出农民工17 266万人，比上年增加81万人，增长0.5%。

1.农民工收入水平持续提升。农民工月均收入3 721元，比上年增加236元，增长6.8%，增速比上年提高0.4个百分点。分行业看，制造业、建筑业、交通运输仓储和邮政业收入增速分别比上年提高1.9、1.1和0.1个百分点；居民服务、修理和其他服务业收入增速与上年持平；批发和零售业、住宿和餐饮业收入增速分别比上年回落0.4和0.8个百分点。外出务工农民工月均收入4 107元，比上年增加302元，增长7.9%；本地务工农民工月均收入3 340元，比上年增加167元，增长5.3%。外出务工农民工月均收入比本地务工农民工多767元，增速比本地务工农民工高2.6个百分点。

2.工资拖欠问题进一步改善。2018年，人力资源和社会保障部分三批向社会公布了80条拖欠农民工工资"黑名单"信息，对违法失信主体开展联合惩治。全年查处欠薪违法案件8.6万件，为168.9万名劳动者追发工资等待遇160.4亿元。查处案件数、涉及的人数和追发的工资待遇同比分别下降39.4%、45.3%和35.8%。其中，为100.9万名农民工追发工资待遇116.5亿元，同比分别下降53.7%、40.7%。

3.农民工培训成效显著。全年各类职业培训中，政府补贴培训农民工达831万人次。2018年1月至8月，开展贫困劳动力培训115万人次，在全国技工院校共招收建档立卡贫困家庭子女2.26万人，促进了贫困地区农村劳动力的转移就业。

4.社会保障水平逐步提高。截至2018年底，有8 085万农民工参加工伤保险，工程建设领域在建、新开工建设项目参保率均超过99%；4 853万农民工参加失业保险，全年失业保险基金共向40.2万名失业农民工发放一次性生活补助18.2亿元。各地积极采取措施提升农民工社会保障水平。如青海省将农民工纳入住房公积金覆盖范围，为广大职工特别是农民工等群体改善居住条件提供制度保障。

农村创业与创新

2018年，农业农村部认真履行牵头指导和协调职责，积极推动落实农村创业创新支持政策，深入推进农业农村领域"放管服"改革，育主体、树典型、搭平台、强服务，推动农村创业创新深入发展。起草印发了《农业农村部关于大力实施乡村就业创业促进行动的通知》，部署培育主体、打造园区、发展特色产业、推动产业融合等重点任务。采取多种形式督促各地落实返乡下乡人员创业创新政策，目前已有28个省区市以省级人民政府办公厅等名义印发了贯彻落实国办发〔2016〕84号文件的具体实施意见。

（一）培育农村创业创新主体　坚持把培育农村创业创新主体与新型职业农民、新型经营主体培育结合起来，扎实组织开展农民创业培训、农村实用人才带头人培训、大学生"村官"示范培训和农民手机应用技能培训等活动，2018年农业农村部共组织创业富民主题培训、农业农村电子商务专题培训等培训70班次，培训各类返乡下乡创业人员6 800人次。在全国组织遴选并宣传推介了200名农村创业创新优秀带头人。

（二）搭建公共服务平台　公布了1 000多个具有区域特色的农村创业创新园区（基地）目录，其中有7家列入了国家创业创新示范基地。联合12部委印发《关于促进农村创业创新园区（基地）建设的指导意见》，认定并向社会推介了100个全国农村创业创新典型县范例。建设"农村创业创新信息网"，及时提供相关信息交流和服务。组织专家评选并向农业发展银行总行推荐了136个有融资需求的农村创业创新优质项目。

（三）举办展览竞赛等活动　在江苏南京成功举办2018年全国新农民新技术创业创新博览会，展览总面积达3.6万平方米，参展商达1 682家，参观人数达7.6万人次，展会期间签约和意向合同金额超过420亿元，分别比上届博览会增加44%、62%、36%和20%。组织举办2018年全国农村创业创新项目创意大赛，共吸引全国31个省份组织省级选拔赛，各地参赛项目达1 800多个、参赛选手2 100多人。

完善重要农产品运行调控政策

按照2018年中央1号文件要求，农业农村部配合发展改革委、财政部等部门，按照"分品种施策，渐进式推进"的思路，继续深化粮食等重要农产品收储制度和价格形成机制改革，完善农产品市场运行调控制度。

（一）坚持并完善稻谷、小麦最低收购价政策　在保留最低收购价政策框架的前提下，针对国内外市场供求和价格形势变化，继续合理调整稻谷、小麦最低收购价水平。2018年稻谷最低收购价较大幅度下调，早籼稻、中晚籼稻、粳稻每500克分别为1.20元、1.26元、1.30元，比上年分别下调0.1元、0.1元、0.2元。同时，中央财政安排主产区稻谷补贴，弥补农民价格下跌损失。2018年小麦最低收购价每500克比上年下调0.03元，为每500克1.15元；11月出台2019年小麦最低收购价政策，每500克比上年下调0.03元，为1.12元。坚持并完善稻谷、小麦最低收购价政策，确保了农民种粮收益基本稳定，保护了农民种粮积极性，保障了国家口粮绝对安全，同时灵活调整价格水平，逐步释放改革信号，更加注重市场形成价格作用。

（二）继续推进玉米大豆市场化收购改革　2018年继续在东北地区深化玉米大豆市场定价、价补分离改革，统筹玉米大豆生产者补贴，为鼓励发展大豆生产，大豆每亩补贴标准高于玉米。从政策效果看，东北地区大豆种植比较效益得以改善，播种面积有所恢复。玉米、大豆市场化购销机制逐步建立，多元市场主体积极入市收购，产业链活力得以激发，种植结构持续调整优化，优质优价特征日益显现，优势产区种粮农民的基本收益得到了保障。

（三）调整完善新疆棉花目标价格政策　2014—2016年，新疆棉花目标价格改革试点总体进展顺利，取得了预期成效，市场形成价格的机制基本建立，棉农基本收益得到较好保障，市场开始倒逼产业转型升级，棉花产业链各主体满意度较高。2017年起在新疆深化棉花目标价格改革，目标价格水平为每吨18 600元，一定三年不变，优化补贴方法，补贴政策符合世贸规则。2018年进一步完善内地棉区补贴政策。

（四）完善农业信息分析预警体系 2018年，为进一步提升市场信息服务宏观调控和引导结构调整作用，农业农村部会同中国气象局、中国糖业协会等单位，每月定时、定点会商，发布中国玉米、大豆、棉花、食用植物油、食糖5个品种的农产品供需平衡表。密切跟踪19种重要农产品市场形势，完善农产品供需形势分析会商机制，及时上报分析报告并通过农业农村部网站对外发布。组织召开2018年中国农业展望大会，以农业农村部市场预警专家委员会名义正式出版发布了《中国农业展望报告（2018—2027）》中文版和英文版。完善市场信息发布制度，每季度召开例行市场信息发布会，解读市场热点问题，有效引导生产和市场。

推进农业水价综合改革

（一）政策背景及主要内容 我国是一个水资源严重短缺的国家，水资源利用效率不高。农业是用水大户，也是节水潜力所在。农业水价综合改革是农业节水工作的"牛鼻子"，在农业节水中起着牵引作用，事关农业可持续发展和国家水安全，既是现实之需，更是长远发展之要。

党中央、国务院对农业水价综合改革高度重视。2016年1月，国务院办公厅印发《关于推进农业水价综合改革的意见》（国办发〔2016〕2号），明确了改革的总体目标和工作任务，对农业水价综合改革做出了总体部署。改革的目标是，要用10年左右时间，建立健全合理反映供水成本、有利于节水和农田水利体制机制创新、与投融资体制相适应的农业水价形成机制；农业用水价格总体达到运行维护成本水平，农业用水总量控制和定额管理普遍实行，可持续的精准补贴和节水奖励机制

基本建立，先进适用的农业节水技术措施普遍应用，农业种植结构实现优化调整，促进农业用水方式由粗放式向集约化转变。改革的重点可以概括为一个基础、四项机制，一个基础即完善工程设施和计量配套，夯实改革的硬件基础；四项机制即协同推进农业水价形成机制、精准补贴和节水奖励机制、工程建设和管护机制、用水管理机制的建立。

2018年，按照中发〔2018〕1号文件要求和国务院部署，发展改革委、财政部、水利部、农业农村部加强协同配合，通过印发文件部署、召开现场会推动经验交流、加大支持力度和强化激励机制、做好绩效评价和工作调度等方式，推动各地进一步完善工作机制，强化组织领导，狠抓各项改革任务落实。各地坚持总体不增加农民负担的原则，按照"先建机制、后建工程"的改革要求，综合施策，统筹推进农业水价综合改革。新增的高效节水灌溉项目区、上年被批准认定的国家现代农业产业园均纳入年度计划，绝大多数地区新建、改扩建农田水利工程同步实施了改革，华北、西北等缺水和地下水超采地区工程设施完善的区域也率先推进了改革，所有省份如期完成年度计划任务。全年新增改革实施面积733.33万公顷左右，改革实施面积累计超过1 066.67万公顷。

（二）政策执行效果 经过几年的努力，农业水价综合改革成效逐步显现，各方面日益形成改革共识，坚定改革信心，改革呈现良好势头。

1.节水成效初显。改革地区因地制宜，多措并举，节水效益初显。陕西交口抽渭灌区实行超定额累进加价制度，亩均灌溉用水较改革前减少17%。河北省通过推广农艺节水技术，实现年节水6.1亿立方米。浙江省通过节水奖励试点，年节水2.34亿立方米，节电780万千瓦时。

2.促进了工程良性运行。改革地区基本健

全了农业水价形成机制、精准补贴和节水奖励机制，逐步落实了管护责任主体和经费，工程管护水平显著提升。陕西省在农民水费实际负担总体上不增加的前提下，提高大型灌区终端水价标准，同步落实末级渠系费用和高扬程抽水电费补贴，有效缓解了灌区运行困难等问题；北京顺义区采用PPP模式，推动农业高效节水项目建设管护一体化；湖南长沙县、福建永春县等地通过政府购买服务建立工程管护新机制。

3.推动了种植结构调整。试点地区通过加强用水定额管理，实施超定额累进加价和分类水价政策，引导种植者调整种植结构，推动实施轮作休耕，调减高耗水作物种植面积，发展高效现代农业。天津市完成轮作休耕试点2 067公顷。河北省实施地下水超采区综合治理，累计调减小麦13.33万公顷，推广抗旱品种180万公顷，扩大雨养面积10万公顷；甘肃武威市凉州区结合水价改革，推动设施农业发展，部分地区单方水效益达到100元以上，是传统种植模式的40倍左右。

深化农村金融改革

农业农村农民问题是关系国计民生的根本性问题。近年来，习近平总书记对做好"三农"工作作出了一系列重要论述，科学回答了为什么要振兴乡村、怎样振兴乡村等一系列重大认识和实践问题。总书记关于"三农"工作的重要论述，是做好新时代"三农"工作的根本遵循和行动指南。习近平总书记在2017年中央农村工作会议上对金融部门提出了明确要求，要坚持农村金融改革发展的正确方向，健全适合农业农村特点的农村金融体系，推动农村金融机构回归本源，把更多金融资源配置到农村经济社会发展的重点领域和薄弱环节，更

好满足乡村振兴多样化金融需求。但从实际情况来看，农村金融发展仍然面临着涉农金融机构服务"三农"的政策支持体系不完善、部分县域金融机构脱离支农支小定位以及资产质量下降、涉农信贷风险分担和补偿机制缺乏、"三农"领域金融承载力不足等问题，需要继续深化改革，不断提升金融服务乡村振兴的能力和水平。

结合乡村振兴战略对金融部门提出的新要求，人民银行对标扶贫等"三农"领域必须完成的硬任务，综合运用货币信贷政策工具，持续深化农村金融改革，为乡村振兴提供有力支持。

（一）运用结构性货币政策工具，促进信贷结构优化 保持稳健的货币政策松紧适度，为供给侧结构性改革和高质量发展创造适宜的货币金融环境。积极运用差别化存款准备金率工具，引导金融机构服务乡村振兴。全面实施普惠金融定向降准。对包括农户生产经营贷款、建档立卡贫困人员贷款等在内的普惠金融领域贷款达到一定标准的银行执行优惠0.5%或1.5%存款准备金率政策，加大了金融精准扶贫力度。年内三次定向下调金融机构存款准备金率，累计净释放资金超过2万亿元，增加了支农信贷资源的投放。继续对县域农村商业银行、农村合作银行、农村信用社、村镇银行实施新增存款一定比例用于当地贷款考核，达标县域法人金融机构存款准备金率按低于其法定存款准备金率基准档1个百分点执行。继续对农业银行涉农贷款投放较多的县级"三农金融事业部"执行比农业银行低2个百分点的存款准备金率。加大支农再贷款政策支持力度，合理增加支农再贷款额度，创新支农再贷款的"先贷后借"发放模式，扩大支农再贷款担保品范围，发挥支农再贷款正向激励作用。2018年增加全国支农再贷款额度500亿元。截至2018年末，全国支农再贷款余额2 870亿元，

同比增加306亿元。

（二）深化涉农金融机构改革，健全适合农业农村特点的农村金融体系 积极推进国家开发银行、农业发展银行改革，制订国家开发银行业务划分方案，推动国家开发银行服务乡村振兴等重点领域和薄弱环节；划分农业发展银行业务范围并建立共管基金，发挥政策性银行作用，加大对"三农"领域支持力度。持续推进农业银行"三农金融事业部"深化改革工作，进一步提升"三农"和县域业务的发展质量，增加农村金融有效供给。截至2018年末，农业银行县域网点12 605个，县域贷款余额4.01万亿元。积极探索农村信用合作社改革路径，强化农村信用社服务县域、支农支小的市场定位。截至2018年末，全国有以县（市）为单位的统一法人农村信用社812家、农村商业银行1 397家、农村合作银行30家。农村信用社（包括农村商业银行、农村合作银行）成为名副其实的"支农主力军"，其各项贷款余额的60%投向涉农领域，提供了全国30%的涉农贷款和55%的农户贷款。为规范非存款类放贷组织经营行为，开展《非存款类放贷组织条例》制定工作。

（三）积极发挥金融独特作用，为打赢打好脱贫攻坚战提供有力支撑 完善扶贫再贷款管理机制，鼓励金融机构加大对贫困地区的信贷支持。2018年末，扶贫再贷款余额1 822亿元。运用金融精准扶贫信息系统，实现金融扶贫信息的精准比对和采集。加强金融精准扶贫贷款专项统计，开展金融精准扶贫政策效果评估。推动金融扶贫和产业扶贫融合发展，完善金融支持与企业带动贫困户脱贫的挂钩机制，带动贫困人口脱贫增收。组织召开金融精准扶贫经验交流暨工作推进会等专题会议，推动金融机构加大资源倾斜力度。扎实开展金融扶贫领域作风问题治理，提高金融精准扶贫工作质量。

（四）持续加大金融产品和服务创新力度，积极满足乡村振兴领域多样化融资需求 开展农村承包土地的经营权和农民住房财产权抵押贷款试点，盘活农村资源资产。截至2018年末试点结束时，232个试点地区农村承包土地的经营权抵押贷款余额527亿元，同比增长65.3%；59个试点地区农民住房财产权抵押贷款余额306亿元，同比增长41.6%。鼓励具备条件的地区探索以集体资产股份、农垦国有农用地使用权等依法合规进行抵押融资。推进农村区域金融和普惠金融试验区改革试点，指导试点地区积极拓展抵质押品范围，缓解抵质押品不足，如黑龙江省探索开展活体抵押融资模式，浙江省丽水市创新发展林权抵押贷款，浙江省温州市瓯海区、浙江省海盐县将经济合作社股权纳入抵质押品范围。支持涉农企业发行超短期融资券、短期融资券、中期票据等债务融资工具，推动商业银行发行"三农"专项金融债券，募集资金用于支持涉农企业发展。截至2018年末，已支持商业银行发行"三农"专项金融债券369亿元。

（五）不断完善农村基础金融服务，农村普惠金融服务可得性大幅提高 加强乡村支付基础设施建设，推动银行结算账户持续增长，基本实现人人有户，推动ATM布设不断增加，基本实现乡乡有ATM，推动POS机具大量布放，基本实现村村有POS，持续推动跨行清算系统向农村地区延伸。截至2018年末，农村地区布放ATM数量38.04万台，ATM万人拥有数量3.93台；农村地区POS机数量715.62万台，POS机万人拥有73.90台。加强乡村基础支付服务供给，截至2018年末，全国共设置银行卡助农取款服务点达86.49万个，村级行政区覆盖率达98.23%。持续推进农村信用体系建设，指导各地因地制宜为农户建立信用档案，开展"信用户""信用村""信用乡镇"评定工作，为政府部门、金融机构支持农户发展提供信息支持。截至2018年底，全国累计建立信用档案农户数1.87亿户，累计已有9 697万农户获得银行贷款。积极开展金融知识教育和普及，以农民为宣传重点定期开展"金融消费者权益日""普及金融知识，守住钱袋子""金融知识普及月"等活动，普及金融知识，优化金融环境。

深化农垦改革

中共中央、国务院于2015年11月印发《关于进一步推进农垦改革发展的意见》（以下称《意见》），明确提出新时期农垦改革发展要以垦区集团化、农场企业化改革为主线，到2020年打造一批具有国际竞争力的现代农业企业集团，特别强调要用3年左右时间，将国有农场承担的社会管理和公共服务职能纳入地方政府统一管理，基本完成农垦国有土地使用权确权登记发证任务。2018年是农垦改革"两个3年"攻坚任务收官之年。全国农垦坚持以垦区集团化、农场企业化改革为主线，紧盯改革重点领域和关键环节，推进新一轮农垦改革取得明显成效，特别是"两个3年"任务如期完成既定目标，为深入推进垦区集团化农场企业化改革、做强做优做大农垦经济创造了有利条件。

（一）垦区集团化、农场企业化改革取得新进展，市场影响力和竞争力进一步提升　北京等16个整建制转为省级农垦集团的垦区（不含新疆生产建设兵团）继续深化改革，聚集主导产业，进一步加大直属企业和资源资产整合重组力度，加快完善企业经营管理机制，以资本为纽带的母子公司管理体制和现代企业制度进一步健全，市场影响力和竞争力进一步提升。2018年4月，农业农村部会同中央编办、发展改革委、财政部、人力资源社会保障部、自然资源部和黑龙江、广东两省政府制定《中央直属垦区"部省双重领导、以省为主"管理暂行办法》，进一步明确部省管理职责，为深化中央直属垦区改革提供了重要依据。黑龙江省农垦总局整建制转为北大荒农垦集团总公司，标志着黑龙江农垦由行政管理为主向集团化企业化管理体制迈出了实质性步伐。北京、天津、上海、重庆等省市农垦集团，着力整合涉农国有企业和资产，集团整体经济实力和农副食品供给能力明显增强。截至2018年底，16家农垦集团共有上市公司28家，下属二级全资子公司713个。

国有农场归属市县管理的垦区大力整合区域内各类国有农业资源资产，共组建区域集团公司86家、专业化农业产业公司264家，比2017年底分别增加47家、125家。全国688家国有农场基本完成公司化改造，占全部农场总数超过40%，其中江苏、海南等垦区所属农场全部完成公司化改造，国有农场市场主体地位进一步确立。垦区集团化、农场企业化改革的深入推进，为做强做优做大农垦国有经济、更好服务国家战略需要提供了有力的体制机制保障。

（二）国有农场办社会职能改革基本完成，农场发展活力和动力进一步增强　2018年7月，财政部、农业农村部印发《关于做好农垦国有农场办社会职能改革中央财政补助工作的通知》，进一步明确中央财政按照先改后补、早改早补、以补促改的原则给予补助。全国有改革任务的省份都建立了推进国有农场办社会职能改革的工作机制，并出台了省级办社会职能改革实施方案，14个省份省级财政安排了补助资金。例如，湖北省在原有财政补助的基础上2018年新增资金3 735万元，对承担新一轮改革任务的18个市县给予支持，有关市、县也不断加大财政支持力度。广西壮族自治区按照"先移交后补交"办法推进国有农场退休职工移交属地管理，按照"先移交后改造"方式推进垦区"三供一业"移交，缓解农垦办社会职能改革压力。

截至2018年底，全国农垦已有1 558个国有农场办社会职能纳入地方政府统一管理，占应改革农场总数1 720家的90.6%，比2015年底提高了55个百分点。其中完成公检法、基础教育、基本医疗和公共卫生三项职能改革的农场比率分别为100%、94.0%、93.2%，《意见》明确的3项重点办社会职能改革已接近尾声，绝大部分农垦社区管理等社会管理和公共服务职能也已全部纳入地方政府统一管理。除黑龙江、广东等个别改革任务极其繁重的垦区外，其他垦区改革完成率均超过90%。通过改革，国有农场办社会负担得到减轻，部分垦区办社会职能形成的历史债务得到化解，国有农场社会管理和公共服务可持续发展机制基本建立，经费支持渠道逐步畅通，管理和服务水平得到提高，农垦政企、社企关系进一步理顺，为农场企业化改革创造了有利条件。

（三）农垦国有土地使用权确权登记发证工作基本完成，为创新农垦土地管理方式奠定基础 31个省份均出台了农垦土地使用权确权登记发证工作方案，21个省份落实了地方财政补助资金。通过全面收集国有农场土地权属来源资料、实地开展土地测量和指界确认，进一步核实了国有农场土地面积、四至界限、土地用途、争议范围等，并上图入库。经认真调查统计，全国农垦土地面积为2 860.08万公顷（不含新疆生产建设兵团），其中建设用地66.67万公顷、农用地和未利用地2 700万公顷（含耕地506.67万公顷）。

2018年，农垦国有土地使用权确权登记工作快速推进。截至2018年底，完成全国农垦国有土地登记发证面积2 751.91万公顷（不含新疆生产建设兵团），确权发证率达到96.2%，比2015年底提高61.2个百分点，除权属争议一

时难以调处的外，做到了应发尽发。江苏、江西、广西、云南等省区还同步开展了土地使用权证、山界林权证换发不动产权证的工作，完成了土地的分类登记。农垦土地确权发证工作基本完成，既有助于维护国有农场合法土地权益，又为下一步加强农垦土地管理和利用、推进农垦土地资产化和资本化奠定了坚实基础。

（四）农垦企业用工制度和社会保障机制进一步健全，垦区民生建设取得明显进展 全国农垦积极建立健全职工招录、培训和考核体系，部分垦区加快建立以劳动合同制为核心的市场化用工制度。截至2018年底，农垦企业与154.22万职工签订了劳动合同，占企业职工总数的70.3%。其中，北京、天津、上海、江苏、浙江、山东、海南、贵州、西藏、甘肃、宁夏、广州、新疆兵团等垦区已经与全部职工签订了劳动合同。

31个省份均按照属地管理原则，将农垦企业职工养老保险纳入地方统筹，并积极解决农垦职工参保、缴费困难等问题，农垦社会保障机制进一步健全。各地农垦管理部门则通过全面清理核对参保人员、加强劳动合同管理、加大政策宣讲力度等手段，进一步强化职工参保缴费意识，规范劳动用工行为；采取多种方式提升职工经营能力、拓宽增收渠道，增强企业和职工缴费能力。截至2018年底，全国农垦企业职工和退休人员基本实现应保尽保。

（五）农垦农业经营管理体制不断完善，国有农场统一经营管理和服务职能得到提升 全国农垦立足农业，以推动农业高质量发展、发挥农垦在现代农业建设中的骨干引领作用为重点，努力创新农业生产经营方式，不断强化国有农场农业统一经营管理和服务职能，积极培育新型农业经营主体，股份制、公司制等新型农业经营主体数量逐步增加，适度规模经营水平不断提高。

截至2018年底，全国农垦（不含新疆生产建设兵团，下同）农业经营主体为149.29万个，相比上年减少17.72万个，其中职工家庭承包租赁经营和职工子女租赁经营主体数量有所降低，而合作经营、公司制经营等统一经营主体数量有所增加，农垦农地平均经营规模水平进一步提升。2018年全国农垦实现规模经营（单个主体经营面积6.67公顷以上）耕地面积超过360万公顷，占比超过70%。

基层农业技术推广体系改革与建设

顺应农技推广工作新要求，深化改革增强能力，集聚资源形成合力，创新机制激发活力，在加快农业先进适用技术推广应用，支撑农业农村事业发展等方面取得了积极成效。

（一）深度激发基层农技推广体系活力 通过共建载体、派驻挂职、互派人员等措施，促进公益性推广机构与经营性服务机构相结合、公益性推广队伍与新型经营主体相结合、公益性推广与经营性服务相结合，调动基层农技人员开展服务的积极性、社会力量参与推广的积极性、农民接受先进技术的积极性。161名基层农技人员与新型经营主体建立对接服务关系提供增值服务。通过购买服务、定向委托等方式，支持社会化服务组织开展产前、产中、产后全程农业技术服务，一批有资质有能力的市场化主体承担了可量化、易监管的公益性农技推广服务。

（二）探索构建农技推广服务协同新机制 针对我国农业技术推广面临引领技术"缺"，成果转化"慢"，推广力量"散"等三大瓶颈问题，在内蒙古、吉林、江苏、浙江、江西、湖北、广西、四川等8个省份开展农业重大技术协同推广计划试点，构建科技推广的需求关联机制和利益联结机制，推动"省市县三级"上下协同和"政产学研推用六方主体"左右协同，让产业急需的引领性技术"补"起来，让成果转化应用"快"起来，让推广服务力量"合"起来，让科技推广新动能"放"出来，把科技优势更好地转化为产业优势和经济优势。8省组建的各类协同推广团队覆盖了水稻、食用菌、猕猴桃、肉牛等39个产业，聚集了161个科研单位、148个教学单位、309个推广单位以及317个企业、合作社、家庭农场等新型经营主体的1 800多名骨干人才。

（三）丰富以信息化为基础的新型农技推广服务手段 基于大数据、云计算和移动互联等信息化技术，构建了Web端、客户端、公众号"三位一体"的中国农技推广信息平台，促进了专家、农技人员和农民的互联互通，实现了农技推广任务安排网络化、服务智能化、考核电子化，为广大农业生产经营者提供了高效便捷、双向互动的农技推广服务。到2018年底，6 000多专家、33万人农技人员在中国农技推广信息平台开展指导服务，累计上报有效日志348.7万条、有效农情26.3万条，有效回答提问1 768.9万条。

（四）提升农技人员业务技能和学历层次 完善农技人员分级分类培训机制，采取异地研修、集中办班、现场实训、网络培训等方式，提升基层农技推广队伍知识技能。全年对全国1/3以上的在编基层农技人员进行连续不少于5天的脱产业务培训，异地培训（出县）基层农技人员数达到培训人员总数的30%，接受培训的基层农技人员对培训活动满意率达95%以上。继续支持基层农技推广队伍中非专业人员、低学历人员等，通过脱产进修、在职研修等方式进行学历提升教育，补齐专业知识短板。

（五）加快优质绿色高效技术推广应用 完善中央、省、县三级主推技术推介制度，遴选推介了一批符合绿色增产、资源节约、生态环保、质量安全等要求的先进适用技术。在技术适用范围内以农业县为单位，组织农科教紧密协作形成技术操作规范，编写通俗易懂的技术要领挂图，开展多层次、多样式技术培训，加强技术示范展示和推广应用，让广大农户和新型农业经营主体了解技术要求、掌握使用要领，促进农业科技快速进村入户到田。2018年，大范围推广应用了稻田生态种养技术、杂粮杂豆规范化生产、奶牛饲料高效利用等绿色优质高效技术，全国农业主推技术到位率达到95%以上，为推动农业供给侧结构性改革提供了有力支撑，保障了农业稳产增产、连年丰收，又促进了农业高质量发展。稻田生态种养技术年推广应用133.33多万公顷，有效减少了化肥农药使用、改善了生态环境，也生产出更多的优质安全稻米、水产品和畜产品。

（六）全面实施农技推广服务特聘计划 针对贫困地区产业扶贫对农技推广服务的迫切需求，在22个有国家级贫困县（或集中连片贫困地区县）的省份以及其他有意愿的地区实施农技推广服务特聘计划，通过政府购买服务等支持方式，从农业乡土专家、种养能手、新型农业经营主体技术骨干、科研教学单位一线服务人员中招募一批特聘农技员，为县域农业特色优势产业发展提供技术指导与咨询服务，为贫困农户从事农业生产经营提供技术帮扶，增强基层农技人员专业技能和实操水平。特聘计划从需求出发，从解决问题、发挥作用入手，以服务对象的满意率、解决产业发展实际问题为主要考核指标，突破了编制管理的限制、突破了农技人员来源的框框、突破了现有农技推广队伍管理障碍，增强了公益性农技推广服务供给能力、助力脱贫攻坚，受到基层农业部门、乡镇政府和广大农户的普遍认可，为农技推广队伍长远发展探索了新路子。到2018年底，特聘计划在全国541个国家级贫困县（或集中连片贫困地区县）和18个非贫困县实施，招募特聘农技人员2 200多人。

农村改革试验区建设

2018年，在中央农村工作领导小组直接领导下，农村改革试验区工作联席会议各成员单位（以下简称"各成员单位"）通力合作，部署落实了新一批改革试验任务，探索形成了一批各具特色的试验成果，试验区工作不断取得新进展、实现新突破。

（一）农村改革试验区工作稳步推进 主动对标对表中央关于深化农村改革的任务要求，积极推动全国58个农村改革试验区进一步加强改革试验工作，当好农村改革的先行军、排头兵。一是深化拓展改革试验内容。批复了27个试验区申请的49项试验任务，统筹推进关联度强、相关性高的试验任务，适度延展试验主题和内容，促进试验区改革举措集成。二是加强改革试验督察指导。对23个试验区的13项到期试验任务开展了总结验收。督导改革试验进展，调度试验任务落实情况，推动解决试点试验中遇到的困难和问题。三是总结提炼改革试验成果。分专题归纳推广做法成熟、适用性强的试点经验，筛选出80个制度设计较为完整、改革成效较为明显、具有复制推广价值的典型案例，组织出版《农村改革试验区改革实践案例集》。四是加强改革试验宣传交流。在《人民日报》、新华社等媒体刊发试验区专题报道，为深化农村改革营造良好氛围。举办多期试验区干部专题调研交流培训班，编发《农村改革动态》，交流试点经验，实现互促共进。

各成员单位认真履职尽责，密切协同配合，积极参与农村改革试验区指导工作，强了对试验区工作的指导。中央组织部、中央政策研究室、民政部、国务院研究室等积极对试验区的试验方案提出建议。人民银行、银保监会对河北玉田、湖南沅陵、安徽金寨的农村信用合作试点进行了深入调查、研究、评估，国务院扶贫办积极推广四川巴州试验区易地扶贫搬迁的改革经验。水利部总结推广江苏洪泽、安徽定远试验区在深化农田水利设施产权制度改革、创新运行管护机制方面的经验。

（二）各项试点成效显著　2018年，各试验区形成了许多有突破性的改革亮点，涌现出一批各具特色的改革典型，取得了丰硕的试点成果，为深化农村改革提供了有力支撑。

在土地制度改革方面。内蒙古阿荣旗试验区探索出"整体退出、集中使用"和"部分退出、进退联动"两种承包地退出模式。贵州湄潭试验区形成了规范的"农户申请、三级审核、协商评估、签约交接、统一管理"退出管理程序。浙江义乌试验区从宅基地取得、抵押担保、自愿有偿退出等多方面探索形成了"义乌模式"。

在农村集体产权制度改革方面。贵州六盘水试验区总结了农村集体资产"三变"10种模式，明晰规范了土地股等12种股权形式。北京大兴试验区积极开展农民集体资产股权占有、收益、继承、内部转让、有偿退出及抵押、担保试点。上海闵行试验区加强股份六项权能信息化管理，指导开发建设农村集体经济组织管理服务平台。山东青岛黄岛试验区逐步形成了资源利用型等8种有特色的集体经济发展模式。辽宁海城试验区成立了东北首家农村产权交易市场，开发了15个类别的交易品种。

在农村金融制度改革方面。河南新乡试验区创新"政府+银行+担保""政府+银行+保险"等多种融资模式。湖南沅陵试验区建立"政银担"特色产业贷款合作模式，安徽金寨试验区开展"股金+合作资金""股金+银行资金"两种模式的合作社内部信用合作。四川彭山试验区推出农村"两权"抵押产品16个，发

放农村"两权"抵押贷款1 517笔。河南信阳试验区开展水稻收入保险改革试验。

在创新和完善乡村治理机制方面。贵州毕节试验区推进"村社一体"发展模式，将党支部建在产业链上，以行业为单位建立起行业队伍等自治组织。安徽龙亢农场试验区形成了政府主导、居民自治、农场接受政府授权管理服务社区的新模式，甘肃金川试验区探索在试点村设置"文明股"，以奖励形式动态配属给带头践行社会主义核心价值观和村规民约的农户。江苏苏州试验区修订完善《村民自治章程》和《村规民约》，为各村配备法律顾问。

另外，农村改革试验区还在扶贫开发综合改革、创新财政支农机制方面、政府购买农业公益性服务方面进行了有益的探索实践，有效推动了面上改革，许多试验成果为中央和地方制定政策提供了重要依据，催生了更大范围的改革探索。

（三）推动农村改革试验区工作取得更大进展　认真贯彻落实党的十九大精神，按照党中央全面深化农村改革的决策部署，围绕实施乡村振兴战略，突出制度创新，突出形成可复制可推广经验成果，会同农村改革试验区工作联席会议成员单位进一步强化农村改革试验区工作。积极拓展试验广度深度。紧扣全面建成小康社会、打赢脱贫攻坚战的硬任务，遴选试验任务、拓展试验内容、扩大试验范围、集成试验项目，增强改革系统性、整体性、协同性；强化试验成果提炼转化，把完成好硬任务和探索长远制度结合起来，突出重点强化试验成果的提炼转化，服务于乡村振兴；推动地方完善工作机制，加强试验区所在地党委对试验区工作的领导、协调和统筹；加强能力建设，加强与智库合作，安排专家与改革试验区建立相对固定的跟踪研究和咨询服务机制。鼓励联席会议成员单位加强对改革试验区工作的指导和调度。

农业农村发展展望

2019 中 国 农 业 农 村 发 展 报 告

农业农村发展展望

发展目标与任务

2019年是新中国成立70周年，是决胜全面建成小康社会第一个百年奋斗目标的关键之年，是打赢脱贫攻坚战和实施乡村振兴战略的历史交汇期。做好"三农"工作对有效应对各种风险挑战、确保经济持续健康发展和社会大局稳定具有重大意义。

2018年底召开的中央农村工作会议明确提出，2019年要全面贯彻习近平新时代中国特色社会主义思想和党的十九大精神，坚持把解决好"三农"问题作为全党工作重中之重不动摇，牢固树立农业农村优先发展的政策导向，以实施乡村振兴战略为总抓手，适应国内外复杂形势变化对农村改革发展提出的新要求，抓重点、补短板、强基础，围绕"巩固、增强、提升、畅通"深化农业供给侧结构性改革，全面推进乡村振兴，坚决打赢脱贫攻坚战，发挥"三农"压舱石作用，确保顺利完成到2020年承诺的农村改革发展目标任务。会议强调，要毫不放松粮食生产，深化农业供给侧结构性改革，聚力打赢脱贫攻坚战，抓好农村人居环境整治工作，推进新一轮农村改革，加快补齐农村基础设施和公共服务短板，扎实做好乡村规划建设和社会治理各项工作，强化五级书记抓乡村振兴，加强懂农业、爱农村、爱农民农村工作队伍建设，发挥好农民主体作用，提高广大农民获得感、幸福感、安全感，在实现农业农村现代化征程上迈出新的步伐。

按照中央总体部署，农业农村部明确2019年农业农村发展目标与任务是：坚持稳中求进工作总基调，坚持农业农村优先发展总方针，以实现农业农村现代化为总目标，以实施乡村振兴战略为总抓手，以农业供给侧结构性改革为主线，对标全面建成小康社会"三农"工作必须完成的硬任务，加大脱贫攻坚力度，提升农业发展质量，稳定粮食生产，保障重要农产品供给，推动农民持续增收，抓好农村人居环境整治，全面深化农村改革，加强乡风文明建设，健全乡村治理体系，确保乡村振兴取得新进展，推动农业农村发展开创新局面，以优异成绩庆祝新中国成立70周年。农业农村部强调，做好2019年农业农村工作，要围绕全局抓落实，集中力量抓重点，把"三农"大事要事急事难事放在优先位置，抓紧抓实抓到位：确保脱贫攻坚不能延误，坚决打赢精准脱贫攻坚战；粮食生产不能下滑，务必稳定粮食面积和产量；农村人居环境整治要由点到面全面推开，取得实质性进展；"大棚房"问题清理整治做到完全彻底，按时保质完成专项行动；非洲猪瘟不能蔓延成势，毫不松懈做好防控工作。

农业农村发展面临的条件

2018年是全面贯彻党的十九大精神的开局之年，农业农村发展取得了新成绩：保障粮食等重要农产品有效供给，调整优化粮食生产结构，深入推进粮食收储制度和价格形成机制改革；持续推进农业供给侧结构性改革，改善农产品供求关系，稳定提升综合生产能力，实现农业高质量发展；打赢脱贫攻坚战三年行动开局良好，扎实推进产业扶贫；扩大绿色发展补贴试点范围，实现化肥农药使用量双下降，农业绿色发展有利推进；农民收入继续保持较快增长，城乡居民之间和农村内部居民之间收入相对差距缩小；乡村消费继续保持较快增长，消费结构升级加快，农民扩大消费倾向更高；持续改善农村生产生活条件，大力推进农村人居环境整治和社会事业发展，如"厕所革命"，推进生态宜居乡村建设，促进了农村生产生活生态"三生同步"发展；突出抓好非洲猪瘟防控，"大棚房"问题专项清理整治等专项工作；进一步深化农村改革，增强了农业农村发展活力，乡村建设迈出新的步伐；进一步巩固"三农"持续向好形势，实现农业农村发展稳中有进、稳中向好，乡村振兴开局良好，为经济社会发展大局提供了有力支撑。

未来两年是全面建成小康社会的决胜期，"三农"工作有不少必须完成的硬任务。在经济下行压力加大、外部环境发生深刻变化的复杂形势下，做好"三农"工作具有特殊重要性。当前，我国农业农村发展机遇与挑战并存，有利与不利条件同在。

（一）有利条件

1.脱贫攻坚收官决胜，政策实施精准聚力。脱贫攻坚进入决胜阶段，2018年末我国农村贫困人口1 660万人，比上年末减少1 386万人；贫困发生率1.7%，比上年下降1.4个百分点。同时，脱贫监测工作不断完善，脱贫攻坚责任进一步压实，考核评估更加严格，精准问责问效。抓党建促脱贫攻坚继续深入推进，组织开展常态化约谈，发现问题随时约谈。深度贫困地区得到更多政策倾斜，如重大工程建设项目、特色产业扶贫、易地扶贫搬迁、生态扶贫、金融扶贫、社会帮扶、干部人才等相关扶贫政策。针对重搬迁、轻后续帮扶问题，进一步完善异地扶贫搬迁后继措施，确保搬迁一户、稳定脱贫一户。贫困地区义务教育控辍保学、基本医疗保险、大病保险等保障措施进一步完善，贫困人口基本医疗需求得到有效保障。生态扶贫工作稳步推进，贫困人口通过参与生态保护、生态修复工程建设和发展生态产业，收入水平明显提升，生产生活条件明显改善。力争到2020年，组建1.2万个生态建设扶贫专业合作社，吸纳10万贫困人口参与生态工程建设；新增生态管护员岗位40万个。通过大力发展生态产业，带动约1 500万贫困人口增收。加强贫困地区职业教育和技能培训工作，增强贫困群众内生动力和自我发展能力。

2.稳产量调结构重技术，重要农产品供给得到有效保障。2018年粮食产量总体稳定，虽有所下降，但减幅不大。粮食生产政策继续完善，粮食播种面积稳定在1.1亿公顷，全面落实永久基本农田特殊保护制度，确保永久基本农田保持在1.03亿公顷以上。高标准农田建设任务稳步推进。我国已经累计将4 266.67万公顷中低产田建成高标准农田，占耕地面积三成多。到2020年，将确保建成5 333.33万公顷高标准农田。按照《乡村振兴战略规划》，新增的高标准农田将重点安排在粮食生产功能区和重要农产品生产保护区。高标准农田可显著增强抵御自然灾害能力，通过高标准农田建设我国耕地质量将再提升1～2个等级，粮食产能提升10%～20%，化肥施用量减少13.8%，农药使用量减少19.1%。

农业结构进一步优化，农业由增产导向转向提质导向转变。推进长江流域油菜新品种、新技术的推广和全程机械化，积极发展木本油料；升级改造中小奶牛养殖场，实施奶业振兴计划；优先发展青贮玉米、苜蓿等优质饲料，优化粮经饲结构。有序发展远洋渔业，减少近海、湖库养殖密度，合理确定内陆水域养殖规模。进一步建立完善农产品质量监管体系、检测体系、追溯体系。依托农业领域国家重点实验室等平台，打造产学研深度融合的科技示范园区。对于农业科研人员赋予科技成果所有权，完善评价和流动保障机制，落实成果收益分配政策。统筹国内外市场，确保重要农产品供给，提高粮食安全保障能力。将稻谷、小麦作为必保品种，稳定玉米生产，确保谷物基本自给、口粮绝对安全。加快粮食安全保障立法，加强"一带一路"国际合作，拓宽进口渠道，培育一批有竞争力的农业企业，提高我国农业企业对外合作水平。

3.乡村建设稳步推进，农村人居环境和公共服务短板有效补齐。农村人居环境整治效果显著。以厕所革命、垃圾污水治理、村容村貌提升等为重点，深入学习浙江"千村示范、万村整治"工程经验，提升农村人居环境。从2019年起，中央财政安排资金，用5年左右时间，以奖补方式支持和引导各地推动有条件的农村整村推进农村"厕所革命"，其中2019年

安排70亿元。"厕所革命"经济效益与社会效益凸显。根据测算，按照一个行政村500户计算，按照每户4口人，每人每天使用6次，每次消耗0.5升水计算，全村通过改造每年可以节约71 547.3元，每户可以节约水费143元。根据上述用水量折算成化肥进行测算，改造后预计每年每户可以回收氮肥8千克、磷肥0.5千克，而改造前每年每户仅能回收氮肥1.6千克，磷肥0.3千克。如果按照氮肥4 600元/吨（以氮计），磷肥15 400元/吨（以磷计），通过改造全村可创造经济效益22 250元。如果再计入有机肥料使用的农产品附加值提升，经济效益将更加可观。通过改造极大地改善乡村人居环境，减少废弃物污染带来的传染疾病，保障农村居民身体健康；通过对资源的利用，促进绿色农业发展，促使传统农业向休闲农业转变，有效促进农民增收，增强当地经济活力，吸引返乡就业。

根据各地区差异，建立完善中央补助、地方为主的投入机制，鼓励各个地方根据当地实际情况开展整治行动，适应当地的经济发展水平、文化和风土人情，注重实效。实施村庄基础设施建设工程，加强对农村饮用水水源地保护、村内道路建设、宽带网络建设，全面实施电气化提升工程，推进农村危房改造。提升农村公共服务水平，逐步均衡城乡基本公共服务差异，提升农村教育、医疗、养老、社会保障等水平。提升农村教育水平，推动城乡义务教育一体化发展，加强农村儿童健康教育、学前教育。完善农村保障体系，健全基本医疗保险制度，统筹社会救助体系，加快标准化卫生室建设。多维度支持农村养老事业，关爱老年人、留守妇女儿童，改善农村残疾人服务。推动农业绿色发展，减少化肥使用，加大农业面源污染治理力度，大力治理白色污染、农膜污染、禽畜粪便污染。按照先规划后建设的原

则，通盘考虑土地利用、产业发展、居民点建设、人居环境整治、生态保护和历史文化传承，注重保持乡土风貌，编制多规合一的实用性村庄规划。加强农村建房许可管理。

4.乡村特色产业迅速发展，农民增收渠道不断拓宽。乡村特色产业加快发展。因地制宜发展多样性特色农业，倡导"一村一品""一县一业"。建设一批特色农产品优势区并健全特色农产品质量标准体系，强化农产品地理标志和商标保护。大力发展农产品加工业，扶持家庭农场和农民合作社对农产品进行初加工，县域发展农产品精加工。统筹农产品全产业链建设，推进现代农业产业园区、产业融合发展示范园区建设，健全农村三产融合发展的利益联结机制，让农民获得更多产业增值收益。支持农业服务公司和农民合作社等开展农业生产性服务，发挥乡村资源、生态、文化优势。实施数字乡村战略，推动重要农产品全产业链大数据建设，依托"互联网+"推动信息进村入户、电子商务进村综合示范进程。创造优良的就业、创业环境，不断拓宽农民增收渠道。促进农村劳动力多渠道转移，支持企业在乡村办厂，增加农民就地就近就业，保障工资及时足额发放。鼓励外出农民工、各类人才返乡创业，落实减税降费政策，解决创业过程中信贷、用地等困难。

5.农村改革全面深化，乡村发展展现新活力。农村基本经营制度不断巩固完善。坚持家庭经营基础性地位，赋予双层经营体制新的内涵。家庭农场培育计划、农民合作社规范提升行动有序开展，示范合作社建设不断深入推进，支持家庭农场、农民合作社发展的政策体系和管理制度逐步建立健全，"农户+合作社""农户+公司"的利益联结机制逐步完善。供销合作社综合改革继续深化，制定供销合作社条例。大力推进农垦垦区集团化、农场企业

化改革。

农村土地制度改革不断深入，宅基地使用权确权登记颁证工作继续推进，力争2020年基本完成。2018年，我国农村宅基地空置率为10.7%，空房率最高七成。其中，东部最高，西部次之，东北第三，中部最低。全国农村宅地基空置约24万公顷，空置住房总量约2 500万套，42%的村庄宅基地闲置率地域5%，但有5%的村庄宅基地闲置率高于30%。按照东、中、西、东北四区域划分，农村宅基地闲置率分别为13.5%、7.7%、11.4%、11.1%。不同区域社会经济发展差异明显，宅基地闲置原因不尽相同。2018年全国农村户籍人口5.64亿，外出务工人口数1.73亿，对于东部而言，城镇有住房和家庭成员长期外出务工是宅基地闲置的最主要原因，两者比例分别为30.8%和27.3%；对于中部地区，除城镇有住房占比27.6%之外，房屋损毁无法居住占比为27.3%；对于西部地区，经济发展相对落后，大量农民外出务工导致38%的农村宅基地闲置，由于村内有其他住房而闲置的宅基地占比27%，因为在城镇有其他住房而闲置的宅基地占比20.5%；东北部地区宅基地闲置最主要的两个原因是城镇有其他住房和长期外出务工，分别占比34.3%和32.6%。基于农村宅基地使用现状，稳慎推进农村宅基地制度改革，拓展改革试点，丰富试点内容，完善制度设计，开展闲置宅基地复垦试点，抓紧制定加强农村宅基地管理指导意见，研究起草农村宅基地使用条例。

保持农村土地承包关系稳定并长久不变，研究出台配套政策，指导各地明确第二轮土地承包到期后延包的具体办法，确保政策衔接平稳过渡。完善落实集体所有权、稳定农户承包权、放活土地经营权的法律法规和政策体系。在基本完成承包地确权登记颁证工作基础上，开展"回头看"，做好收尾工作，妥善化解遗

留问题，将土地承包经营权证书发放至农户手中。健全土地流转规范管理制度，发展多种形式农业适度规模经营，允许承包土地的经营权担保融资。总结农村土地制度三项改革试点经验，巩固改革成果。坚持农村土地集体所有、不搞私有化，坚持农地农用、防止非农化，坚持保障农民土地权益、不得以退出承包地和宅基地作为农民进城落户条件，进一步深化农村土地制度改革。在修改相关法律的基础上，完善配套制度，全面推开农村土地征收制度改革和农村集体经营性建设用地入市改革，加快建立城乡统一的建设用地市场。

农村集体产权制度改革深入推进。从2017年全面开展农村集体产权制度改革以来，试点县（市、区）已经有1000多个，超过全国县级单位总数的三分之一。2019年改革试点地区进一步扩大，2019年底基本完成全国范围农村集体资产清产核资，2021年底基本完成农村集体经营性资产股份合作制改革。目前，全国农村集体经济组织年收入达到4627亿元，有30%的村年经营收益超过5万元。15万个村完成集体经营性资产股份合作制改革，占比超过全国总数的四分之一，确认成员有3亿多人。按期完成全国农村集体资产清产核资，加快农村集体资产监督管理平台建设，建立健全集体资产各项管理制度。在成员身份确认工作中保护特殊人群合法权益，加快推进农村集体经营性资产股份合作制改革，继续扩大试点范围。健全农村产权流转交易市场，推动农村各类产权流转交易公开规范运行。

农业支持保护制度更加完善。按照增加总量、优化存量、提高效能的原则，强化高质量绿色发展导向，加快构建新型农业补贴政策体系。根据世贸组织规则，以保护农民利益、支持农业发展为原则，完善农业支持保护政策，更好发挥市场机制作用取向，完善稻谷和小麦最低收购价政策、玉米和大豆生产者补贴政策。健全农业信贷担保费率补助，制定担保机构业务考核办法，完善农业保险政策。加强农业金融服务支持力度，鼓励金融机构为乡村振兴和脱贫攻坚中长期贷款提供支持。

6.乡村治理机制不断完善，乡村社会和谐稳定。充分发挥群众参与治理作用，增强乡村治理能力，建立一套党组织领导的"三治结合"的工作机制。规范村规民约制定，加强自治组织规范化制度化建设，健全村级议事协商制度，推进村级事务公开，加强村级权力有效监督。推进农村基层法治建设，健全公共法律服务体系，加强农业综合执法。加强农村精神文明建设，培育特色文化村镇，整治乡村陋习，推进移风易俗工作。严厉打击农村黑恶势力，建立平安乡村，落实社会治安综合治理领导责任制。深化农村网格化服务管理，加强乡村交通、消防、公共卫生、食品药品安全、地质灾害等公共安全事件易发领域隐患排查和专项治理。整合配优基层一线平安建设力量，把更多资源、服务、管理放到农村社区，完善农村矛盾纠纷排查调处化解机制，提高服务群众、维护稳定的能力和水平。

7.农村基层组织建设全面加强，农村党支部作用日益突出。抓实建强农村基层党组织，以提升组织力为重点，突出政治功能，持续加强农村基层党组织体系建设。增加先进支部、提升中间支部、整顿后进支部，以县为单位对软弱涣散村党组织"一村一策"逐个整顿。对村"两委"换届进行一次"回头看"，坚决把受过刑事处罚、存在"村霸"和涉黑涉恶等问题的村"两委"班子成员清理出去。实施村党组织带头人整体优化提升行动，配齐配强班子。全面落实村党组织书记县级党委备案管理制度。建立第一书记派驻长效工作机制，全面向贫困村、软弱涣散村和集体经济空壳村派出第一书记，并向乡村振兴任务重的村拓展。加大从高校毕业生、农民工、退伍军人、机关事业单位优秀党员中培养选拔村党组织书记力度。健全从优秀村党组织书记中选拔乡镇领导干部、考录乡镇公务员、招聘乡镇事业编制人员的常态化机制。落实村党组织5年任期规定，推动全国村"两委"换届与县乡换届同步进行。优化农村党员队伍结构，加大从青年农民、农村外出务工人员中发展党员力度。健全县级党委抓乡促村责任制，县乡党委要定期排查并及时解决基层组织建设突出问题。加强和改善村党组织对村级各类组织的领导，健全以党组织为领导的村级组织体系。全面推行村党组织书记通过法定程序担任村委会主任，推行村"两委"班子成员交叉任职，提高村委会成员和村民代表中党员的比例。加强党支部对村级集体经济组织的领导。全面落实"四议两公开"，健全村级重要事项、重大问题由村党组织研究讨论机制。

理清村级各类组织功能定位，实现各类基层组织按需设置、按职履责、有人办事、有章理事，充分发挥村级各类组织作用。村民委员会要履行好基层群众性自治组织功能，增强村民自我管理、自我教育、自我服务能力。全面建立健全村务监督委员会，发挥在村务决策和公开、财产管理、工程项目建设、惠农政策措施落实等事项上的监督作用。强化集体经济组织服务功能，发挥在管理集体资产、合理开发集体资源、服务集体成员等方面的作用。发挥农村社会组织在服务农民、树立新风等方面的积极作用。按照有利于村级组织建设、有利于服务群众的原则，将适合村级组织代办或承接的工作事项交由村级组织，强化村级组织服务功能。规范村级组织协助政府工作事项，防止随意增加村级组织工作负担。统筹乡镇站所改革，强化乡镇为农服务体系建设，确保乡镇有队伍、有资源为农服务。健全以财政投入为主的稳定的村级组织运转经费保障制度，全面落实村干部报酬待遇和村级组织办公经费，建立正常增长机制，保障村级公共服务运行维护等其他必要支出。把发展壮大村级集体经济作为发挥农村基层党组织领导作用的重要举措，加大政策扶持和统筹推进力度，因地制宜发展壮大村级集体经济，增强村级组织自我保障和服务农民能力。

（二）不利条件　农业农村发展在取得进展和成效的同时，也面临着一些突出困难和问题，存在一些不利条件，主要表现在：农业农村基础仍然薄弱，农村基本公共服务供给和基础设施建设仍然滞后；农业科技对农业高质量发展和农业结构调整的支撑作用不足；农民增收困难特别是农民家庭经营收入中，农牧业净收入增长缓慢，农村中等偏下组的收入增长过于缓慢；农民信贷难、信贷贵、担保能力偏弱等问题尚未有效解决；财政能直接调动的资金规模有限，引导和撬动其他资源的效率较低；农业生产的人工成本、土地成本和农资成本不断增加；乡村全面振兴面临优秀人才等稀缺要素瓶颈制约比较明显，存在吸引力不足、总量不足、精准性不足、机制体制不健全等问题；农村土地制度的三项改革推进不平衡、试点样本分布不均衡，土地征收制度改革试点相对不足，宅基地"三权分置"的探索和实践还不充分；全球经济展望不乐观，国际农产品市场波动风险上升，国内曾经是出口优势的农产品进口高速增长等。

趋势与判断

展望2019年，在国家宏观调控和"三农"政策措施等积极作用下，农业农村发展呈现的一些规律性变化将会延续，农业农村仍将保持稳定发展格局。

（一）农业生产稳步增长，种植结构继续优化　2019年，我国农业农村生产总体上将保持稳步增长，农业种植结构继续调整优化。第一产业保持稳定增长，但增速仍然明显低于其他产业，预测第一产业增加值在GDP比重将进一步下降。

1.粮食生产总体上保持稳定。据国家统计局种植意向调查，2019年小麦意向种植面积比上年下降0.8%，稻谷意向种植面积比上年下降0.2%，玉米意向种植面积下降3.1%，马铃薯意向种植面积下降0.7%。稻谷生产总体保持相对稳定态势；随着供给侧改革的不断深入，小麦种植面积稳中略降，但单产增长，总产有望稳中有增；由于去库存压力以及大豆振兴计划的实施导致短期内部分地区改种等原因，玉米播种面积将进一步调减，但总产量基本稳定。

2.大豆和油料作物种植面积和产量会有所增加。随着国家对大豆种植支持力度的不断增加，大豆种植面积有望增加。随着良种繁育能力的提升，预计大豆单产将有所提高，大豆产量也随之增加。据国家统计局种植意向调查，全国大豆意向种植面积增长16.4%，花生意向种植面积比上年增长1.0%，油菜籽意向种植面积比上年增长2.3%。2019年中央1号文件强调支持油料作物生产，预计油菜播种面积增长1.5%左右，花生播种面积增长1.0%左右。油料总产量有望比上年有所增长。

3.棉花产量小幅下降。受水土资源条件约束、比较收益下降、生产成本提高等因素影响，棉花种植面积和产量预计均呈下降趋势。据国家统计局种植意向调查，棉花意向种植面积比上年下降2.8%。在棉花目标价格政策积极作用下，新疆农民种植棉花比较效益仍比较明显，预计新疆棉花生产基本稳定而全国其他地区棉花可能继续减产。

4.糖料作物有所增产。虽然国内食糖价格持续走低，但主产区制糖企业为保障农户种植意愿，将糖料收购价格维持在较高水平，2019年糖料作物种植面积有望增加。据国家统计局种植意向调查，甘蔗意向种植面积比上年增长1.0%，糖料产量也有望相应增长。

5.畜牧业和渔业整体稳中有增。受生猪非洲猪瘟疫情等因素影响，生猪产能将出现明显下降，生猪生产也将受到较大影响；在畜牧良种补贴、草原生态补偿等政策下，牛羊生产预计稳步增长；水产品产量继续保持稳定增长，并呈现深远海养殖、大水面养殖增加，近海捕捞减量，远洋捕捞稳定和水产品品质提升的特征。

6.水果产量稳中有增，蔬菜供应继续增加。在农业供给侧改革、脱贫攻坚推进过程中，蔬菜水果种植比较优势明显，许多地区优先扩大蔬菜水果种植面积，调减玉米等种植面积。预计2019年水果种植面积和单产缓慢增长，蔬菜面积也将增加。据国家统计局种植意向调查，蔬菜意向种植面积比上年增长0.8%。

7.奶类产量增速明显加快，规模化养殖比例将大幅提升。2019年，国内奶类消费需求进一步增长，拉动奶类产量将继续稳步增长；奶牛养殖规模化率和奶业机械化水平将继续提高，泌乳奶牛平均单产水平有望进一步提高。

（二）农产品价格总体趋涨，局部涨跌互现　展望2019年，我国农产品供给总量总体稳定，国内农产品价格有平稳运行的基础，但农业内部的结构性矛盾依然存在，不同品种供需形势分化，加之贸易保护主义、非洲猪瘟、能源价格波动等外部因素叠加，部分农产品市场波动风险加大。

总体上，2019年国内农产品价格总体较为稳定，部分农产品价格会出现一些波动。稻谷的库存水平依然比较高，供需关系阶段性宽松，市场价格存在一定的下行压力，质量高、品质优稻谷价格优势明显，稻谷优质优价体系逐步建立；受小麦最低收购价格下调影响，预计小麦价格会小幅降低，但有望弱中趋稳，优质小麦价格优势凸显；临储玉米将继续保持较快的消化节奏，玉米价格缺乏大幅上涨的基础，预计将以稳中有升的走势为主；随着国家对大豆补贴力度和支持力度的增加，国产大豆供给能力稳步提升，与进口大豆价格的联动性有可能增强，同时全球大豆供需关系保持宽松，国内大豆价格可能保持相对稳定；国内棉花供求关系偏松，棉花价格上涨可能性很小，食糖价格不仅是国内供需关系的反映，而且受到国际糖价、主产国调控政策等因素影响，将保持较大的波动幅度和不确定性；生猪市场供求偏紧，全年平均价格将会明显上涨；牛羊肉价格仍保持高位运行，以稳中有涨态势为主；水产品价格不会出现较大波动，价格总体稳中有升；受苹果、梨的供求及价格上行影响，2019年水果全年平均价格将与2018年持平略涨；受季节波动影响，国内生鲜乳收购价格将保持高位震荡，全年平均收购价估计将小幅上涨。

（三）农产品进出口格局基本稳定，贸易逆差继续扩大 2019年，尽管国际形势复杂多变和不确定性上升，但中国农产品进出口格局总体上不会发生根本性变化，农产品进口仍保持较快增长，农产品贸易逆差会继续扩大。主要原因：一方面是国内农产品多样化需求仍快速增长，另一方面是中央1号文件提出"实施重要农产品保障战略"，要求"主动扩大国内紧缺农产品进口，扩展多元化进口渠道"。

从农产品进出口结构看，①进口重点仍然是油脂油料，多元化农产品（水果、水产品、猪牛羊肉畜产品等）进口将进一步增长，玉米进口趋于增加，大豆进口将维持高位但增速明显放缓，棉花、橡胶等工业用途农产品保持相对稳定，稻谷和小麦进口压力较小，奶制品进口增幅将放缓；②出口重点一方面是劳动密集型农产品的出口，另一方面是附加值更高的精深加工农产品出口增长。从农产品贸易国别来看，①随着国际贸易摩擦加剧和贸易环境的复杂多变，我国进口产品多元化趋势将更加明显，进口来源国在一定程度上会趋于分散；②随着我国农产品出口结构调整，以亚洲和北美为主的传统出口目的地市场面临的竞争压力越来越大，我国农产品出口市场也将不断拓展，出口目的地趋于分散。

（四）农民收入持续增长，消费结构优化升级 总体上，2019年农民收入继续较快增长，城乡居民收入相对差距继续有所缩小。国家继续围绕"巩固、增强、提升、畅通"深化农业供给侧结构性改革，通过调整农业结构、促进三产融合、乡村振兴、脱贫攻坚等有效措施，将进一步提高农村地区内生发展能力，拓宽农民增收渠道。预计2019年，农村居民收入将继续保持较快增长，增速有望继续快于GDP增速和城镇居民收入增速。

预计乡村消费进一步较快增长，且农民消费结构将继续呈现加快升级态势。我国将积极培育消费惠民新增长点，进一步挖掘农村网购和乡村旅游消费潜力。乡村消费品零售额将保持较快增长，农民食品烟酒消费支出比重预计下降到30%以下，生活用品及服务、教育文化娱乐、医疗保健等消费支出比重将进一步提高，消费结构进一步优化升级。

2018年农业农村大事记

2019 中 国 农 业 农 村 发 展 报 告

2018年农业农村大事记

1月

1日 《农民日报》报道：2017年12月30日，农业部召开深化农村改革情况交流会，会议指出，要按期完成确权登记颁证任务，2018年，除少数民族边疆地区外，其他省份均应基本完成确权工作；要紧盯2019年基本完成清产核资、2021年基本完成股份合作制改革的目标，全面实施农村集体资产清产核资，摸清承包地以外的资源性资产和经营性资产家底，搞清楚权属关系；继续扩大农村集体产权制度改革试点，2018年将试点扩大到300个，选择有代表性、工作基础好、干部素质高的50个地市开展整市试点。

2日 《经济日报》报道：2017年，国家农业科技创新联盟整合各类资金近18亿元，开展了技术集成、落地示范、推广应用、技术服务咨询等协同创新任务约400项。

3日 《人民日报》报道：国家林业局重新制定印发了《国家湿地公园管理办法》，规定国家湿地公园的湿地面积原则上不低于100公顷，湿地率不低于30%。该《办法》自2018年1月1日起实施，有效期至2022年12月31日。

5日 《人民日报》报道：中共中央办公厅、国务院办公厅印发了《关于在湖泊实施湖长制的指导意见》，并发出通知，要求各地区各部门结合实际认真贯彻落实。

8日 《人民日报》报道：我国将启动大规模国土绿化行动，力争2018年完成造林1亿亩以上，到2020年森林覆盖率达到23.04%、到2035年达到26%、到本世纪中叶达到世界平均水平。

12日 《经济日报》报道：我国化肥使用量已实现零增长，提前3年实现到2020年化肥、农药使用量零增长的目标。

13日 《农民日报》报道：由商务部投资促进事务局主办、中国农业资源与区划学会承办的"现代农业科技成果项目对接洽谈会暨农业投资促进工作委员会2017年会"在京举办。

15日 《农民日报》报道：1月14日，中国农业品牌创新联盟代表会议暨"乡村振兴品牌强农"专家高层对话在北京会议中心举行。

17日 《人民日报》报道：中央宣传部、中央文明办、国家发展改革委、教育部、科技部、司法部、农业部、文化部、国家卫生计生委、国家新闻出版广电总局、国务院扶贫办、共青团中央、全国妇联、中国文联、中国科协联合下发通知，要求深入学习贯彻党的十九大精神，充分发挥文化科技卫生"三下乡"活动的品牌效应和示范作用，进一步动员社会各方力量，按照产业兴旺、生态宜居、乡风文明、治理有效、生活富裕的总要求，大力组织开展"三下乡"活动，深入实施乡村振兴战略，助力精准扶贫，补齐"精神短板"。

18 日 《农民日报》报道：国务院总理李克强 1 月 17 日主持召开国务院常务会议，决定扩大"证照分离"改革试点事项探索形成可复制经验，进一步改善营商环境；确定进一步支持返乡下乡创业的措施，激活农村资源要素促进乡村振兴。

23 日 《人民日报》报道：发改委、工信部、财政部、中华全国供销合作总社等 12 部门联合下发了《关于做好 2018 年春耕化肥生产供应和价格稳定工作的通知》。

24 日 《农民日报》报道：在中央有关农村改革发展的决策部署引导下，2017 年中央财政推进农村综合改革工作取得新进展，试点省份扩大到 23 个，并安排 50 亿元资金支持试点。经过政策扶持和各地实践探索，试点村尤其是"薄弱村""空壳村"的村集体收入明显增加，农村产业发展方式逐步转变。

25 日 《经济日报》报道：国家发展改革委、国家林业局、财政部、水利部、农业部、国务院扶贫办共同制定《生态扶贫工作方案》，部署发挥生态保护在精准扶贫、精准脱贫中的作用，实现脱贫攻坚与生态文明建设"双赢"。

27 日 《人民日报》报道：由中国工程院联合中国农业科学院发起的中国农业发展战略研究院 26 日在北京成立。

30 日 《人民日报》报道：日前，国务院办公厅印发《关于推进农业高新技术产业示范区建设发展的指导意见》。《意见》提出，到 2025 年，布局建设一批国家农业高新技术产业示范区，打造具有国际影响力的现代农业创新高地、人才高地、产业高地。

《农民日报》报道：日前，由中国农科院油料所选育的新型油料作物油莎豆"中油莎 1 号"通过中国作物学会油料作物专业委员组织的品种认定。这是我国育成的首个高油高产油莎豆品种。该品种具有产量高、含油量高、品质好等特点，块茎种子含油量 31.3%，是长江流域含油量最高的油莎豆品种。

2月

3 日 《人民日报》报道：2 月 2 日是第二十二个"世界湿地日"，2018 年世界湿地日中国主场宣传活动在广东省广州市举办。2018 年世界湿地日的主题为"湿地——城镇可持续发展的未来"。目前我国拥有国际重要湿地 57 个，建成湿地自然保护区 602 个、国家湿地公园试点 898 个，湿地保护率 5 年间增加 5.52 个百分点，已达 49.03%。

4 日 《人民日报》报道：农业部近日印发 2018 年国家农产品质量安全例行监测（风险监测）计划，作为 2018 年农业农村部"农业质量年"活动的重要措施启动实施。

5 日 《人民日报》报道：中共中央国务院发布关于实施乡村振兴战略的意见。按照党的十九大提出的决胜全面建成小康社会、分两个阶段实现第二个百年奋斗目标的战略安排，实施乡村振兴战略的目标任务是：到 2020 年，乡村振兴取得重要进展，制度框架和政策体系基本形成。到 2035 年，乡村振兴取得决定性进展，农业农村现代化基本实现。到 2050 年，乡村全面振兴，农业强、农村美、农民富全面实现。

6 日 《人民日报》报道：5 日，国家农产品质量安全公共信息平台和"中国农产品质量安全"微信公众号正式上线运行。

7日 《农民日报》报道：2月6日，农业部在福建福州召开全国推进质量兴农绿色兴农品牌强农工作会议，部署推进质量兴农重大行动。

11日 《人民日报》报道：由农业部、环保部、住建部、中国农业电影电视中心等单位联合主办的"2017寻找中国最美乡村推介活动"日前在河北邯郸举行了颁奖典礼。陕西省延安市延川县文安驿镇梁家河村、河北省邯郸市峰峰矿区响堂水镇（东和村）等十个乡村获评最美乡村。

14日 《人民日报》报道：国务院办公厅近日发布通知，辽宁五花顶、吉林园池湿地、黑龙江仙洞山梅花鹿、黑龙江朗乡、四川南莫且湿地和陕西红碱淖等6处新建国家级自然保护区已经国务院审定，将名单予以公布。

15日 《农民日报》报道：中共中央总书记、国家主席、中央军委主席习近平12日在四川成都市主持召开打好精准脱贫攻坚战座谈会。习近平强调，要清醒认识把握打赢脱贫攻坚战面临任务的艰巨性，清醒认识把握实践中存在的突出问题和解决这些问题的紧迫性，不放松、不停顿、不懈怠，提高脱贫质量，聚焦深贫地区，扎扎实实把脱贫攻坚战推向前进。

《农民日报》报道：农业部发布关于大力实施乡村振兴战略加快推进农业转型升级的意见。

24日 《农民日报》报道：2月23日，种子法执法检查报告提请十二届全国人大常委会第三十三次会议审议。报告介绍，种子法明确了基层种子种苗执法机构的地位，理顺了关系；目前，全国共有农作物种子管理机构3 000多个，实现了省市县三级全覆盖。

3月

1日 《农民日报》报道：2月28日，农业部在上海市召开"中国渔政亮剑2018"专项执法行动部署会。会议要求，2018年各级渔业渔政部门要全面组织实施好涉渔"三无"船舶取缔、"绝户网"整治、伏季休渔执法、长江珠江禁渔执法、黄河海河（京津冀）区域联合执法、边境水域执法、水生生物保护区执法、近海养殖环境整治、海洋渔船规范管理等九大专项渔政执法行动。

12日 《人民日报》报道：全国绿化委员会办公室11日发布的《2017年中国国土绿化状况公报》显示，我国国土绿化事业取得了新成绩，2017年全国共完成造林736.2万公顷，森林抚育830.2万公顷。

22日 《人民日报》报道：3月21日，全国绿化委员会、国家林业局、首都绿化委员会在北京举办2018年"国际森林日"植树纪念活动。10多个国家和国际组织代表，全国绿化委员会成员单位、有关部门（系统）代表及各界群众共200余人，共同栽下油松、国槐、柿树、白蜡、五角枫等苗木700余株。

23日 《人民日报》报道：国家能源局近日正式启动西藏、新疆南疆、四省（四川、云南、甘肃、青海）藏区以及四川凉山、云南怒江、甘肃临夏农网改造升级攻坚三年行动计划编制工作。2018年将分两批安排总投资405亿元用于中西部26个省区市新一轮农村电网改造升级，其中中央预算内投资120亿元。

24日 《人民日报》报道：近日，教育部印发《关于做好2018年重点高校招收农村和贫困地区学生工作的通知》。

27日 《人民日报》报道：日前，国务院办公厅印发《跨省域补充耕地国家统筹管理办法》和《城乡建设用地增减挂钩节余指标跨省域调剂管理办法》，自印发之日起施行。

31日 《人民日报》报道：为确保春耕生产需要，维护农民合法权益，农业农村部、最高法、最高检、工信部、公安部、市场监督管理总局、供销总社30日联合召开全国农资打假专项治理行动电视电话会议，部署2018年打假重点。

4月

2日 《科技日报》报道：湖南大学刘选明教授研究团队破译出一个能降低土地盐碱化对水稻产量影响的新基因STRK1，并揭示了其分子作用机制，为进一步解析植物耐盐的分子机制奠定了重要基础。

3日 《人民日报》报道：2018年农业农村部将继续扩大农村集体产权制度改革试点范围，将试点单位扩大到300个。

4日 《人民日报》报道：中共中央政治局委员、国务院副总理胡春华3日出席农业农村部揭牌仪式并召开座谈会。他强调，要深入学习贯彻习近平新时代中国特色社会主义思想，全面落实党的十九大和十九届二中、三中全会以及全国"两会"精神，按照党中央、国务院决策部署，坚持以实施乡村振兴战略为总抓手，扎实有序推进机构改革，全面做好新时代农业农村工作，奋力开创"三农"事业发展新局面。

《农民日报》报道：农业农村部财政部发布2018年财政重点强农惠农政策。

9日 《光明日报》报道：4月8日，为期3天的第九届中国国际现代农业博览会在北京中国国际展览中心开幕。

《科技日报》报道：由万建民院士领衔的水稻功能基因组学研究团队，揭示了水稻穗顶部小花退化的遗传和分子机理，为高产品种选育以及在生产上避免因穗顶部退化引起的减产提供了理论基础。

10日 《农民日报》报道：中科院合肥智能机械研究所和鹤壁佳多科工贸股份公司在江苏南京联合召开了"农林病虫害监测预警防控物联网虫情自动采集系统暨虫情自动识别系统2.0产品信息发布会"。该系统充分利用互联网的便捷和物联网大数据计算的准确识别优势，能迅速算出被诱捕的昆虫种类、数量，分析其大小、来源，运算生成所需数据结果，实时发布虫情预警，指导防控计划实施。

11日 《人民日报》报道：4月10日，国家林业和草原局、国家公园管理局举行揭牌仪式。

13日 《人民日报》报道：国务院总理李克强4月12日主持召开国务院常务会议，部署全面加强乡村小规模学校和乡镇寄宿制学校建设，为农村孩子提供公平有质量的义务教育。

15日 《人民日报》报道：通过发展高效节水灌溉，我国农业生产方式因水而变，由"浇地"变"浇作物"，告别"大水漫灌"，5年来，农业灌溉用水总量实现零增长。

18日 《农民日报》报道：4月16日，中国饲料工业协会主办、湖南省饲料协会协办的2018中国饲料发展论坛在湖南省长沙市举办。经过改革开放40年的努力，我国已发展成为世界第一大饲料工业生产国。

19日 《经济日报》报道：日前，农业发展银行在北京召开脱贫攻坚工作会议，安排2018年脱贫攻坚工作任务，会上22家省级分行向总行签订服务脱贫攻坚责任书。

20日 《农民日报》报道：4月19日，联合国粮农组织（FAO）主办的第五届全球重要农业文化遗产（GIAHS）国际论坛在意大利罗马召开，我国"甘肃迭部扎尕那农林牧复合系统""浙江湖州桑基鱼塘系统""山东夏津黄河故道古桑树群""中国南方山地稻作梯田系统（包括崇义客家梯田、尤溪联合梯田、新化紫鹊界梯田、龙胜龙脊梯田）"等4项新遗产获得了FAO授牌，使我国遗产总数达15项，居世界各国之首。

21日 《农民日报》报道：4月20日，2018中国农业展望大会在北京开幕。大会发布了《中国农业展望报告（2018—2027)》，对未来10年中国主要农产品市场供需形势进行了预测和展望。

24日 《农民日报》报道：中共中央总书记、国家主席、中央军委主席习近平近日作出重要指示强调，要结合实施农村人居环境整治三年行动计划和乡村振兴战略，进一步推广浙江好的经验做法，建设好生态宜居的美丽乡村。

《科技日报》报道：湖南杂交水稻研究中心与湖南桃花源农业科技股份有限公司、四川农业大学三方合作，将第三代杂交水稻育种技术与雌性不育恢复系制种模式相结合，找到杂交水稻机械化制种的新技术路径。未来我国有望进入杂交水稻大规模机械化制种新时代。

《农民日报》报道：海南南繁基地从上千份海水稻材料中，挑选出176份优良耐盐碱性水稻品种，2018年将首次在全国大范围试种。

26日 《农民日报》报道：国务院总理李克强4月25日主持召开国务院常务会议，决定再推出7项减税措施，支持创业创新和小微企业发展；部署对银行普惠金融服务实施监管考核，确保2018年实体经济融资成本下降。

27日 《人民日报》报道：全国改善农村人居环境工作会议4月26日在浙江省安吉县召开。会议全面贯彻落实党的十九大精神，深入学习贯彻习近平总书记关于乡村振兴和改善农村人居环境的重要指示精神，认真落实李克强总理批示要求，进一步推广浙江"千村示范、万村整治"工程经验做法，全面部署改善农村人居环境各项任务。

5月

2日 《人民日报》报道：近日，国家林业和草原局决定启动新一轮集体林业综合改革试验工作，针对集体林业发展中的重点难点问题，确定了建立集体林地"三权分置"运行机制等十大改革试验任务，力争用3年左右时间，在重点领域和关键环节开展探索试验和制度创新，形成一批可复制、可推广的经验做法。

3日 《人民日报》报道：国务院办公厅印发《关于全面加强乡村小规模学校和乡镇寄宿制学校建设的指导意见》，《意见》指出，要全面加强乡村小规模学校和乡镇寄宿制学校建设和管理，到2020年，基本补齐两类学校短板，进一步振兴乡村教育，基本实现县域内城乡义务教育一体化发展。

4日 《农民日报》报道：5月2—3日，全国都市现代农业现场交流会在天津召开。会议部署推进都市现代农业高质量发展，促进大中城市在实施乡村振兴战略上走在前、作表率。

6日 《人民日报》报道：全国农村承包地确权登记颁证工作进入收尾阶段。按照中央要求，农业农村部以实地督导解决疑难问题为手段，以成果推广应用为重点，加快工作进度，确保到年底全国农村承包地确权登记颁证工作基本完成，实现全国农村承包地"一张图"。截至2017年12月底，承包地确权面积11.59亿亩，占二轮家庭承包地（账面）面积的80%以上。

11日 《科技日报》报道：中国科学院遗传与发育生物学研究所植物细胞与染色体工程国家重点实验室、遗传发育所基因组分析平台与中国科学院种子创新研究院等合作，最新完成了小麦A基因组序列精细图谱，实现了小麦基因组研究的重大突破。

15日 《人民日报》报道：由中国农业科学院、中国植物保护学会、国际生物防治组织主办，中国农业科学院植物保护研究所、植物病虫害生物学国家重点实验室、生物农药与生物防治产业技术创新战略联盟承办的"第一届国际生物防治大会"14日在京开幕。来自全球40余个国家的800多名生物防治领域的科学家出席大会。

18日 《农民日报》报道：5月15日，农业农村部副部长韩俊主持召开全国农业产业化联席会议。会议强调，加快推动农业产业化高质量发展，发挥农业产业化在构建乡村产业体系、促进乡村经济多元化发展、带动农户就业增收等方面的重要作用，为农业供给侧结构性改革和乡村振兴作出新的贡献。

20日 《经济日报》报道：全国生态环境保护大会18日至19日在北京召开。中共中央总书记、国家主席、中央军委主席习近平强调，要自觉把经济社会发展同生态文明建设统筹起来，充分发挥党的领导和我国社会主义制度能够集中力量办大事的政治优势，充分利用改革开放40年来积累的坚实物质基础，加大力度推进生态文明建设、解决生态环境问题，坚决打好污染防治攻坚战，推动我国生态文明建设迈上新台阶。

21日 《农民日报》报道：5月19日，在第十六届（2018）中国畜牧业博览会暨2018中国国际畜牧业博览会上，农业农村部副部长于康震宣布全国兽用抗菌药使用减量化行动正式启动实施。

21日 《人民日报》报道：2018年全国林业和草原科技活动周20日启动，本次活动周以"践行两山理念 共建生态文明——林业和草原科技助力绿色发展"为主题，通过大学生双创活动展示、科技合作仪式签订、科普互动体验、科技下乡、科技成果展播等系列活动，宣

传森林、草原、荒漠、湿地和野生动植物保护等自然生态知识，进一步提高公众科学素质和科学意识。

22日 《经济日报》报道：针对华北地下水漏斗区水资源紧缺和黄淮南片赤霉病危害加剧的问题，国家小麦良种重大科研联合攻关组相继对节水材料和赤霉病抗性材料进行鉴定选育，评选出西农511、郑麦9023、宁麦26等9个较抗赤霉病品种，石麦15、石麦22、衡观35等7个小麦节水品种，平均节水超过30%。

23日 《人民日报》报道：为期5天的第二届中国国际茶叶博览会22日在浙江杭州闭幕。据悉，本届博览会现场参观人流达15.1万人次，实现茶叶现场交易量99.43吨、现场交易额1.03亿元。

24日 《人民日报》报道：国务院总理李克强5月23日主持召开国务院常务会议，确定加大困难地区和薄弱环节教育投入，推进多渠道增加托幼和学前教育资源供给；采取措施加快推进奶业振兴、保障乳品质量安全；决定深化服务贸易创新发展试点，以开放推动经济结构优化升级。

《人民日报》报道：2018中国扶贫国际论坛23日在北京举行，主题为"共享推动合作，携手消除贫困"。本届论坛由中国互联网新闻中心、中国国际扶贫中心、世界银行、联合国粮农组织等联合主办，来自9个国际机构、28个国家的近200名中外嘉宾出席论坛。

25日 《人民日报》报道：商务部印发《关于推进农商互联助力乡村振兴的通知》。《通知》提出六项重点工作任务，包括构建长期稳定的产销衔接机制，发展新型农业经营主体，培育打造农业品牌，打造全产业链条标准体系，扶持贫困地区农产品产销对接，加强农产品流通基础设施建设。

《经济日报》报道：土壤健康与可持续发

展国际研讨会24日在京举行。研讨会旨在回顾土壤可持续管理的实践应用现状及需要充分解决的缺陷和障碍，关注新兴技术、管理制度、方法、机制与政策，研讨确定"一带一路"沿线国家及世界不同地区土壤可持续管理实践策略，推动土壤可持续管理。

27日 《人民日报》报道：财政部、农业农村部、银保监会近日联合召开推进全国农业信贷担保工作视频会议，针对当前农担工作存在的一些苗头性、倾向性问题，要求各级相关部门和农担公司牢牢把握专注农业适度规模经营的政策性定位，严格守住防控担保风险的底线，确保全国农业信贷担保工作健康有序发展。

29日 《经济日报》报道：财政部、商务部、国务院扶贫办发布通知，决定2018年继续开展电子商务进农村综合示范工作。三部门明确，2018年在全国培育一批能够发挥典型带动作用的示范县，农村电子商务在农村产品上行、带动贫困户就业增收、便民服务等方面取得有效进展。示范地区建档立卡贫困村和整体行政村电商服务覆盖率达到50%左右，农村网络零售额、农产品网络零售额等增速高于全国农村平均水平。

6月

1日 《农民日报》报道：中共中央政治局5月31日召开会议，审议《乡村振兴战略规划（2018—2022年）》和《关于打赢脱贫攻坚战三年行动的指导意见》。中共中央总书记习近平主持会议。

4日 《农民日报》报道：6月2日，高分六号卫星在甘肃酒泉卫星发射中心用长征二号丁运载火箭成功发射，这是国内第一颗搭载了能有效辨别作物类型的高空间分辨率遥感卫星，将与在轨的高分一号卫星组网运行，大幅

提高农业对地监测能力，加速推进天空地数字农业管理系统和数字农业农村建设，为乡村振兴战略实施提供精准的数据支撑。

7日 《人民日报》报道：工业和信息化部日前印发《关于推进网络扶贫的实施方案（2018—2020年）》的通知，明确提出了今后三年网络扶贫的任务目标。

9日 《人民日报》报道：近些年，通过推进种植结构调整，开展耕地轮作休耕制度试点等，我国在构建绿色种植制度上取得积极进展。2018年中央财政支持轮作试点面积达到2 500万亩，试点区域按照每亩150元的标准安排补助资金；休耕试点面积达到400万亩，试点区域按照不同休耕模式每亩补助500～800元。

12日 《光明日报》报道：中共中央总书记、国家主席、中央军委主席习近平近日对脱贫攻坚工作作出重要指示强调，脱贫攻坚时间紧、任务重，必须真抓实干、埋头苦干。各级党委和政府要以更加昂扬的精神状态、更加扎实的工作作风，团结带领广大干部群众坚定信心、顽强奋斗，万众一心夺取脱贫攻坚战全面胜利。

《人民日报》报道：国务院办公厅印发《关于推进奶业振兴保障乳品质量安全的意见》，全面部署加快奶业振兴，保障乳品质量安全工作。《意见》提出，到2020年，奶业供给侧结构性改革取得实质性成效，奶业现代化建设取得明显进展。100头以上规模养殖比重超过65%，奶源自给率保持在70%以上。

14日 《农民日报》报道：以农业环境科技创新与乡村振兴为主题的第十二届农业环境科学峰会暨全国农业环境科研产业协作网会议在重庆召开。

21日 《科技日报》报道：应对水稻"癌症"，研发商业化"抗癌"水稻品种，湖南有了新进展。中国工程院院士袁隆平携团队入主省

级企业院士专家工作站，构建了"稻瘟病病菌动态监控平台"，根据该平台成果，现已培育出含不同稻瘟病抗性基因的超级杂交稻新品种。

22日 《农民日报》报道：经党中央批准、国务院批复，自2018年起将每年农历秋分设立为"中国农民丰收节"。

25日 《人民日报》报道：中共中央国务院发布关于全面加强生态环境保护坚决打好污染防治攻坚战的意见。

26日 《人民日报》报道：为全面了解农产品质量安全法贯彻实施情况，督促法律实施机关采取有效措施，进一步贯彻法律各项规定，确保广大人民群众"舌尖上的安全"，全国人大常委会启动农产品质量安全法执法检查。

28日 《农民日报》报道：国务院总理李克强6月27日主持召开国务院常务会议，听取深入推进"互联网+农业"促进农村一二三产业融合发展情况汇报；部署调整运输结构提高运输效率，降低实体经济物流成本。

30日 《农民日报》报道：6月28日，"一带一路世界奶业新动能·奶业颁奖盛典——第九届中国奶业大会暨2018中国奶业展览会"在四川省成都市开幕。

7月

10日 《农民日报》报道：中央农办农业农村部发布关于学习推广浙江"千村示范、万村整治"经验深入推进农村人居环境整治工作的通知。

11日 《光明日报》报道：7月10日，全国人民代表大会常务委员会第四次会议通过关于全面加强生态环境保护依法推动打好污染治攻坚战的决议。

《农民日报》报道：7月10日，农业农村部在福建省福州市举行2018年质量兴农万里行

活动启动仪式，动员各地深入开展质量兴农万里行系列活动。农业农村部党组成员宋建朝出席启动仪式并发布质量兴农万里行活动标志和官方主页。

13日 《人民日报》报道：全国蔬菜质量标准中心12日在山东寿光成立。全国蔬菜质量标准中心建设任务力争到2020年基本完成，中心将建设成为蔬菜全产业链标准集成和研发中心、蔬菜质量安全评估和预警中心等，成为全国蔬菜产业技术信息的汇集地、发散地，成为蔬菜产业发展的风向标。

19日 《人民日报》报道：国家统计局18日公布的全国夏粮生产数据显示，2018年全国夏粮总产量13 872万吨，比2017年减产306万吨，下降2.2%，但还算较好收成。

24日 《人民日报》报道：23日，农业农村部在京启动2018年全国农民手机应用技能培训周系列活动。

27日 《人民日报》报道：中央农办、农业农村部启动2018年农村人居环境整治工作督导调研。

31日 《农民日报》报道：7月28—29日，2018年中国工程科技论坛——智慧农业论坛在北京召开，来自农业领域的院士、专家、学者围绕"加强智慧农业科技创新，服务国家乡村振兴战略"这一主题展开讨论，探讨未来智慧农业科技创新所面临的机遇和挑战。

8月

3日 《人民日报》报道：中国农业科学院国家薯类作物研究中心揭牌仪式日前在京举行。中国主要薯类作物年种植面积超过1.5亿亩，占全国可用耕地8%左右。其中，马铃薯和甘薯的种植面积和总产量均居世界第一位。

8日 《农民日报》报道：8月7日，农业农

村部召开全国非洲猪瘟防治工作紧急视频会议。

10日 《科技日报》报道：8日，国内首家航天育种种质资源研究中心和航天育种联合实验室（种质资源库）在陕西杨凌国家农业示范区揭牌，为我国航天育种、选种的种质资源材料有效保护及研究、示范推广提供保障。

《人民日报》报道：为贯彻落实党中央、国务院有关要求，促进我国制种行业长期可持续发展，从源头上保障国家粮食安全，财政部、农业农村部、银保监会近日发布通知，将水稻、玉米、小麦三大粮食作物制种纳入中央财政农业保险保险费补贴目录。

18日 《农民日报》报道：经过13年努力，来自20个国家73个研究机构的200多名科学家终于绘制完成完整的小麦基因组图谱。这项"里程碑"工作为培育产量更高、营养更丰富、气候适应性更强的小麦品种奠定基础。

20日 《人民日报》报道：中共中央国务院发布关于打赢脱贫攻坚战三年行动的指导意见。《意见》提出的任务目标是：到2020年，巩固脱贫成果，通过发展生产脱贫一批，易地搬迁脱贫一批，生态补偿脱贫一批，发展教育脱贫一批，社会保障兜底一批，因地制宜综合施策，确保现行标准下农村贫困人口实现脱贫，消除绝对贫困；确保贫困县全部摘帽，解决区域性整体贫困。

25日 《农民日报》报道：由中国小康建设研究会、农民日报社"三农"发展研究中心共同主办的"2018乡村振兴暨产业发展峰会"在北京举行。

28日 《农民日报》报道：近日，由商务部和河南省人民政府共同主办的2018全国农产品产销对接行活动启动仪式暨首场产销对接活动在河南省郑州市举行。此次活动以"加强产销对接助力乡村振兴"为主题，签订意向采购金额103.1亿元，其中贫困地区意向采购金额31亿元。

31日 《农民日报》报道：经过60年的开发建设，我国钾肥产业不断壮大，由完全依赖进口到目前自给率接近60%，大大提升了在国际钾肥市场的话语权，促进了我国的粮食生产。

9月

3日 《人民日报》报道：9月1日至12月10日，国家林业和草原局在全国范围内组织开展"绿剑2018"专项打击行动，重点打击非法占用林地、盗伐滥伐林木、破坏珍贵濒危野生动植物资源、自然保护区内的涉林违法犯罪以及在候鸟等野生动物迁徙通道、栖息地、繁殖地等重点区域非法猎捕、杀害野生动物等违法犯罪行为。

4日 《人民日报》报道：国家统计局3日发布的报告显示，从1978年到2017年，我国农村贫困人口减少7.4亿人，年均减贫人口规模接近1900万人；农村贫困发生率下降94.4个百分点，年均下降2.4个百分点。改革开放40年来，我国对全球减贫的贡献率超七成。

7日 《农民日报》报道：9月6日，由农业农村部和河南省人民政府主办的第二十一届中国农产品加工业投资贸易洽谈会在河南省驻马店市开幕。

12日 《农民日报》报道：在山东省青岛市召开的"2018大数据智能与知识服务高端论坛暨农林渔知识服务产品发布会"上，我国首个基于大数据的农业专业知识服务系统正式向公众发布。

19日 《科技日报》报道：18日，中国农业节水和农村供水技术协会第三次会员大会暨农业节水科技奖（大禹杯）颁奖大会在京召开。在农业节水科技领域先行先试、创新拓展的多个单位获得了水利界的大奖——农业节水科技奖。这是我国农业节水行业科技发展水平的最高奖项。

21日 《经济日报》报道：由农业农村部科技教育司指导，中国农业科学院、农业农村部科技发展中心和中国农学会共同主办的"2018中国农业农村科技发展高峰论坛"20日在北京召开。会上发布的《中国农业农村科技发展报告（2012—2017）》指出，我国农业科技进步贡献率由2012年的53.5%提高到2017年的57.5%。

《农民日报》报道：9月19日，首届中国农民丰收节系列活动——2018中国美丽乡村休闲旅游行精品景点线路推介活动在湖北恩施建始县举办，向全社会推介100个休闲农业和乡村旅游精品景点线路，并通过中国农民丰收节网站对外发布。

23日 《人民日报》报道：中共中央政治局9月21日下午就实施乡村振兴战略进行第八次集体学习。中共中央总书记习近平在主持学习时强调，我们要始终把解决好"三农"问题作为全党工作重中之重，明确思路，深化认识，切实把工作做好，促进农业全面升级、农村全面进步、农民全面发展。

24日 《农民日报》报道：首届中国农民丰收节主场活动9月23日在京举行。

27日 《人民日报》报道：近日，中共中央、国务院印发了《乡村振兴战略规划(2018—2022年)》，并发出通知，要求各地区各部门结合实际认真贯彻落实。

29日 《农民日报》报道：中央中共中央政治局常委、国务院总理李克强日前对森林草原防灭火工作作出重要批示。批示指出：各地区、各有关部门要以习近平新时代中国特色社会主义思想为指导，认真贯彻党中央、国务院决策部署，深化森林草原防火体制机制改革，强化责任、健全机制、形成合力，全面提升森林草原火灾综合防控和救援能力。

10月

10日 《人民日报》报道：9日，中央农办、农业农村部、国家卫生健康委员会等部门召开全国农村改厕工作推进现场会，在各相关部门持续推动下，目前农村改厕工作取得一定成效，53.5%的村完成或部分完成改厕，近一半农户进行了卫生厕所改造。

13日 《光明日报》报道：水利部、国务院扶贫办、国家卫生健康委11日在京联合召开实施水利扶贫三年行动暨坚决打赢农村饮水安全脱贫攻坚战视频会议。

16日 《人民日报》报道：近日，国务院办公厅印发《关于加强长江水生生物保护工作的意见》，进一步强化和提升长江水生生物资源保护和水域生态修复工作。《意见》明确，到2020年，长江流域重点水域实现常年禁捕，水生生物保护区建设和监管能力显著提升，保护功能充分发挥，重要栖息地得到有效保护，关键生境修复取得实质性进展，水生生物资源恢复性增长，水域生态环境恶化和水生生物多样性下降趋势基本遏制。

16日 《农民日报》报道：全国农村创业创新座谈会暨现场交流活动在四川省成都市举行，此次会议既是国家"双创周"系列活动之一，也是农业农村领域推动大众创业万众创新的一项具体行动。

18日 《农民日报》报道：全国脱贫攻坚奖表彰大会暨先进事迹报告会17日上午在京举行。会议对99名获奖个人和40个获奖单位进行表彰。刘洪、王喜玲、张渠伟、徐冬梅、黄振荣、闻彬军等获奖代表作先进事迹报告。

20日 《光明日报》报道：国家医保局会同财政部、国务院扶贫办发布《关于印发〈医疗保障扶贫三年行动实施方案（2018—2020年）〉的通知》。《通知》指出，要细化实化医保扶贫措施，确保到2020年，农村贫困人口全部纳入基本医保、大病保险和医疗救助保障范围，农村贫困人口医疗保障受益水平明显提高。

23日 《农民日报》报道："2018扶贫日县域发展与脱贫攻坚论坛"在北京召开。本次论坛在国务院扶贫开发领导小组领导下，由"2018扶贫日论坛组委会"主办、中国扶贫志愿服务促进会承办，以深化扶贫改革、服务产销对接为主题，凝聚社会力量，助力脱贫攻坚。

24日 《人民日报》报道：23日，由联合国粮农组织、国家林业和草原局、国际林联联合主办，中国林科院承办的第四届世界人工林大会在北京开幕。根据第八次全国森林资源清查，我国人工林保存面积达6 933万公顷，占全国有林地面积的36%；人工林蓄积24.83亿立方米，占全国森林蓄积量的17%，人工林规模居世界首位。

31日 《经济日报》报道：我国已批复设立潍坊国家农业开放发展综合试验区，将在打造农业科技国际合作、新产业新业态、新模式和总部等4个聚集区方面着力，推动首个国家农业开放发展综合试验区发展。

11月

3日 《人民日报》报道：第十六届中国国际农产品交易会、第二十届中国中部（湖南）农业博览会和全球农业南南合作高层论坛2日在长沙开幕。

9日 《农民日报》报道：经国务院同意，生态环境部、农业农村部日前联合印发《农业农村污染治理攻坚战行动计划》，《行动计划》提出，通过三年攻坚，乡村绿色发展加快推进，农村生态环境明显好转，农业农村污染治

理工作体制机制基本形成，农业农村环境监管明显加强，农村居民参与农业农村环境保护的积极性和主动性显著增强。

12日 《农民日报》报道：11月10日，第三届中日韩农业部长会议在北京召开。三国农业部长共同签署了《第三届中日韩农业部长会议联合公报》《中华人民共和国农业农村部、日本国农林水产省与大韩民国农林畜产食品部关于在乡村振兴框架下促进农业合作的备忘录》。

13日 《经济日报》报道：第二届中国美丽乡村百佳范例宣传推介活动日前在京启动。活动将从申报村庄中选择100～120个典型村庄作为宣传推介对象，推介过程将秉持实事求是、公平公正、公开透明的原则，参评名单通过组织推荐和自荐两种方式产生。

19日 《人民日报》报道：由中央农办和山西省委、省政府举办的农村改革（太谷）论坛17—18日在山西太谷县举行。来自全国人大、中央农办、农业农村部以及研究机构的"三农"专家学者参加了此次论坛，共同回顾农村改革40年的辉煌成就。

12月

5日 《农民日报》报道：12月3日，中央农办、农业农村部在京召开落实牵头职责、加快推进农村人居环境整治工作座谈会。

8日 《农民日报》报道：12月7日，由中华全国供销合作总社和中国—东盟中心联合主办的2018中国—东盟农资产业高峰论坛在京开幕。

10日 《科技日报》报道：《中国农业科学院实施乡村振兴战略十大行动方案（2018—2022年）》9日发布，启动实施五年内"十大行动"，旨在加快形成一批引领和支撑乡村振兴的宏观战略、政策制度、关键技术和典型模

式，为乡村振兴战略提供理论指导、政策供给、技术支撑、前沿引领和典型样板，推动农业科技创新能力和水平整体跃升。

11日　《农民日报》报道：庆祝农村改革40周年座谈会10日在京召开，中共中央政治局委员、国务院副总理胡春华指出，新时代深化农村改革要求更加迫切、任务更为艰巨，必须进一步解放思想、加大力度，扎实有序向前推进。要突出抓好农民合作社和家庭农场发展，深化农村土地制度改革，深入推进农村集体产权制度改革，完善农业支持保护政策，加快深化农业科技体制改革，健全乡村治理体系，全面优化乡村振兴制度环境。

12日　《农民日报》报道：全国加强非洲猪瘟防控工作电视电话会议11日在北京召开，中共中央政治局委员、国务院副总理胡春华强调，要按照党中央、国务院的决策部署，加强非洲猪瘟防控处置，进一步落实各项防控措施，构建长效防控机制，确保生猪产业健康发展、市场供应稳定。

13日　《农民日报》报道：国务院总理李克强12月12日主持召开国务院常务会议，决定实施所得税优惠促进创业投资发展，加大对创业创新支持力度；部署加快推进农业机械化和农机装备产业升级，助力乡村振兴、"三农"发展。

15日　《人民日报》报道：国家统计局14日公布的全国粮食生产数据显示，2018年全国粮食总产量65 789万吨，尽管比2017年减少371万吨，但减幅只有0.6%，仍处于高位水平，属于丰收年景。

17日　《人民日报》报道：中央宣传部、中央文明办、国家发展改革委、教育部、科技部、司法部、农业农村部、文化和旅游部、国家卫生健康委、国家广电总局、国务院扶贫办、共青团中央、全国妇联、中国文联、中国

科协日前联合下发通知，要求以习近平新时代中国特色社会主义思想为指导，深入贯彻落实党的十九大精神，广泛开展文化科技卫生"三下乡"活动。

19日　《农民日报》报道：12月17日，国家农产品质量安全"百安县"和全国百家经销企业"双百"对接活动在全国农业展览馆举办。首批107个国家农产品质量安全县的500多家生产经营企业、合作社，与新发地、京东等140余家大型批发市场、电商、采购商代表进行现场对接，现场签约金额26.94亿元。

20日　《人民日报》报道：我国已成为世界第一农机生产大国和使用大国。2017年全国农机总动力达到9.88亿千瓦，全国农作物耕种收综合机械化率超过66%，规模以上农机企业发展到2 500多家。

27日　《农民日报》报道：经国务院同意，农业农村部、发展改革委、科技部、工业和信息化部、财政部、商务部、卫生健康委、市场监管总局、银保监会联合印发《关于进一步促进奶业振兴的若干意见》。《意见》提出，力争到2025年全国奶类产量达到4 500万吨，切实提升我国奶业发展质量、效益和竞争力。

28日　《农民日报》报道：民政部、中组部、全国妇联等7部门联合出台《关于做好村规民约和居民公约工作的指导意见》。

29日　《农民日报》报道：全国扶贫开发工作会议27日至28日在京召开，中共中央政治局委员、国务院扶贫开发领导小组组长胡春华强调，要全面落实中央经济工作会议精神，按照党中央、国务院决策部署，坚持目标标准，贯彻精准方略，狠抓扶贫政策举措落地，着力提高脱贫质量和实效，确保如期实现脱贫攻坚目标任务。

29日　中国政府网报道，国务院印发《关于加快推进农业机械化和农机装备产业转型升

级的指导意见》，要求推动农业机械化向全程全面高质高效升级，走一条中国特色农业机械化发展道路，为实现农业农村现代化提供有力支撑。

30日 《农民日报》报道：中央农村工作会议28日至29日在北京召开。会议总结交流各地实施乡村振兴战略经验，研究落实明后两年"三农"工作必须完成的硬任务，部署2019年农业农村工作。

《农民日报》报道：第十三届全国人民代表大会常务委员会第七次会议于2018年12月29日通过《中华人民共和国耕地占用税法》，自2019年9月1日起施行。

31日 《农民日报》报道：农业农村部、财政部公布：经自评申请、省级推荐、绩效评价和现场考察等程序，四川省眉山市东坡区等20个现代农业产业园被认定为首批国家现代农业产业园。

附　表

附表说明

1.本附表简要地列入了2001—2018年有关农业部门的主要统计指标数字，内容涉及农业在国民经济中的地位、农村劳动力、农业投入、土地资源、农业生产、农村居民收入及支出、农产品价格、农产品进出口等方面。

2.由于统计指标及统计口径的变更与调整，某些指标因缺乏资料而中断。根据这些情况，本附表也酌情进行了一定的调整。

3.表中数据凡未加注释的均来自国家统计局，对于来自其他部门的数据各表下方附有注释。

4.表中四大经济地区指：东部地区为北京、天津、河北、上海、江苏、浙江、福建、山东、广东和海南共10省市；中部地区为山西、安徽、江西、湖南、湖北、河南共6个省；西部地区为内蒙古、广西、重庆、四川、云南、贵州、西藏、陕西、甘肃、宁夏、青海、新疆共12个省区市；东北地区为辽宁、吉林和黑龙江共3个省。

5.本报告（包括附表）所有统计资料和数据均未包括香港、澳门特别行政区和台湾省。

6.表中符号说明：

"..."表示数字不足本表最小单位数；

"/"表示无该项指标数据；

"空格"表示数据不详或截至本报告印刷之前尚未公布。

7.各表字段尾如带有附加括号的数字（1）、（2）、（3）等表示表下方有注释。

表1　农村经济在国民经济中的地位

年份	农业增加值占国内生产总值的比重(%)	第一产业就业人数占总就业人数的比重(%)	乡村就业人数占就业总人数的比重(%)	农村消费品零售额占全社会消费品零售额的比重 (1)(%)	农业各税占税收总额的比重 (2)(%)	用于农业支出占财政支出的比重 (3)(%)	农业贷款占金融机构人民币各项贷款的比重(%)	农产品进口额占进口总额的比重(%)	农产品出口额占出口总额的比重(%)
2001	14.0	50.0	66.9	37.4	3.1	7.7	5.1	4.9	6.0
2002	13.3	50.0	65.7	36.7	4.1	7.2	5.2	4.2	5.6
2003	12.3	49.1	64.4	35.0	4.4	7.1	5.3	4.6	4.9
2004	12.9	46.9	63.2	34.1	3.7	10.0	5.5	5.0	3.9
2005	11.6	44.8	62.0	32.8	3.3	7.2	5.9	4.3	3.6
2006	10.6	42.6	60.5	32.5	3.1	7.9	5.9	4.0	3.2
2007	10.3	40.8	58.9	32.3	3.2	6.8	5.9	4.3	3.0
2008	10.3	39.6	57.5	32.0	3.1	7.2	5.8	5.1	2.8
2009	9.8	38.1	56.1	32.8	4.1	8.8	5.4	5.2	3.3
2010	9.5	36.7	54.4	13.3	4.1	9.0	/	5.2	3.1
2011	9.4	34.8	53.0	13.2	3.8	9.1	/	5.4	3.2
2012	9.4	33.6	51.6	13.3	/	9.5	/	6.1	3.1
2013	9.3	31.4	50.3	13.4	/	9.5	/	6.1	3.1
2014	9.1	29.5	49.1	13.7	/	/	/	6.2	3.0
2015	8.8	28.3	47.8	13.9	/	/	/	6.9	3.1
2016	8.6	27.7	46.6	14.0	/	/	/	7.0	3.5
2017	7.9	27.0	45.3	15.7	/	/	/	6.9	3.4
2018	7.2	26.1	44.0	14.5	/	/	/	6.5	3.2

注：
(1) 根据新颁布的《统计上划分城乡的规定》，2010年及以后农村消费品零售额的统计范围由原来的"市、县、县以下"调整为"乡及乡以下"。
(2) 2009年农业税包括三部分：耕地占用税、契税和烟叶税。
(3) 2007年及以后用于农业支出是指农林水事务支出。

表2 农林牧渔业产值及构成（按当年价格计算）

单位：亿元

年份	农林牧渔业总产值	农林牧渔业增加值	农业增加值	林业增加值	牧业增加值	渔业增加值	服务业增加值	农林牧渔业增加值构成（%）				
								农业增加值	林业增加值	牧业增加值	渔业增加值	服务业增加值
2001	26 179.6	15 411.9	9 130.7	660.4	3 950.5	1 670.3		59.2	4.3	25.6	10.8	
2002	27 390.8	16 117.3	9 482.4	710.8	4 166.7	1 757.4		58.8	4.4	25.9	10.9	
2003	29 691.8	17 341.7	9 649.1	833.0	4 653.0	1 793.0	413.6	55.6	4.8	26.8	10.3	2.4
2004	36 239.0	21 224.9	11 827.7	905.6	5 953.7	2 081.1	456.9	55.7	4.3	28.1	9.8	2.2
2005	39 450.9	23 070.5	12 758.5	975.5	6 506.9	2 327.2	502.5	55.3	4.2	28.2	10.1	2.2
2006	40 810.8	24 040.1	13 937.0	1 099.2	5 811.8	2 415.5	776.5	58.0	4.6	24.2	10.0	3.2
2007	48 651.8	28 623.7	15 988.9	1 272.9	7 796.7	2 723.8	841.4	55.9	4.4	27.2	9.5	2.9
2008	57 420.8	33 699.1	18 151.0	1 459.0	9 985.0	3 172.0	932.1	53.9	4.3	29.6	9.4	2.8
2009	59 311.3	35 223.3	19 738.7	1 579.0	9 412.3	3 424.1	1 069.2	56.0	4.5	26.7	9.7	3.0
2010	67 763.1	40 530.0	23 684.5	1 744.2	10 022.1	3 903.8	1 179.0	58.4	4.3	24.7	9.6	2.9
2011	78 837.0	47 483.0	27 042.8	2 089.2	12 431.4	4 590.0	/	57.0	4.4	26.2	9.7	/
2012	86 342.2	52 368.7	30 216.1	2 281.3	13 128.4	5 266.9	/	57.7	4.4	25.1	10.1	/
2013	93 173.7	56 973.6	33 147.2	2 569.3	13 762.8	5 842.5	/	58.2	4.5	24.2	10.3	/
2014	97 822.5	60 165.7	35 257.5	2 793.0	14 025.3	6 260.2	/	58.6	4.6	23.3	10.4	/
2015	101 893.5	62 911.8	37 029.7	2 895.8	14 360.0	6 569.1	/	58.9	4.6	22.8	10.4	/
2016	106 478.7	65 975.7	38 152.4	3 025.3	15 492.0	6 995.6	/	57.8	4.6	23.5	10.6	/
2017	109 331.7	68 008.7	36 675.3	3 177.1	18 579.4	7 321.2	/	53.9	4.7	27.3	10.8	/
2018	113 579.5	67 538.0	/	/	/	/	/	/	/	/	/	/

注：1993年起分项统计改用新指标。农林牧渔业总产值1996年（含）以后为调整后的数据。2003年起执行新国民经济行业分类标准，农林牧渔业包括农林牧渔服务业。

表 3　农业物质生产条件

年份	农业机械总动力(万千瓦)	大中型拖拉机(万台)	小型拖拉机(万台)	农村用电量(亿千瓦时)	灌溉面积(千公顷)	化肥施用量(纯量)(万吨)	复合肥(万吨)	农用塑料薄膜使用量(万吨)	农用柴油使用量(万吨)	农药使用量使用量(万吨)
2001	55 172.1	—	—	2 610.1	54 249.4	4 253.8	983.7	144.9	1 485.3	127.5
2002	57 929.9	—	—	2 993.4	54 354.9	4 339.4	1 040.4	153.9	1 507.5	131.2
2003	60 386.5	—	—	3 432.9	54 014.2	4 411.6	1 109.8	159.2	1 574.6	132.5
2004	64 027.9	—	—	3 933.0	54 478.4	4 636.6	1 204.0	168.0	1 819.5	138.6
2005	68 397.8	139.60	1 526.89	4 375.7	55 029.3	4 766.2	1 303.2	176.2	1 902.7	146.0
2006	72 522.1	171.82	1 567.90	4 895.8	55 750.5	4 927.7	1 385.9	184.5	1 922.8	153.7
2007	76 589.6	206.27	1 619.11	5 509.9	56 518.3	5 107.8	1 503.0	193.7	2 020.8	162.3
2008	82 190.4	299.52	1 722.41	5 713.2	58 471.7	5 239.0	1 608.6	200.7	1 887.9	167.2
2009	87 496.1	351.58	1 750.90	6 104.4	59 261.4	5 404.4	1 698.7	208.0	1 959.9	170.9
2010	92 780.5	392.17	1 785.79	6 632.3	60 347.7	5 561.7	1 798.5	217.3	2 023.1	175.8
2011	97 734.7	440.65	1 811.27	7 139.6	61 681.6	5 704.2	1 895.1	229.5	2 057.4	178.7
2012	102 559.0	485.24	1 797.23	7 508.5	63 036.4	5 838.8	1 990.0	238.3	2 107.6	180.6
2013	103 906.8	527.02	1 752.28	8 549.5	63 473.3	5 911.9	2 057.5	249.3	2 154.9	180.2
2014	108 056.6	567.95	1 729.77	8 884.4	64 539.5	5 995.9	2 115.8	258.0	1 807.0	180.7
2015	111 728.1	607.29	1 703.04	9 026.9	65 872.6	6 022.6	2 175.7	260.4	2 197.7	178.3
2016	97 245.6	645.35	1 671.61	9 238.3	67 140.6	5 984.1	2 207.1	259.3	2 117.1	175.4
2017	98 783.3	670.08	1 634.24	9 524.4	67 815.6	5 859.4	2 220.3	/	/	/
2018	100 371.7	422	1 818.26	9 358.5	68 271.6	5 653.4	2 268.8	/	/	/

表 4 农作物播种面积

单位：千公顷

年份	农作物总种面积	粮食作物播种面积	稻 谷	小 麦	玉 米	大 豆	油 料	棉 花	糖 料	蔬 菜	水 果
2001	155 708	106 080	28 812	24 664	24 282	9 482	14 631	4 810	1 654	16 402	9 043
2002	154 636	103 891	28 202	23 908	24 634	8 720	14 766	4 184	1 872	17 353	9 098
2003	152 415	99 410	26 508	21 997	24 068	9 313	14 990	5 111	1 657	17 954	9 437
2004	153 553	101 606	28 379	21 626	25 446	9 589	14 431	5 693	1 568	17 560	9 768
2005	155 488	104 278	28 847	22 793	26 358	9 591	14 318	5 062	1 564	17 721	10 035
2006	152 149	104 958	28 938	23 613	28 463	9 280	11 738	5 816	1 567	16 639	10 123
2007	150 396	105 999	28 973	23 770	30 024	8 754	12 344	5 199	1 756	15 615	9 805
2008	153 690	107 545	29 350	23 715	30 981	9 127	13 232	5 278	1 926	16 539	10 221
2009	155 590	110 255	29 793	24 442	32 948	9 190	13 445	4 485	1 804	16 670	10 454
2010	156 785	111 695	30 097	24 459	34 977	8 516	13 695	4 366	1 809	16 201	10 681
2011	159 859	112 980	30 338	24 523	36 767	7 889	13 471	4 524	1 834	17 910	10 808
2012	161 827	114 368	30 476	24 576	39 109	7 172	13 435	4 360	1 887	18 497	10 990
2013	163 453	115 908	30 710	24 470	41 299	6 791	13 438	4 162	1 844	18 836	11 043
2014	164 966	117 455	30 765	24 472	42 997	6 800	13 395	4 176	1 737	19 224	11 608
2015	166 829	118 963	30 784	24 596	44 968	6 506	13 314	3 775	1 573	19 613	11 212
2016	166 939	119 230	30 746	24 694	44 178	7 202	13 191	3 198	1 555	19 553	10 903
2017	166 332	117 989	30 747	24 508	42 399	8 245	13 223	3 195	1 546	19 981	11 136
2018	165 902	117 038	30 189	24 266	42 130	/	12 872	3 354	1 623	20 439	11 875

表5 农业自然灾害及除涝治碱情况

单位: 千公顷

年份	受灾面积			成灾面积			成灾面积占受灾面积(%)	除涝面积	水土流失治理面积
		水灾面积	旱灾面积		水灾面积	旱灾面积			
2001	52 215	6 042	38 472	31 793	3 614	23 698	60.9	21 021	81 539
2002	47 120	12 380	22 210	27 320	7 470	13 250	58.0	21 097	85 410
2003	54 386	19 208	24 852	32 516	12 289	14 470	59.8	21 097	85 410
2004	37 106	7 314	17 253	16 297	3 747	8 482	43.9	21 198	92 000
2005	38 818	10 932	16 028	19 966	6 047	8 479	51.4	21 340	94 654
2006	41 091	8 003	20 738	24 632	4 569	13 411	59.9	21 376	97 491
2007	48 992	10 463	29 386	25 064	5 105	16 170	51.2	21 419	99 871
2008	39 990	6 477	12 137	22 284	3 656	6 798	55.7	21 425	101 587
2009	47 214	7 613	29 259	21 234	3 162	13 197	45.0	21 584	104 545
2010	37 426	7 613	29 259	18 538	7 024	8 987	49.5	21 692	106 800
2011	32 471	6 863	16 304	12 441	2 840	6 599	38.3	21 722	109 663
2012	24 962	7 730	9 340	11 475	4 145	3 509	46.0	21 857	111 862
2013	31 350	8 757	14 100	14 303	4 859	5 852	45.6	21 943	106 892
2014	24 891	4 718	12 272	12 678	2 704	5 677	50.9	22 369	111 609
2015	21 770	5 620	10 610	12 380	3 327	5 863	56.9	22 713	115 547
2016	26 221	8 531	9 873	13 670	4 338	6 131	52.1	23 067	120 412
2017	18 478	5 809	9 875	/	/	/	/	23 824	125 839
2018	20 814	7 283	7 712	/	/	/	/	24 262	131 532

表6 主要农产品产量

单位：万吨

年份	粮食作物总产量	谷物	稻谷	小麦	玉米	大豆	油料总产量	棉花总产量	甘蔗总产量	甜菜总产量	水果总产量
2001	45 264	39 648	17 758	9 387	11 409	1 541	2 865	532	7 566	1 089	6 658
2002	45 706	39 799	17 454	9 029	12 131	1 651	2 897	492	9 011	1 282	14 375
2003	43 070	37 429	16 066	8 649	11 583	1 539	2 811	486	9 024	618	14 517
2004	46 947	41 157	17 909	9 195	13 029	1 740	3 066	632	8 985	586	15 341
2005	48 402	42 776	18 059	9 745	13 937	1 635	3 077	571	8 664	788	16 120
2006	49 804	45 099	18 172	10 847	15 160	1 597	2 640	753	9 709	751	17 102
2007	50 413.9	45 963.0	18 638.1	10 952.5	15 512.3	1 273	2 787.0	759.7	11 179.4	902.9	16 800.1
2008	53 434.3	48 569.4	19 261.2	11 293.2	17 212.0	1 554	3 036.8	723.2	12 152.1	853.9	18 108.8
2009	53 940.9	49 243.3	19 619.7	11 583.4	17 325.9	1 498	3 139.4	623.6	11 200.4	546.5	19 093.7
2010	55 911.3	51 196.7	19 722.6	11 614.1	19 075.2	1 508	3 156.8	577.0	10 598.2	705.1	20 095.4
2011	58 849.3	54 061.7	20 288.3	11 862.5	21 131.6	1 449	3 212.5	651.9	10 867.4	795.8	21 018.6
2012	61 222.6	56 659.0	20 653.2	12 254.0	22 955.9	1 305	3 285.6	660.8	11 574.6	877.2	22 091.5
2013	63 048.2	58 650.4	20 628.6	12 371.0	24 845.3	1 195	3 287.4	628.2	11 926.4	628.7	22 748.1
2014	63 964.8	59 601.5	20 960.9	12 832.1	24 976.4	1 215	3 371.9	629.9	11 578.8	509.9	23 302.6
2015	66 060.3	61 818.4	21 214.2	13 263.9	26 499.2	1 179	3 390.5	590.7	10 706.4	508.8	24 524.6
2016	66 043.5	61 666.5	21 109.4	13 327.1	26 361.3	1 294	3 400.0	534.3	10 321.5	854.5	24 405.2
2017	66 160.7	61 520.5	21 267.6	13 433.4	25 907.1	1 511	3 475.2	565.3	10 440.4	938.4	25 241.9
2018	65 789.2	61 003.6	21 212.9	13 144.0	25 717.4	/	3 433.4	610.3	10 809.7	1 127.7	25 688.4

注：2002年（含）以后水果总产量含果用瓜。

表7 养殖业情况

年份	大牲畜年末存栏(万头)	猪年末存栏(万头)	羊年末存栏(万头)	肉类产量(万吨)	猪肉(万吨)	牛肉(万吨)	羊肉(万吨)	禽肉(万吨)	禽蛋产量(万吨)	奶类产量(万吨)	水产品总产量(万吨)
2001	13 981	41 951	27 625	6 106	4 052	509	272	1 210	2 210	1 123	3 796
2002	13 672	41 776	28 241	6 234	4 123	522	284	1 250	2 266	1 400	3 955
2003	13 467	41 382	29 307	6 443	4 239	543	309	1 312	2 333	1 849	4 077
2004	13 191	42 123	30 426	6 609	4 341	560	333	1 351	2 371	2 368	4 247
2005	12 895	43 319	29 793	6 939	4 555	568	350	1 464	2 438	2 865	4 420
2006	12 325.7	41 854.4	28 337.6	7 099.9	4 650.3	590.3	367.7	1 507	2 424.0	3 051.6	4 584
2007	11 998.2	43 933.2	28 606.7	6 916.4	4 307.9	626.2	385.7	1 448	2 546.7	3 055.2	4 747.5
2008	11 529.7	46 433.1	28 823.7	7 370.9	4 682.0	617.7	393.2	1 534	2 699.6	3 236.2	4 895.6
2009	11 380.8	47 177.2	29 063.0	7 706.7	4 932.8	626.2	399.4	1 595	2 751.9	3 153.9	5 116.4
2010	11 074.6	46 765.2	28 730.2	7 993.6	5 138.4	629.1	406.0	1 656	2 776.9	3 211.3	5 373.0
2011	10 580.0	47 074.8	28 664.1	8 023.0	5 131.6	610.7	398.0	1 709	2 830.4	3 262.8	5 603.2
2012	10 248.4	48 030.2	28 512.7	8 471.1	5 443.5	614.7	404.5	1 823	2 885.4	3 306.7	5 481.8
2013	10 008.6	47 893.1	28 935.2	8 632.8	5 618.6	613.1	409.9	1 798	2 905.5	3 118.9	5 721.7
2014	9 952.0	47 160.2	30 391.3	8 817.9	5 820.8	615.7	427.6	1 751	2 930.3	3 276.5	5 975.8
2015	9 929.8	45 802.9	31 174.3	8 749.5	5 645.4	616.9	439.9	1 826	3 046.1	3 295.5	6 182.9
2016	9 559.9	44 209.2	29 930.5	8 628.3	5 425.5	616.9	460.3	1 888	3 160.5	3 173.9	6 379.5
2017	9 763.6	44 158.9	30 231.7	8 654.4	5 451.8	634.6	471.1	2 097	3 096.3	3 148.6	6 445.3
2018	9 625.5	42 817.1	29 713.5	8 624.6	5 403.7	644.1	475.1	/	3 128.3	3 176.8	6 457.7

注：水产品总产量含远洋捕捞产量，导致地区产量之和不完全等于全国总产量。

表8 农产品供需及价格情况：稻米

年份	面积 (千公顷)	单产 (千克/公顷)	生产量 (万吨)	稻米进口量 (万吨)	稻米出口量 (万吨)	早籼米批发价 标一 (1) (元/吨)	晚籼米批发价 标一 (1) (元/吨)	粳米批发价 标一 (1) (元/吨)	国际市场价 (2) (美元/吨)
2001	28 812	6 163	17 758	29.3	187.0	1 423.8	1 542.2	2 124.2	177.4
2002	28 202	6 189	17 454	23.8	199.0	1 433.5	1 483.1	2 013.0	196.9
2003	26 508	6 061	16 066	25.9	261.7	1 564.9	1 580.3	1 907.6	200.9
2004	28 379	6 311	17 909	76.6	90.9	2 315.6	2 424.1	2 648.0	244.5
2005	28 847	6 260	18 059	52.2	68.6	2 161.4	2 288.9	2 785.9	290.5
2006	28 938	6 280	18 172	73.0	125.3	2 181.0	2 302.4	2 913.6	311.2
2007	28 973	6 433	18 638.1	48.7	134.3	2 402.0	2 559.0	2 857.1	334.5
2008	29 350	6 563	19 261.2	33.0	97.2	2 638.5	2 823.5	2 963.7	697.5
2009	29 793	6 585	19 619.7	35.7	78.6	2 751.3	2 916.3	3 273.6	583.5
2010	30 097	6 553	19 722.6	38.8	62.2	2 985.9	3 166.7	3 879.8	520.0
2011	30 338	6 687	20 288.3	59.8	51.6	3 590.9	3 877.8	4 346.4	566.2
2012	30 476	6 777	20 653.2	236.9	27.9	3 831.5	4 145.7	4 353.7	590.4
2013	30 710	6 717	20 628.6	227.1	47.8	3 829.3	4 029.9	4 598.8	532.7
2014	30 765	6 813	20 960.9	257.9	41.9	3 876.2	4 128.3	4 644.3	342.7
2015	30 784	6 891	21 214.2	337.7	28.7	3 885.2	4 202.6	4 825.9	326.5
2016	30 746	6 866	21 109.4	356.0	39.5	3 891.3	4 163.6	4 911.8	342.4
2017	30 747	6 917	21 267.6	403.0	119.7	3 940.1	4 279.3	4 946.2	337.1
2018	30 189	7 027	21 212.9	307.7	209.1	3 905.9	4 169.8	4 959.5	411.1

注：(1) 为全国主要粮食批发市场交易平均价。
　　(2) 为泰国曼谷 FOB 价格 (100% B 级)。

表9 农产品供需及价格情况：小麦

年份	面积（千公顷）	单产（千克/公顷）	生产量（万吨）	进口量（万吨）	出口量（万吨）	白小麦销售价（三等）(1)（元/吨）	面粉零售价（特一粉）(2)（元/吨）	面粉零售价（标准粉）(2)（元/吨）	国际市场价(3)（美元/吨）
2001	24 664	3 806	9 387	73.9	71.3	1 109.0	2 333.7	1 940.6	129.7
2002	23 908	3 777	9 029	63.2	97.7	1 064.0	2 295.7	1 924.3	150.8
2003	21 997	3 932	8 649	44.7	251.4	1 144.2	2 378.9	2 009.7	149.6
2004	21 626	4 252	9 195	725.8	108.9	1 558.2	2 543.4	2 246.2	161.3
2005	22 793	4 275	9 745	353.8	60.5	1 505.2	2 708.6	2 406.9	157.8
2006	23 613	4 593	10 847	61.3	151.0	1 446.3	2 755.6	2 422.2	199.7
2007	23 770	4 608	10 952.5	10.1	307.3	1 547.4	2 980.5	2 609.5	263.8
2008	23 715	4 762	11 293.2	4.3	31.0	1 640.8	3 157.2	2 785.4	344.6
2009	24 442	4 739	11 583.4	90.4	24.5	1 854.2	3 299.7	2 941.1	235.7
2010	24 459	4 748	11 614.1	123.1	27.7	1 988.9	3 558.3	3 154.5	240.8
2011	24 523	4 837	11 862.5	125.8	32.8	2 079.0	3 913.5	3 430.8	330.1
2012	24 576	4 986	12 254.0	370.1	28.6	2 140.9	4 086.4	3 605.1	327.2
2013	24 470	5 056	12 371.0	553.5	27.8	2 442.6	4 328.3	3 809.5	322.4
2014	24 472	5 244	12 832.1	300.4	19.0	2 510.4	4 534.8	3 966.6	305.9
2015	24 596	5 393	13 263.9	300.7	12.2	2 494.5	4 046.6	4 046.6	232.8
2016	24 694	5 397	13 327.1	341.2	11.3	2 383.9	4 634.9	4 114.4	203.2
2017	24 508	5 481	13 433.4	442.2	18.3	2 476.4	4 679.7	4 172.5	210.8
2018	24 266	5 417	13 144.0	309.9	28.6	2 446.1	4 807.5	4 283.8	241.1

注：（1）2016年之前为批发价，2016年及后为售价。
（2）数据来源于国家发改委价格监测中心。
（3）为美国海湾离岸价（2号硬红冬麦）。

表10 农产品供需及价格情况：玉米

年份	面积 (千公顷)	单产 (千克/公顷)	生产量 (万吨)	进口量 (万吨)	出口量 (万吨)	玉米批发价(三等)(1) (元/吨)	国际市场价 (2号黄玉米) (2) (美元/吨)
2001	24 282	4 699	11 409	3.9	600.0	1 124.3	89.6
2002	24 634	4 925	12 131	0.8	1 167.5	1 023.8	99.2
2003	24 068	4 813	11 583	0.1	1 639.1	1 114.2	105.2
2004	25 446	5 120	13 029	0.2	232.4	1 296.9	111.7
2005	26 358	5 287	13 937	0.4	864.2	1 218.7	98.5
2006	28 463	5 326	15 160	6.5	309.9	1 300.7	122.1
2007	30 024	5 167	15 512.3	3.5	491.8	1 538.1	162.7
2008	30 981	5 556	17 212.0	5.0	27.3	1 626.2	223.1
2009	32 948	5 258	17 325.9	8.4	13.0	1 629.3	165.6
2010	34 977	5 454	19 075.2	157.3	12.7	1 918.3	184.6
2011	36 767	5 748	21 131.6	175.4	13.6	2 188.9	292.3
2012	39 109	5 870	22 955.9	520.8	25.7	2 299.6	298.3
2013	41 299	6 016	24 845.3	326.6	7.8	2 265.4	264.1
2014	42 997	5 809	24 976.4	259.9	2.0	2 332.0	192.0
2015	44 968	5 893	26 499.2	473.0	1.1	2 292.4	170.1
2016	44 178	5 967	26 361.3	316.8	0.4	2 020.6	158.6
2017	42 399	6 110	25 907.1	282.7	8.6	1 823.8	154.7
2018	42 130	6 104	25 717.4	352.4	1.2	2 019.5	164.6

注：(1) 为全国主要粮食批发市场交易平均价。2016年之前是二等，2016年及后是三等。
(2) 为美国海湾离岸价。

表11 农产品供需及价格情况：大豆

年 份	面积（千公顷）	单产（千克/公顷）	生产量（万吨）	进口量（万吨）	出口量（万吨）	大豆批发价（二级）(1)（元/吨）	国际市场价（1号黄大豆）(2)（美元/吨）
2001	9 482	1 625	1 541	1 394.0	26.2	2 073.6	180.7
2002	8 720	1 893	1 651	1 131.5	30.5	2 114.7	201.3
2003	9 313	1 653	1 539	2 074.1	29.5	2 638.7	241.3
2004	9 589	1 815	1 740	2 023.0	34.9	3 280.1	288.5
2005	9 591	1 705	1 635	2 659.1	41.3	2 844.7	238.6
2006	9 280	1 721	1 597	2 827.0	39.5	2 648.8	234.8
2007	8 754	1 454	1 273	3 082.1	47.5	3 279.8	326.9
2008	9 127	1 703	1 554	3 743.6	48.4	4 626.2	474.7
2009	9 190	1 630	1 498	4 255.2	35.6	3 763.8	403.5
2010	8 516	1 771	1 508	5 479.7	17.3	3 887.0	408.8
2011	7 889	1 836	1 449	5 264.0	21.4	4 128.3	507.3
2012	7 172	1 820	1 305	5 838.5	32.1	4 278.8	567.0
2013	6 791	1 760	1 195	6 337.5	20.9	4 800.8	549.2
2014	6 800	1 787	1 215	7 140.3	20.7	4 687.8	489.4
2015	6 506	1 811	1 179	8 169.4	13.4	4 480.9	375.6
2016	7 202	1 796	1 294	8 391.3	12.8	4 479.5	384.8
2017	8 245	1 832	1 511	9 552.6	11.4	4 684.7	371.7
2018	8 413	1 898	1 597	8 803.1	13.6	4 291.1	357.0

注：(1) 为全国主要粮食批发市场交易平均价。2016年之前是三等，2016年及后是二级。
(2) 为美国海湾离岸价。

表12 农产品生产及进出口情况：粮食、食用植物油

| 年 份 | 粮　食 | | | | 食用植物油 | | | |
	生产量（万吨）	进口量（万吨）	出口量（万吨）	全国人均占有量（千克/人）	生产量（万吨）	进口量（万吨）	出口量（万吨）	全国人均占有量（千克/人）
2001	45 264	1 738	903	356	1 383	167.5	13.4	10.9
2002	45 706	1 417	1 514	357	1 531	321.2	9.8	12.0
2003	43 070	2 283	2 230	334	1 584	541.8	6.0	12.3
2004	46 947	2 998	514	362	1 683	676.4	6.6	13.0
2005	48 402	3 286	1 059	371	2 071	621.3	22.8	15.9
2006	49 804	3 189	650	380	2 335	671.5	40.0	17.8
2007	50 413.9	3 238	1 039	383	2 638	839.7	16.8	20.0
2008	53 434.3	3 898	235	403	2 419	817.1	24.9	18.3
2009	53 940.9	4 570	173	405	3 280	950.2	11.6	24.6
2010	55 911.3	6 051	142	418	3 916	826.2	9.6	29.3
2011	58 849.3	5 809	143	438	4 332	779.8	12.4	32.2
2012	61 222.6	7 237	134	453	5 176	959.9	10.1	38.3
2013	63 048.2	7 796	121	464	6 219	922.1	11.7	45.8
2014	63 964.8	9 091	98	469	6 534	787.3	13.4	47.9
2015	66 060.3	11 441	67	482	6 734	839.1	13.7	49.1
2016	66 043.5	10 591	76	479	6 908	688.4	11.5	50.1
2017	66 160.7	12 113	173	477	6 072	742.8	20.2	43.8
2018	65 789.2	10 853	269	472	5 066	808.7	29.6	36.4

注：粮食数据包含大豆。

表13 农产品生产及进出口情况：棉花、食糖

年 份	棉 花				食 糖			
	生产量（万吨）	进口量（万吨）	出口量（万吨）	全国人均占有量（千克/人）	生产量（万吨）	进口量（万吨）	出口量（万吨）	全国人均占有量（千克/人）
2001	532	19.7	6.0	4.2	653.1	119.9	19.6	5.1
2002	492	24.5	15.9	3.8	926.0	118.4	32.6	7.2
2003	486	107.5	11.7	3.8	1 083.9	77.6	10.3	8.4
2004	632	211.4	1.2	4.9	1 033.7	121.5	8.5	8.0
2005	571	274.5	0.8	4.4	912.4	139.1	35.8	7.0
2006	753	398.0	1.6	5.7	949.1	137.4	15.4	7.2
2007	759.7	274.1	2.5	5.8	1 271.4	119.4	11.0	9.6
2008	723.2	226.4	2.4	5.5	1 432.6	78.0	6.2	10.9
2009	623.6	175.9	1.0	4.7	1 338.4	106.4	6.4	9.9
2010	577.0	312.8	0.7	4.3	1 117.6	176.6	9.4	8.3
2011	651.9	356.6	2.8	4.8	1 187.4	291.9	5.9	8.8
2012	660.8	541.3	2.3	4.9	1 409.5	374.7	4.7	10.4
2013	628.2	450.0	0.8	4.6	1 592.8	454.6	4.8	11.7
2014	629.9	243.9	1.3	4.6	1 642.7	348.6	4.6	12.0
2015	590.7	175.9	3.0	4.3	1 474.1	484.6	7.5	10.8
2016	534.3	124.0	0.8	3.8	1 443.3	306.2	14.9	10.5
2017	565.3	136.3	2.1	4.1	1 472.0	229.0	15.8	10.6
2018	610.3	162.7	5.1	4.4	1 524.1	279.6	19.6	10.9

表14 农产品生产、消费及进出口情况：猪肉

年份	肉猪年末存栏头数（万头）	肉猪出栏头数（万头）	猪肉生产量（万吨）	出口活猪（1）（万吨）	进口猪肉（2）（万吨）	出口猪肉（2）（万吨）	全国人均占有量（千克/人）
2001	41 951	53 281	4 052	196.5	20.40	17.20	31.9
2002	41 776	54 144	4 123	188.0	21.95	23.63	32.2
2003	41 382	55 702	4 239	187.8	31.20	30.50	32.9
2004	42 123	57 279	4 314	196.6	29.11	41.48	33.3
2005	43 319	60 367	4 555	176.2	19.98	38.65	34.9
2006	41 854.4	61 209.0	4 650.3	172.0	21.88	41.93	35.5
2007	43 933.2	56 640.9	4 307.9	160.9	47.31	26.91	32.5
2008	46 433.1	61 278.9	4 682.0	164.5	91.40	17.23	34.9
2009	47 177.2	64 990.9	4 932.8	16.2	52.80	17.91	36.7
2010	46 765.2	67 332.7	5 138.4	16.9	90.21	21.38	37.9
2011	47 074.8	67 030.0	5 131.6	15.6	135.04	18.78	37.6
2012	48 030.2	70 724.5	5 443.5	16.8	137.01	18.10	39.6
2013	47 893.1	72 768.0	5 618.6	19.6	140.34	17.22	41.4
2014	47 160.2	74 951.5	5 820.8	18.0	138.48	21.51	42.7
2015	45 802.9	72 415.6	5 645.4	17.9	159.51	17.84	40.0
2016	44 209.2	70 073.9	5 425.5	16.7	311.18	14.73	38.4
2017	44 158.9	70 202.1	5 451.8	17.0	249.90	16.03	39.3
2018	42 817.1	69 382.4	5 403.7	17.5	215.40	15.78	38.8

注：（1）出口活猪2008年及以前年份统计单位为万头。
（2）猪肉进出口数据统计范围包括肉、杂碎和加工猪肉等项。

单位：万吨

表15　化肥及农药生产、进口及价格情况

年　份	化　肥					农　药			
	生产量（纯量）	施用量（纯量）	进口量	出口量	化肥价格指数（上年为100）	生产量	施用量	进口量	出口量	农药价格指数（上年为100）
2001	3 383	4 253.8	1 091.5	288.8	97.9	78.7	127.5	3.4	19.7	97.1
2002	3 791	4 339.4	1 681.8	251.7	102.4	92.9	131.2	2.7	22.2	98.0
2003	3 881	4 411.6	1 212.9	541.9	101.6	76.7	132.5	2.8	27.2	99.9
2004	4 805	4 636.6	1 239.7	726.2	112.8	82.1	138.6	2.8	39.1	103.0
2005	5 178	4 766.2	1 396.5	455.9	112.8	114.7	146.0	3.7	42.8	104.1
2006	5 345	4 927.7	1 128.5	539.2	100.1	138.5	153.7	4.3	39.8	101.6
2007	5 825	5 107.8	1 176.2	1 395.4	103.4	176.5	162.3	4.1	47.7	101.4
2008	6 028	5 239.0	625.5	1 021.5	103.7	190.2	167.2	4.4	48.5	108.0
2009	6 385	5 404.4	411.1	939.6	93.7	226.2	170.9	4.4	50.7	100.0
2010	6 340	5 561.7	717.9	1 692.2	98.6	234.2	175.8	5.1	61.3	100.4
2011	6 626	5 704.2	794.7	1 921.0	113.3	264.8	178.7	5.3	79.6	102.6
2012	7 296	5 838.8	843.1	1 852.2	106.6	354.9	180.6	6.9	89.7	102.2
2013	7 037	5 911.9	792.6	1 978.0	97.7	303.1	180.2	7.7	109.5	101.7
2014	6 877	5 995.9	958.7	2 992.9	94.2	374.4	180.7	9.3	116.1	101.2
2015	7 432	6 023.0	1 118.4	3 599.9	100.6	374.0	178.3	9.0	117.5	100.5
2016	6 630	5 984.1	833.9	2 844.1	96.9	321.0	175.4	8.5	140.0	99.9
2017	5 892	5 859.4	918.7	2 604.5	102.1	250.7	165.5	8.4	163.2	101.0
2018	5 418	5 653.4	1 092.8	2 397.9	107.4	208.3	/	7.9	149.0	104.8

表16 城乡居民家庭人均收入对比

单位：元/人

年份	农村居民家庭总收入	人均纯收入	家庭经营纯收入	第一产业	农业收入	牧业收入	第二产业	第三产业	城镇居民人均可支配收入	城镇居民人均可支配收入比农村居民人均纯收入
2001	3 307	2 366	1 459.6	1 126.6	863.6	212.0	100.0	233.1	6 859.6	2.9
2002	3 432	2 476	1 486.5	1 135.0	866.7	210.6	108.6	243.0	7 702.8	3.1
2003	3 582	2 622	1 541.3	1 195.6	885.7	245.7	108.6	237.1	8 472.0	3.2
2004	4 040	2 936	1 745.8	1 398.0	1 056.5	271.0	108.2	239.5	9 421.6	3.2
2005	4 631	3 255	1 844.5	1 469.6	1 097.7	283.6	108.3	266.7	10 493.0	3.2
2006	5 025	3 587	1 931.0	1 521.3	1 159.6	265.6	121.7	288.0	11 759.5	3.3
2007	5 791	4 140	2 193.7	1 745.1	1 303.8	335.1	137.6	311.0	13 785.8	3.3
2008	6 701	4 761	2 435.6	1 945.9	1 427.0	397.5	149.0	340.7	15 780.8	3.3
2009	7 116	5 153	2 526.8	1 988.2	1 497.9	360.4	164.5	374.1	17 174.7	3.3
2010	8 120	5 919	2 832.8	2 231.0	1 723.5	355.6	182.1	419.7	19 109.0	3.2
2011	9 833	6 977	3 222.0	2 519.9	1 896.7	462.5	192.6	509.4	21 809.8	3.1
2012	10 991	7 917	3 533.4	2 722.2	2 106.8	441.0	213.7	597.4	24 564.7	3.1
2013	/	9 430	3 934.8	2 839.8	2 160.0	460.1	252.5	842.5	26 467.0	2.8
2014	/	10 489	4 237.4	2 998.6	2 306.8	443.0	259.1	979.6	28 843.9	2.7
2015	/	11 422	4 503.6	3 153.8	2 412.2	488.7	276.1	1 073.7	31 194.8	2.7
2016	/	12 363	4 741.3	/	/	/	/	/	33 616.2	2.7
2017	/	13 432	5 027.8	/	/	/	/	/	36 396.2	2.7
2018	/	14 617	5 358.4	/	/	/	/	/	39 250.8	2.7

单位：元/人

表17 城乡居民人均支出对比

年份	农村居民人均总支出	家庭经营费用支出	生活消费支出	食品	转移性和财产性支出	现金支出	家庭经营费用支出	税费支出	生活消费支出	城镇居民人均生活消费支出	城乡居民人均生活消费支出比
2001	2 780	696	1 741	831	174	2 285	585	86	1 364	5 309	3.0
2002	2 924	731	1 834	848	194	2 438	617	76	1 468	6 030	3.3
2003	3 025	755	1 943	886	157	2 537	638	66	1 577	6 511	3.4
2004	3 430	924	2 185	1 032	176	2 863	789	37	1 755	7 182	3.3
2005	4 127	1 190	2 555	1 162	238	3 567	1 053	13	2 135	7 943	3.1
2006	4 485	1 242	2 829	1 217	264	3 932	1 104	11	2 415	8 697	3.1
2007	5 138	1 433	3 224	1 389	322	4 533	1 287	12	2 767	9 998	3.1
2008	5 916	1 705	3 661	1 599	377	5 258	1 551	12	3 159	11 243	3.1
2009	6 334	1 700	3 993	1 636	429	5 695	1 555	10	3 505	12 265	3.1
2010	6 992	1 916	4 382	1 801	493	6 307	1 758	9	3 859	13 471	3.1
2011	8 642	2 431	5 221	2 107	712	7 985	2 269	12	4 733	15 161	2.9
2012	9 606	2 626	5 908	2 324	789	8 962	2 483	10	5 414	16 674	2.8
2013	/	/	7 485	2 554	/	/	/	/	5 979	18 488	2.5
2014	/	/	8 383	2 814	/	/	/	/	6 717	19 968	2.4
2015	/	/	9 223	3 048	/	/	/	/	7 392	21 392	2.3
2016	/	/	10 130	3 266	/	/	/	/	8 127	23 079	2.3
2017	/	/	10 955	3 415	/	/	/	/	8 857	24 445	2.2
2018	/	/	12 124	3 646	/	/	/	/	9 862	26 112	2.2

注：2013、2014年数据来源于国家统计局开展的城乡一体化住户收支与生活状况调查，为可支配收入，与以前概念不同，后同。

表18 各种物价指数

上年为100

年份	商品零售价格指数	居民消费价格指数	城市居民消费价格	农村居民消费价格	农产品生产价格指数	农业生产资料价格指数
2001	99.2	100.7	100.7	100.8	103.1	99.1
2002	98.7	99.2	99.0	99.6	99.7	100.5
2003	99.9	101.2	100.9	101.6	104.4	101.4
2004	102.8	103.9	103.3	104.8	113.1	110.6
2005	100.8	101.8	101.6	102.2	101.4	108.3
2006	101.0	101.5	101.5	101.5	101.2	101.5
2007	103.8	104.8	104.5	105.4	118.5	107.7
2008	105.9	105.9	105.6	106.5	114.1	120.3
2009	98.8	99.3	99.1	99.7	97.6	97.5
2010	103.1	103.3	103.2	103.6	110.9	102.9
2011	104.9	105.4	105.3	105.8	116.5	111.3
2012	102.0	102.6	102.7	102.5	102.7	105.6
2013	101.4	102.6	102.6	102.8	103.2	101.4
2014	101.0	102.0	102.1	101.8	99.8	99.1
2015	100.1	101.4	101.5	101.3	101.7	100.4
2016	100.7	102.0	102.1	101.9	103.4	100.1
2017	101.1	101.6	101.7	101.3	96.5	100.6
2018	101.9	102.1	102.1	102.1	99.1	103.1

注：2000年（含）以前的农产品生产价格指数为农副产品收购价格指数。

表19 农产品生产价格指数

上年为100

年份	农产品生产价格指数	谷物	小麦	稻谷	玉米	大豆	油料	棉花	蔬菜	水果	糖料	畜牧产品	生猪	蛋类
2001	103.1													
2002	99.7	95.8	98.1	97.2	91.5	98.9	104.8	103.4	95.1	109.9	86.0	100.2	98.0	102.8
2003	104.4	102.3	103.0	99.9	104.6	120.6	119.4	135.3	110.4	102.0	90.5	101.8	102.9	101.1
2004	113.1	128.1	131.2	136.3	116.9	120.2	116.6	79.5	105.2	98.6	104.9	111.1	112.8	112.6
2005	101.4	99.2	96.4	101.6	98.0	94.2	91.3	111.8	107.2	107.4	111.6	100.5	97.7	106.4
2006	101.2	102.1	100.1	102.0	103.0	99.2	104.8	97.1	109.3	111.4	121.1	94.3	90.6	96.0
2007	118.5	109.0	105.5	105.4	115.0	124.2	133.4	109.6	106.9	101.3	100.0	131.4	145.9	115.9
2008	114.1	107.1	108.7	106.6	107.3	119.7	128.0	90.6	104.7	101.4	98.4	123.9	130.8	112.2
2009	97.6	104.9	107.9	105.2	98.5	92.3	94.2	111.8	111.8	107.0	101.5	90.1	81.6	102.8
2010	110.9	112.8	107.9	112.8	116.1	107.9	112.1	157.7	116.8	118.9	106.0	103.0	98.3	107.5
2011	116.5	109.7	105.2	113.3	109.9	106.3	112.1	79.5	103.4	106.2	125.5	137.0	137.0	112.6
2012	102.7	104.8	102.9	104.1	106.6	103.0	105.2	98.1	109.9	103.9	105.0	99.7	95.9	100.5
2013	103.2	104.3	106.7	102.2	100.2	105.7	102.4	103.9	106.9	106.2	98.9	102.4	99.3	105.8
2014	99.8	102.7	105.1	102.2	101.7	101.8	99.9	87.1	98.5	106.4	99.7	97.1	92.2	105.7
2015	101.7	98.7	99.2	101.6	96.5	98.9	100.8	87.5	104.6	99.7	98.8	104.2	108.9	96.9
2016	103.4	92.2	94.1	98.8	86.8	97.6	101.1	118.4	107.0	92.5	106.5	110.4	119.4	94.3
2017	96.5	100.5	104.4	100.7	97.1	97.7	100.5	100.8	95.6	104.8	106.3	90.8	86.0	92.8
2018	99.1	102.3	100.1	99.7	105.1	97.9	99.1	97.9	103.6	101.1	98.8	95.6	85.6	117.6

注：2000年（含）以前为农副产品收购价格指数，2001年（含）之后为农副产品生产价格指数。

表20 城乡零售价格分类指数

上年为100

年份	食品类		粮食		油脂类(1)		鲜菜		肉禽蛋(2)		水产品	
	城市	农村	城市	农村	城市	农村	城市	农村	城市	农村	城市	农村
2001	98.9	99.6	101.4	101.7	89.9	90.0	103.4	103.2	103.3	102.3	95.9	97.2
2002	99.7	100.3	98.5	98.9	100.4	99.6	99.5	103.0	100.3	100.7	96.3	95.9
2003	103.2	103.7	102.0	102.6	111.6	113.5	116.4	116.1	102.8	104.2	100.8	99.2
2004	108.8	111.9	125.2	128.3	115.0	119.1	94.4	96.8	116.8	117.6	111.1	115.7
2005	103.3	102.8	101.6	101.2	94.6	94.8	108.6	107.2	102.8	103.3	106.3	104.6
2006	102.6	102.4	102.7	102.4	99.0	98.4	107.9	108.8	97.3	97.2	101.9	100.7
2007	111.7	113.6	106.1	107.0	125.2	128.1	107.5	109.1	130.8	131.5	104.7	106.9
2008	114.5	114.0	107.2	107.1	124.9	125.5	109.0	111.1	122.6	119.9	113.8	115.9
2009	101.1	100.2	105.9	105.4	82.0	81.4	114.6	113.8	91.9	91.2	102.8	101.0
2010	107.5	107.9	111.7	111.7	103.4	104.0	118.4	120.4	102.7	103.5	108.9	106.7
2011	111.8	112.2	112.2	112.4	113.4	113.3	100.5	102.4	122.4	122.6	112.4	110.9
2012	105.1	104.0	104.1	103.6	105.6	104.1	113.7	113.9	102.8	100.2	107.7	109.0
2013	101.3	101.8	104.8	105.0	100.3	100.6	107.4	109.9	104.7	103.9	103.9	104.7
2014	103.2	102.5	103.2	103.1	94.9	95.5	98.8	98.7	100.5	100.0	104.3	104.2
2015	102.1	102.4	102.2	101.7	96.7	97.6	107.1	106.3	104.7	105.4	101.5	101.9
2016	104.5	104.8	100.6	100.4	101.2	102.5	111.7	112.0	110.5	112.2	104.9	103.3
2017	99.5	98.7	101.4	101.9	100.4	99.3	92.6	93.0	99.6	98.9	104.7	103.9
2018	102.1	101.0	100.8	100.8	99.6	98.3	107.5	106.0	105.3	106.2	102.2	102.7

注：(1) 油脂类在1993年以前以食用植物油为指标进行统计。
(2) 2003年肉禽蛋零售指数指肉禽蛋价格指数。2006年以后为肉禽及其制品价格指数。

表21 "菜篮子"产品批发价格

单位：元/千克

类别	品名	2015年	2016年	2017年	2018年	2018年比上年增减（%）
蔬菜	白萝卜	1.39	1.56	1.34	1.54	14.6
蔬菜	大蒜	5.84	11.02	9.52	5.09	−46.5
蔬菜	豆角	5.77	6.24	6.00	6.55	9.2
蔬菜	胡萝卜	2.23	2.52	2.14	2.62	22.6
蔬菜	黄瓜	3.41	3.53	3.37	3.82	13.4
蔬菜	茄子	3.58	3.86	3.37	3.92	16.3
蔬菜	青椒	4.12	4.21	3.59	4.44	23.6
蔬菜	土豆	2.12	2.40	2.12	2.16	2.0
蔬菜	西红柿	3.54	3.79	3.76	3.81	1.2
蔬菜	大白菜	1.32	1.46	1.26	1.41	11.7
蔬菜	大葱	2.60	4.25	2.88	2.91	1.0
蔬菜	芹菜	2.80	3.25	2.74	3.31	21.0
蔬菜	洋白菜	1.59	2.03	1.43	1.78	24.5
蔬菜	油菜	2.75	3.11	2.58	3.05	18.4
水果	蜜橘	4.48	4.53	5.11	5.25	2.8
水果	甜橙	6.31	6.57	7.31	8.00	9.5
水果	西瓜	3.02	3.31	3.53	3.44	-2.5
水果	鸭梨	4.65	3.87	3.53	3.75	6.1
水果	富士苹果	7.81	6.31	6.57	6.77	3.0
水果	香蕉	4.63	4.46	4.21	5.12	21.6
水果	菠萝	4.96	4.33	4.13	4.26	3.0
畜产品	鸡蛋	8.10	7.49	6.93	8.54	23.2
畜产品	活鸡	16.96	18.88	16.93	18.00	6.3
畜产品	白条鸡	14.69	14.90	13.93	15.00	7.7
畜产品	猪肉	20.82	24.87	21.22	18.65	−12.1
畜产品	牛肉	53.96	53.24	53.82	57.46	6.8
畜产品	羊肉	49.38	45.05	47.50	55.76	17.4
水产品	草鱼	12.53	12.64	14.51	14.36	−1.0
水产品	带鱼	21.86	23.99	26.49	25.18	−4.9
水产品	鲫鱼	14.19	16.27	16.72	15.06	−9.9
水产品	鲤鱼	12.71	11.66	11.34	12.19	7.5
水产品	鲢鱼	7.01	6.70	6.82	6.82	0.0

资料来源：农业农村部。

表22 国家财政收入及支出情况

单位：亿元

指标	2014年	2015年	2016年	2017年	2018年
财政收入	140 370.0	152 269.2	159 605.0	172 592.8	183 359.8
中央	64 493.5	69 267.2	72 365.6	81 123.4	85 456.5
地方	75 876.6	83 002.0	87 239.4	91 469.4	97 903.4
财政收入指数(上年=100)	108.6	108.5	113.7	108.1	106.2
财政收入按项目分					
#各项税收	119 175.3	124 922.2	130 360.7	144 369.9	156 402.9
#增值税	30 855.4	31 109.5	40 712.1	56 378.2	61 530.8
营业税	17 781.7	19 312.8	11 501.9	/	/
消费税	8 907.1	10 542.2	10 217.2	10 225.1	10 631.8
个人所得税	7 376.6	8 617.3	10 089.0	11 966.4	13 872.0
关税	2 843.4	2 560.8	2 603.8	2 997.9	2 847.8
企业所得税	24 642.2	27 133.9	28 851.4	32 117.3	35 323.7
财政支出	151 785.6	175 877.8	187 755.2	203 085.5	220 904.1
中央	22 570.1	25 542.2	27 403.9	29 857.2	32 707.8
地方	129 215.5	150 335.6	160 351.4	173 228.3	188 196.3
财政支出指数(上年=100)	108.6	115.9	123.7	108.2	108.8
财政支出按项目分					
#农林水事务	14 173.8	17 380.5	18 587.4	19 089.0	21 085.6
一般公共服务	13 267.5	13 547.8	14 790.5	16 510.4	18 374.7
教育	23 041.7	26 271.9	28 072.8	30 153.2	32 169.5
科学技术	5 314.5	5 862.6	6 564.0	7 267.0	8 326.7
社会保障和就业	15 968.9	19 018.7	21 591.5	24 611.7	27 012.1
医疗卫生	10 176.8	11 953.2	13 158.8	14 450.6	15 623.6
节能环保	3 815.6	4 802.9	4 734.8	5 617.3	6 297.6
城乡事务	12 959.5	15 886.4	18 394.6	20 585.0	22 124.1
交通运输	10 400.4	12 356.3	10 498.7	10 674.0	11 282.8

注：(1) 2007年起实施《政府收支分类科目》，财政支出项目按照支出功能分类科目重新设置。

(2) 从2010年及以后，环境保护支出为节能环保支出。

后 记

　　《2019中国农业农村发展报告》是由中央农办、农业农村部组织有关司局、科研单位以及国家发展和改革委员会、自然资源部、国家统计局、水利部、国务院扶贫办、交通运输部、住房和城乡建设部、中央组织部、中央宣传部、教育部、人力资源和社会保障部、国家林业和草原局、国家能源局、国家卫生健康委员会、中国人民银行等部门的专家、学者和实际工作者共同编写的。

　　参加本报告撰写的主要人员有：宋洪远、王忠海、吴晓佳、王晖、杨洁梅、运启超、习银生、柏先红、姜楠、张恒春、吴天龙、高鸣、董彦彬、焦红坡、李竣、黄雨、张莹、黄兵海、杨春华、张海阳、李娜、陈思、朱娟、陈建光、陈囿淞、卢凌霄、常雪艳、秦兴国、潘晓丽、李斯更、林子丽、乔领璇、纪龙、王立达、党立斌、刘艳、杨凯、邓飞、王健、李想、胡辉、梅东海、张珍琴、徐雷鸣、徐杨、李庆东、李均、饶泉钦、丁京涛、张爱民、杨俊、王植、王良、车海兵、林新杰、高扬、闫钰倩、姜伟林、殷瑞锋、戴革、胡越、居立、陈炫汐、刘建杰、林琳、周峰、杨久栋、田亮、陈川、殷向志、彭程、胡炎、周波、王刚、刘慧、游振磊、沈辰、贺一民、杜鹏飞、黄维维、顾飞、王彩明。

图书在版编目（CIP）数据

中国农业农村发展报告. 2019/中央农村工作领导
小组办公室，中华人民共和国农业农村部编. —北京：
中国农业出版社，2020.6
ISBN 978-7-109-26557-8

Ⅰ.①中… Ⅱ.①中… ②中… Ⅲ.①农业经济发展
–研究报告–中国–2019②农村经济发展–研究报告–中
国–2019 Ⅳ.①F323

中国版本图书馆CIP数据核字（2020）第023651号

中国农业农村发展报告2019
ZHONGGUO NONGYE NONGCUN FAZHAN
BAOGAO 2019

中国农业出版社出版
地址：北京市朝阳区麦子店街18号楼
邮编：100125
责任编辑：姚　红
版式设计：杜　然　责任校对：巴洪菊
印刷：中农印务有限公司
版次：2020年6月第1版
印次：2020年6月北京第1次印刷
发行：新华书店北京发行所
开本：889mm×1194mm　1/16
印张：14
字数：285千字
定价：200.00元